- 中央财政支持地方高校建设专项"黑河学院俄罗斯远东智库建设"项目经费支持出版；
- 教育部国别和区域研究中心"黑河学院俄罗斯研究中心"系列成果；
- 黑龙江省重点培育智库"俄罗斯远东智库"系列成果

黑龙江流域暨远东历史文化丛书
丛喜权 王禹浪 谢春河 / 主编

俄罗斯犹太自治州概况

程红泽 ◎ 著

中国社会科学出版社

图书在版编目(CIP)数据

俄罗斯犹太自治州概况／程红泽著 . ─北京：中国社会科学出版社，2022.2
（黑龙江流域暨远东历史文化丛书）
ISBN 978-7-5203-9586-1

Ⅰ.①俄… Ⅱ.①程… Ⅲ.①犹太人—自治州—概况—俄罗斯
Ⅳ.①K512.9

中国版本图书馆 CIP 数据核字（2022）第 014246 号

出 版 人	赵剑英
责任编辑	安　芳
特约编辑	张　婷
责任校对	张爱华
责任印制	李寡寡

出　　版	中国社会科学出版社
社　　址	北京鼓楼西大街甲 158 号
邮　　编	100720
网　　址	http://www.csspw.cn
发 行 部	010-84083685
门 市 部	010-84029450
经　　销	新华书店及其他书店
印　　刷	北京明恒达印务有限公司
装　　订	廊坊市广阳区广增装订厂
版　　次	2022 年 2 月第 1 版
印　　次	2022 年 2 月第 1 次印刷
开　　本	710×1000　1/16
印　　张	14.5
字　　数	225 千字
定　　价	85.00 元

凡购买中国社会科学出版社图书，如有质量问题请与本社营销中心联系调换
电话：010-84083683
版权所有　侵权必究

目　　录

第一章　自然地理与远东区位概况 ………………………………… (1)
　第一节　自然地理 ……………………………………………………… (1)
　　一　自治州气候 ……………………………………………………… (1)
　　二　自治州水文 ……………………………………………………… (2)
　　三　地质地貌 ………………………………………………………… (4)
　　四　自然资源 ………………………………………………………… (5)
　第二节　生态环境状况 ………………………………………………… (17)
　　一　犹太自治州空气质量 …………………………………………… (18)
　　二　犹太自治州地表水及地下水 …………………………………… (20)
　　三　废弃物生成及管理 ……………………………………………… (25)
　第三节　区位概况 ……………………………………………………… (28)
　　一　交通地理区位条件 ……………………………………………… (28)
　　二　产业区位条件 …………………………………………………… (30)
　　三　政策区位条件 …………………………………………………… (30)

第二章　历史沿革与行政区划建置 ……………………………………… (34)
　第一节　黑龙江流域先民与中国的关系 ……………………………… (34)
　　一　商周至唐代黑龙江流域先民与中原王朝的关系 ……………… (34)
　　二　唐代至明代黑龙江流域各民族的变迁 ………………………… (36)
　　三　明清王朝对黑龙江流域的管理 ………………………………… (37)
　第二节　犹太自治州历史沿革 ………………………………………… (38)
　　一　筹备与初创时期 ………………………………………………… (39)

二　20世纪50年代至90年代初期……………………………………（43）
　　三　俄罗斯联邦时期……………………………………………………（45）
第三节　自治州行政区划建制………………………………………………（46）
　　一　自治州行政区划……………………………………………………（46）
　　二　自治州象征…………………………………………………………（51）

第三章　民族宗教与人口发展状况………………………………………………（56）
第一节　民族宗教……………………………………………………………（56）
　　一　俄罗斯东正教组织…………………………………………………（58）
　　二　犹太教组织…………………………………………………………（60）
　　三　伊斯兰教组织………………………………………………………（60）
　　四　基督新教等宗教组织………………………………………………（61）
第二节　人口发展状况………………………………………………………（63）
　　一　城乡人口结构………………………………………………………（64）
　　二　人口性别结构………………………………………………………（66）
　　三　人口年龄结构………………………………………………………（68）
　　四　劳动力结构…………………………………………………………（69）
　　五　人口健康状况………………………………………………………（72）
　　六　人口的民族构成……………………………………………………（75）

第四章　交通运输与基础设施建设………………………………………………（77）
第一节　交通运输……………………………………………………………（77）
　　一　铁路运输……………………………………………………………（78）
　　二　公路运输……………………………………………………………（80）
　　三　内河运输……………………………………………………………（81）
　　四　航空运输……………………………………………………………（82）
第二节　基础设施建设………………………………………………………（82）
　　一　供热（水）基础设施建设…………………………………………（84）
　　二　交通基础设施建设…………………………………………………（86）
　　三　电力基础设施建设…………………………………………………（88）

四　信息和通信基础设施 …………………………………………（90）

第五章　资源开发与经济发展概况 ………………………………（91）
　　一　主要工业部门 …………………………………………………（92）
　　二　农业经济 ………………………………………………………（98）
　　三　零售及餐饮业 …………………………………………………（101）
　　四　企业经营分布 …………………………………………………（102）
　　五　对外经贸活动 …………………………………………………（103）

第六章　对外关系与国际交流合作 ………………………………（108）
　第一节　俄联邦区域交流合作 ……………………………………（108）
　第二节　国际交流合作 ……………………………………………（114）
　　一　对华交流合作 …………………………………………………（115）
　　二　其他国际交流合作 ……………………………………………（119）

第七章　社会保障体系与生活方式 ………………………………（121）
　第一节　社会保障体系 ……………………………………………（121）
　　一　社会保障制度及目标 …………………………………………（122）
　　二　公共卫生配备 …………………………………………………（141）
　第二节　生活质量及健康生活 ……………………………………（144）
　　一　居民消费结构及收入 …………………………………………（145）
　　二　健康生活方式推广 ……………………………………………（148）

第八章　文化教育与科技发展概况 ………………………………（154）
　第一节　文化教育事业 ……………………………………………（154）
　　一　早期教育事业 …………………………………………………（154）
　　二　犹太民族教育事业 ……………………………………………（156）
　　三　俄联邦时期的教育事业 ………………………………………（158）
　　四　犹太文化艺术 …………………………………………………（164）
　　五　图书馆 …………………………………………………………（167）

第二节　科技发展 ·· (169)
　　一　俄罗斯联邦科学院远东分院区域问题综合分析研究所 ··· (170)
　　二　阿穆尔国立大学 ··· (178)
　　三　科技综合创新指数 ·· (180)

第九章　法律法规与政府机构体系 ································ (183)
第一节　政府机构体系 ·· (183)
　　一　自治州州长机构设置 ··· (184)
　　二　自治州州长职责与权限 ······································ (185)
　　三　自治州行政部门 ··· (187)
　　四　犹太自治州立法机构 ··· (196)
　　五　犹太自治州司法机构 ··· (198)
　　六　俄联邦政府部门驻犹太自治州机构 ······················ (199)
　　七　政党组织及社会团体 ·· (201)
第二节　犹太自治州法律法规 ·· (205)
　　一　税务制度和征税程序 ·· (206)
　　二　会计和审计制度 ··· (209)
　　三　劳动法律法规 ·· (210)
　　四　外国公民入境及就业制度 ·································· (211)
　　五　经营许可证签发制度 ·· (213)
　　六　土地所有权 ·· (214)

附　录 ··· (216)
附录一　犹太自治州主要企业名单 ································· (216)
附录二　2016—2020年犹太自治州重点招商项目 ·············· (219)
附录三　犹太自治州主要社会经济指标（2011—2018） ········ (222)

参考文献 ··· (224)

第 一 章

自然地理与远东区位概况

　　犹太自治州位于俄罗斯远东地区，黑龙江中游南部的 U 形河湾处，北纬 47°—49°、东经 130°—135°之间。自治州东部属于黑龙江中游低地平原，西部及西北部是连绵的山脉丘陵，最高点海拔达 1421 米。犹太自治州属于俄罗斯远东联邦区气候条件最佳地区之一，冬季寒冷少雪，夏季温暖潮湿，自然地理环境和气候适于寒温带植被及农作物生长。犹太自治州森林和矿产资源蕴藏丰富，森林覆盖率超过 45%，已探明矿产资源超过 20 种。长期以来，犹太自治州被视为俄罗斯远东地区最为重要的原材料基地之一。

第一节　自然地理

一　自治州气候

　　犹太自治州的气候属于大陆温带季风气候。气候变化主要受大陆与太平洋热力相互作用影响（大陆与海洋的气压不同），气压差是陆地、海洋及海洋边缘陆地间的气温增高不平衡所引起的。夏季大陆气温增高迅速，而太平洋水温增高较慢，在陆地上便形成由气温增高造成的低气压区域，湿润空气从海洋吹向大陆；冬季由于海洋水温缓慢降低，阿留申群岛一带形成大片低气压区域——阿留申低压，而亚洲中部则形成西伯利亚反气旋—高气压区，进而东西伯利亚寒冷干燥的空气向低气压区（海洋）移动，气压相互作用造成犹太自治州季风气候交互特征明显。

在西伯利亚大陆冷高压影响下，西北风形成冬季季风，自治州冬季漫长寒冷，持续时间达152—165天，秋季霜冻始于9月20日至10月7日间，通常在10月末开始降雪，全年最冷月份为1月，平均气温在-21℃至-26℃之间，绝对最低温度达到-49℃。自治州冬季由于雨雪少、温度低，土壤冻结厚度可达150—200厘米。夏季在太平洋副热带高压的影响下，海洋气流向大陆转移，东南风形成的夏季季风带来暴雨，气候温暖潮湿，最热月份为7月，平均温度为20℃，绝对最高温度达40℃。

自治州的年平均降雨量从600—758毫米不等，自西北地区向东南地区逐次减少，黑龙江流域中游洼地降水量甚至有时会低于600毫米/年。受季风环流影响，犹太自治州85%的降雨量集中在5—9月之间，季夏降雨量激增，7月下旬和8月初降水量两倍于夏季上半期。2013年8月初，该地区爆发长时间强降雨，9月3日至4日洪水高峰期，黑龙江流域地区的受水面积（集水面积）达到4.6万平方米/小时，而正常情况为1.8万平方米/小时—2万平方米/小时。日照时间对于多年生植物来说是非常重要的因素，犹太自治州年日照时长为2170—2449小时，长日照天数为130—160天。总地来说，犹太自治州夏季雨水充沛，气候条件有利于森林和草地植被生长以及各种农作物种植。

二 自治州水文

犹太自治州境内水资源较为丰富，全部或部分流经犹太自治州的大小河流有5017条，湖泊3000多个，这些河湖共同组成黑龙江左岸地区的水网，总长度达到8231公里。该地区境内的河流流量主要取决于降雨量，根据自治州历年水文资料，雨水占流量形成的70%；其次是降雪积雪量，根据年气候条件，占流量的10%—20%；地下水补充量不超过10%。犹太自治州典型河流水文情势可分为春季汛期、夏秋季汛期和冬季枯水期。

犹太自治州春汛期间的河流水位取决于春汛规模（流域内季节性积雪融化、河冰解冻及降雨量），河水融冰几乎都是发生在每年4月末，水位逐渐上升从0.2—1米不等。小型河流春季洪水持续时间为15天左右，大中型河流持续时间最多30天。

夏季流域内暴雨连绵使河水水位急剧上涨，夏汛从8月开始，其间洪汛受降雨强度增加或持续时间影响，个别流域洪水次数高达10次，考虑到区域内河流平均洪水持续时间为10—37天不等，洪水期平均水流量接近其年度值的60%左右。

冬季犹太自治州境内水域枯水（低水位）期持续时间长，通常从11月（从水面冻结时起）到次年4月融冰时节。自治州境内多数河流冰层形成于10月底至11月初，秋季冰漂持续7—20天，冻结持续时间为10—12天。在此期间，小型河流完全冻结断流，大中型河流处于全年水位最稳定、径流量最小时期。[①]

在不同的水文时期，犹太自治州河水负离子组合物中平均浓度为$3.2mg/dm^3$的碳酸氢根离子占主导地位。在大多数情况下，生物氮化合物在自治州流域水中含量微不足道，其中，铁含量不超过$1.09mg/dm^3$，硅含量平均不超过$10mg/dm^3$。春季和夏秋季汛期，富含矿化物质的地下水流入河网，该时期的河水平均矿化度（无机盐饱和度）不超过$30mg/dm^3$。由于冬季犹太自治州河流总矿化度平均保持在$55mg/dm^3$—$70mg/dm^3$，大中型河流的河床不会完全冻结。

表1.1　　犹太自治州主要河流径流量长期数据　　单位：立方米/秒

河流（所处区域）	年平均径流量	最大月平均径流量	最小月平均径流量
比占河	57.1	301	0.80
韦尔托普拉希哈河	1.08	10.8	0
小比拉河	6.46	64.0	0
萨格德比拉河	9.47	53.2	0
大比拉河	3.43	—	0.05
大比拉河（比罗比詹境内）	103	—	0.60
苏塔拉河	16.0	592	0.12
库利杜尔河	16.1	—	0.03

---

① Е. Я. Фрисман, География Еврейской автономной области: общий обзор, Биробиджан: ИКАРП ДВО РАН, 2018. 57с.

续表

河流（所处区域）	年平均径流量	最大月平均径流量	最小月平均径流量
卡梅努什卡河	22.4	—	0
基尔加河	1.26	—	0
伊库拉河	1.36	10.2	0

资料来源：Е. Я. Фрисман. География Еврейской автономной области, 2018. 58с。

犹太自治州河流径流量平均为236.4立方千米/年，黑龙江大部分河流径流量平均为221立方千米/年，比拉河、比占河、萨马拉河以及通古斯卡河等河流径流量平均为15.4立方千米/年。受季风影响，犹太自治州河流每个时期的径流分布非常不均匀，径流的主要份额（占年度的67%）发生在夏秋季洪水期，8月最高（21%），冬季枯水期最低（3%）。犹太自治州河流长期径流量分布数据不仅仅考虑其当年降雨量，河流径流期特征数据主要包括年平均径流量、最大和最小（温暖和寒冷时期）月平均径流量、月平均最高值和月平均最低值等数据（见表1.1）。犹太自治州长年平均径流量排名前几位的是大比拉河（比罗比詹境内）、比占河、卡梅努什卡河、库利杜尔河以及苏塔拉河。

三 地质地貌

犹太自治州位于布列亚山脉复合基岩与锡霍特山脉褶皱系结合交界区。布列亚地台基底沉积大量的第三纪沙砾岩、泥岩，基底为花岗岩，第三纪末至第四纪初，火山活动形成大片玄武岩熔岩台地，复合基岩由各时期侵入体堆积而成，其顶部有前寒武纪时期、古生代地质时期的碎片混杂其中。沿着布列亚山脉板块和锡霍特—阿林山脉折叠覆盖体系的边界，在侵蚀窗中的新生代湖相—冲积沉积物中，中古生代—早中生代陆源岩暴露在地表，盆地内新生代和白垩纪大陆沉积厚度估计为2500—3000米，这是多层褐煤形成，也是识别碳氢化合物的先决条件。大小不一的裂缝在自治州洼地地区非常普遍，特别是在小兴安岭地区，其中主要是区域性深层（地幔和岩石圈）和次要地壳断层，最大的塔鲁断层属于深层断层，宽度为数十至200公里，是亚洲最大的平移断层。

犹太自治州地表地貌形式多种多样，反映出地壳长期运动导致其地质结构多样化。由于长期受结构剥蚀和侵蚀影响，犹太自治州地貌以山地和平原为主，其中具有代表性的地貌包括兴安岭—布列亚山脉地表和斜坡、中阿穆尔低地和山麓地带，可分为西北山地和东南平原两个大致相等的部分。西北部兴安岭—布列亚山脉北高南低，山谷陡峭，山脉海拔普遍为800—1000米，位于特尔马河和大卡梅努什卡河分水岭上的最高点海拔为1421米，山脉南北两坡由于新构造运动上升致使布列亚山脉表面为不对称穹状隆起，南坡山势浑圆平缓，北坡陡峭成阶梯状，山脉南部和东南部地区延伸到阿穆尔平原的西部边缘，山岭支脉海拔通常只有300—400米。隆多科和基姆坎地区在碳酸盐岩作用下形成浅层（裂缝、陨石坑）和深层（空洞）交织的岩溶地貌。

山麓地带到平原的过渡带主要被低矮丘陵占据，典型低矮山脉以乌舒蒙山脉为代表，包括乌舒蒙山脉的延续支脉休基波克托伊山脉。在该地区的南部和东部低地平原，分散着少量孤立山脉，包括乌里杜尔山脉、大丘尔卡山脉、达翰尔山脉、比占山脉分支形成了一条东北走向的山丘地带。犹太自治州中阿穆尔低地主要为河流冲积平原，从小兴安岭山麓海拔100—150米逐渐降至黑龙江漫滩的海拔40—50米，是适合人类生活和发展农业的区域。

四 自然资源

自然资源是社会经济发展的物质基础，与社会经济可持续发展关系密切，具有可用性、整体性、变化性、空间分布不均匀性和区域性等特点。犹太自治州自然资源基本可划分为国土资源、植物资源、森林资源、水资源、生物资源等。

（一）国土资源

根据俄罗斯联邦国家土地登记（截至2017年1月1日）资料，犹太自治州土地资源为362.71万公顷，其中林地为210.47万公顷；农业用地为46.42万公顷；储备地面积为86.44万公顷；自然保护区为12.72万公顷；工业用地为2.11万公顷；居民定居点用地为4.55万公顷（见表1.2）。截至2017年1月1日，犹太自治州农业用地面积比上年增加7.52

万公顷,达到 46.42 万公顷。农业用地增加的原因是比罗比詹地区转移划拨 1.27 万公顷土地用于牲畜繁殖、种植粮食作物,还涉及该地区的 6.85 万公顷非农业用地（不包括沼泽、人工林）转为农业用地。除此之外,工业及其他非农业用地略有上升。

表1.2　　　　　犹太自治州土地资源类型构成　　　　　单位:万公顷

土地类型	2015年	2016年	两年比较值
农业用地	38.9	46.42	+7.52
城市与农村居民定居点用地	4.6	4.55	-0.5
城市居民点用地	3.04	2.99	-0.5
农村居民点用地	1.56	1.56	—
工业、运输、通信和其他非农业用地	2.05	2.11	+0.6
自然保护区用地	12.72	12.72	—
林地	210.47	210.47	—
储备地	94.58	86.44	-8.14
犹太自治州土地资源总面积	362.71	362.71	

资料来源:http://icarp.su/konferens/monografii/geografiya-eao/。

根据俄罗斯地理勘探部门所采用的土壤—地理划分原则,犹太自治州土壤覆盖地带属于次生(温带)大陆性气候,大自然赋予了犹太自治州多种类型的土壤,最常见的是森林灰化土和沼泽土。在东北部边区的低地地带,主要是弱泥炭土和潜育层土壤。犹太自治州主要土壤覆盖类型如下:

1. 山地森林灰化土壤

分布在该地区海拔 200—300 米的山区地带,覆盖着针叶林、落叶林或次生植被群,土壤表面颜色呈棕灰色,厚度达 30—45 厘米,腐殖质层从 5 厘米到 20 厘米不等,土壤 pH 偏酸性,拥有比较强的肥力。

2. 棕色灰化土壤

棕色灰化土壤分布在山麓和毗邻的平原地区,多数地带被橡树、桦树或落叶松所覆盖。棕色灰化土壤呈棕色,形成于砂质黏土和山地黏质土壤表层,铁铝淀积较明显,腐殖质的淀积不明显,pH 为酸性,腐殖质地层厚度为 6—10 厘米,主要集中覆盖在陡峭度为 1°—60°的山地斜坡地带。

3. 生草灰化土（贫瘠和中级土壤）

主要分布在小兴安岭南坡、休基波克托伊山脉、小丘尔卡山、乌利杜尔山以及达斡尔山脚延伸出的丘陵地带，在该地带森林变得稀疏、草本植物逐渐茂盛，成土母质多为更新世冰川沉积物，还有砂岩、泥岩、黏土以及石灰岩风化物，其特点是在50厘米深度内缺水，土壤有机质含量增加，胡敏酸增多，代换量较大，盐基饱和度提高，酸性降低，肥力贫瘠或一般。在季风降雨期间，土壤肥力会受到过多的水分影响。

4. 草地潜育层和沼泽土壤

犹太自治州的沼泽地占据其领土的28%。草地潜育层和沼泽土壤主要分布在黑龙江流域的低洼地带、沼泽和山谷与瀑布底部，被芦苇草、莎草和苔藓所覆盖，原始腐殖质层地厚度可达12厘米，由于铁还原性质，土壤呈蓝灰色或青灰色，渗水性好，但潜在的再生能力较弱。这部分土壤肥沃，犹太自治州最好的耕地分布在这里。

（二）植物资源

植物群是自然界最重要的组成部分，由一系列生长在某个地区的不同植物群落组成。自然界中的植物是物质循环的主要参与者，为整个动物世界和人类提供食物，为土壤提供肥料，调节水气蒸发和空气湿度。犹太自治州境内的植被覆盖由多种多样的植物区系和植物群落组成，维管植物区系由594属和144科的1443种物种代表组成，多数植物具有中国东北、白令、安加里德和部分蒙古—达斡尔植物区系的特征，有205种植物属于外来（引入）物种。犹太自治州生长着200多种蜜源植物和大约300种药用植物，紫菀属175种，其中种类最多的是莎草（81种），树木植物群由167种物种组成，俄罗斯远东地区33%的植物物种在该地区都有分布。

为更好地保护和利用自然植物资源，犹太自治州早在1997年就已出版《犹太自治州红皮书》（珍稀濒危物种维管植物），其中包括178种植物物种信息。《犹太自治州红皮书》（2015年）中包含176种需要保护的植物信息，其中珍稀濒危物种包括人参、丝莼（露葵）、肾形叶泽苔草、贝加尔羽毛草、科马罗沃莲花、马兜铃、日本蛇葡萄等植物。

(三) 森林资源

犹太自治州森林总面积为 210.47 万公顷（截至 2017 年 1 月 1 日），木材总储量为 19895 万立方米。该地区平均森林覆盖率为 45.2%，覆盖率波动范围从斯米多维奇区的 8.3% 到奥布卢奇耶区的 79.1% 不等。按照俄联邦《关于批准俄罗斯联邦森林植被区和俄罗斯联邦森林区名单》（2011 年第 61 号命令）所划分的范围，该地区拥有两个森林植被区（针叶植被林区和针叶落叶植被林区）和两个森林区（远东针叶林区和黑龙江沿岸—滨海针叶落叶林区）。

犹太自治州地处环北方和东亚植物区系交界地带，林木多以耐寒性强，喜微酸性土或中性土树种为主，其中落叶林占森林总面积的 37.8%，针叶林占 34.4%；硬木林占 27.7%；其他林木及灌木林占 0.1% 左右。具体数量构成方面，落叶林树种面积 61.66 万公顷，木材储蓄量 1726 万立方米，其中桦树林面积 37.3 万公顷；木材储蓄量 3488 万立方米。除白桦树外，该地区还生长着达斡尔（黑）和罗纹（黄）桦树；栎树林面积 34.17 万公顷，主要为抗旱性和土壤要求不高的蒙古栎，木材总储量为 3167 万立方米；白杨林面积 10.42 万公顷，木材总储量 1392 万立方米；椴树林面积 9.452 万公顷，木材总储量 1554 万立方米。

针叶林（56.37 万公顷）以及硬木林（45 万公顷）常见林木主要包括落叶松（15.78 万公顷），红松及韩国雪松（15.68 万公顷），云杉（15.66 万公顷），白杨（10.92 万公顷），紫椴、糖椴及其他椴属（9.77 万公顷），冷杉（8.74 万公顷），水曲柳、毛赤杨、色木槭、阿穆尔黄檗和其他品种总量不到 1%。

犹太自治州森林种群分布基于海拔分区，在其境内分为三个海拔区，其中低海拔区主要位于犹太自治州平原和丘陵地区，莎草、狭叶芦苇草和泥炭藓等植被占优势，林木主要集中在潮湿漫滩林地，除落叶松林种群外，还有灰榆树、柳树、白杨和白桦等树种构成的混合落叶林以及小叶针树林；中低海拔区位于干燥的山坡地带，主要分布着栎树林、达斡尔桦树、紫椴、水曲柳、阿穆尔黄檗、核桃楸、阿穆尔山槐，落叶松林是苏塔拉河、库利杜尔河、比拉河、比拉坎河等河流河谷地带的原生植被，林木种类最为庞杂的要数达斡尔山脉植物群；高海拔地区以针叶阔叶林及其衍生物种为代表。

从主要树种分布地域看，该地区雪松林主要分布在奥布卢奇耶林区内，生长在犹太自治州境内的韩国雪松被列入犹太自治州植物红皮书。杉木林（云杉林）主要由鱼鳞松（云杉属）和西伯利亚云杉构成，主要分布在卡梅努什卡河上游两岸以及沟谷阴坡、半阴坡和谷地顶部，海拔在500—1100米之间，常与冷杉、落叶松、铁杉和某些喜冷的松树及阔叶树组成针叶混交林或针阔混交林。云杉林根部周边被绿色苔藓、半灌木和草类（酢浆草、舞鹤草、风铃草）、莎草和蕨类植物覆盖。

偃松（马尾松）主要分布在自治州北部地区，20世纪60年代偃松林曾大面积覆盖在派克—普克塔山脉和比拉河左岸支流中部流域，在该地区植被中具有代表性。偃松多占据海拔600—1000米的山脉地带，多与鱼鳞云杉、白果枞（臭松）组成混交林，面积最大的雪松森林带分布在苏塔拉山脉和蓬佩耶夫卡山脉。偃松生长环境多为土层浅薄、气候寒冷的高山上部之阴湿地带，因此周边多聚集生长避温性植物，包括小叶和绿树槭树、满洲核桃、阿穆尔黄檗、罗纹桦木、叶榆、满洲榛树、楤木、阿穆尔葡萄、中华柠檬草、刺五加等植物。

无树或林木分布稀疏是黑龙江流域中部低洼地带的典型植被覆盖形式，该地区的植被类型主要有芦苇、莎草、香蒲以及灌木类植物，周边地带通常长有野生迷迭香、桦树、越橘和短切柳树，该地区此类植被覆盖约占自治州面积的46%。

犹太自治州森林生态系统受自然灾害影响较为明显，森林火灾是突发性强、破坏性大、处置较为困难的自然灾害。不仅造成森林面积减少，而且严重破坏森林结构和森林环境，导致森林生态系统失去平衡，森林生物量下降，降低土壤的保水性和渗透性，使某些林地和低洼地的地下水位上升，引起沼泽化；另外，土壤表面炭化增温，导致阳性杂草丛生，不利于森林更新或造成耐极端生态条件的低价值林木更替。根据犹太自治州森林资源管理委员会统计，2017年森林火灾数量达125起，由于春秋季火灾风险期间天气条件恶劣，火灾过火面积达9.4万公顷，森林灭火耗资900万卢布。自治州森林火灾的主要原因是人为因素，在125起火灾中有96起属于人为点燃干燥植被导致失控燃烧。

(四) 水资源

犹太自治州境内水资源较为丰富，全部或部分流经犹太自治州的大小河流有5017条，共同组成黑龙江左岸支流水网。犹太自治州大部分河流属于中小型河流，河流长度超过100公里的河流数量有限，其中包括比拉河（大比拉河）、比占河、苏塔拉河、伊库拉河、温贡河、萨马拉河（大萨马拉河）六条河流（见表1.3）。具体河流数据如下：

表1.3　　　　　　　　　流经犹太自治州主要河流

河流名称	长度（公里）	流域面积（平方公里）
比拉河	261	7940
比占河	274	9580
苏塔拉河	123	1750
伊库拉河	120	409
萨马拉河	105	1150
温贡河	120	1180

资料来源：根据犹太自治州政府网资料整理，参见：https://www.eao.ru。

比拉河（大比拉河）长261公里，流域面积达7940平方公里。比拉河由苏塔拉河与库利杜尔河汇流而成，从苏塔拉山脉和小兴安岭山脉汇聚流入低地平原，犹太自治州比罗比詹市生产与居民生活用水主要来自比拉河。

比占河起源于小兴安岭，河流由左比占河与右比占河汇流而成，河宽30—60米，河深1.5—7米，流经长度约274公里，流域面积达9580平方公里，河的上游是俄罗斯远东最古老的鱼类养殖场"比占斯基"。

苏塔拉河源自苏塔拉山脉，属于比拉河上游的阿穆尔盆地山区支流，流经长度达123公里，流域面积1750平方公里，季风降雨、融雪及地下水是其河水的主要来源。苏塔拉河拥有许多支流，包括奇尔卡河、塔累河、大阿尔塔莫妮卡河、小阿尔塔莫妮卡河、希罗卡亚河等。

伊库拉河流经阿穆尔地区，河流长120公里，流域总面积409平方公里，伊库拉河位于比拉河上游67公里处，最终汇入比拉河。伊库拉河河水主要来源于季节性降雨、融雪和地下水补充。萨马拉河属于黑龙江支流，流经犹太自治州十月区，河流长度为105公里，流域面积达1150平方公里，河水主要依靠夏秋季降雨以及融雪和地下水补充。温贡河流经犹太自治州列宁区，流经长度为120公里，总集水面积达1180平方公里。

犹太自治州河流水系总长度为8231公里，河流水网密度受地质地貌影响，从西北向东南降低，山地和山麓地区为0.7—0.8公里/平方公里，斯米多维奇区和十月区的水网密度仅为0.1—0.3公里/平方公里（见表1.4）。河流水源主要是雨水，即夏秋季降雨，融雪和地下水补充起着次要作用，降雪量占10%—20%，地下水流量占10%—30%。河流雨水径流量占全年总流量的50%—70%，该地区黑龙江径流量达到221立方千米/年，比拉河、比占河以及温贡河径流量为15.4立方千米/年。

表1.4　　　　　　　　犹太自治州河流水网分布数据

行政区	河流数量	长度（km）	水网密度（km/km^2）	长度低于10公里（%）
比罗比詹区	428	3.61	0.38	94.6
列宁区	387	4.40	0.29	92.5
奥布卢奇耶区	2784	2.96	0.62	94.8
十月区	1205	1.71	0.32	95.6
斯米多维奇区	213	4.42	0.16	88.3

资料来源：ФрисманЕ.Я.，ГеографияЕврейскойавтономнойобласти，2018.52с。

犹太自治州湖泊分布及面积取决于该地区的河网密度，自治州境内湖泊约3000个，主要分布在平原地区（黑龙江中部的低地），水面总面积约65平方公里。犹太自治州几乎所有湖泊的面积都很小，其中1250个湖泊小于0.01平方公里（水体覆盖总面积5平方公里），仅有11个湖泊面积超过1平方公里，较大湖泊包括卡缅诺耶湖（1.2平方公里）、斯捷潘诺夫斯克耶湖（1.28平方公里）、彼得罗夫斯科耶湖（1.22平方公里）、大湖（3.4平方公里）、扎别洛夫斯克耶湖（4.28平方公里）等。扎别洛夫斯克耶湖是犹太自治州最大的天然湖，湖泊长5公里，宽约1.5公里，位于斯米多维奇区扎别洛沃码头东北7.5公里处，靠近黑龙江，有狭长河道与之相连，属于河口湖系。

根据洼地的地形成因，犹太自治州湖泊主要有外因（水、风、冰起源湖泊）和内因（地质构造）起源湖泊，其中平原地区洪水冲刷侵蚀形成的湖泊最为常见。此外，在露天矿区人为因素制造的湖泊广泛分布在自治州附近。犹太自治州大部分湖泊属于季节性湖泊，水面面积以及水量在很大程度上取决于河水丰沛程度，在不同季节有很大差异。

犹太自治州蕴藏着丰富的地下水资源，从洼地地下3—5米深处到10—15米高的丘陵地带均有分布。地下水流量系数为犹太自治州境内总水流量的5%—10%，流量分布从西北到东南逐步减少。犹太自治州地下水资源是地表水储备补充的可靠来源，已经探明的五处水资源蓄水量达65.75万立方米/天。根据水文地质分布，中阿穆尔河自流盆地（覆盖全州50%左右的面积）覆盖层由新生代沉积物组成，90%以上地下水储量都集中在这里。中阿穆尔河自流盆地地下水资源经济重要性非常高，平均出水量为3.9万立方米/天，比其他地区高5—20倍；小兴安岭水文地质带位于犹太自治州西北部，地下水资源以山涧小溪流和泉水为主；兴安—奥洛诺伊斯克火山盆地位于犹太自治州西北部，地下水资源经济利用前景不乐观，平均出水量仅为0.2万立方米/天。此外，南兴安盆地以及基姆甘斯克盆地有少量地下水资源储备。

犹太自治州地下淡水资源有部分水源属于偏硅碱性淡水。该州境内分布有6处偏硅碱性医用矿泉，即库利杜尔矿泉、长者矿泉、下图洛夫奇辛斯克矿泉、上图洛夫奇辛斯克矿泉、文采列夫斯克矿泉以及比尔斯克矿泉。其中库利杜尔医用矿泉含少量矿物质（0.3克/升），主要矿物成分包括硅酸（CH_2SiO_3，0.112克/升）、氯化碳酸氢盐（0.01克/升—0.02克/升），泉水pH为9.3，水温72℃。除库利杜尔矿泉外，其他矿泉属于冷泉类型，水温在5.4℃—12℃。犹太自治州库利杜尔矿泉所在地均设有国家级大型疗养基地。

（五）生物资源

受自然地理位置影响，犹太自治州动物种群处于4个动物生态地理群交界处，即混合落叶林的中国东北动物种群、云杉及冷杉类针叶林的鄂霍次克—堪察加动物种群、东西伯利亚或安加拉动物种群以及达斡尔—蒙古草原动物群交界处，这导致犹太自治州在相对较小的区域内物种呈多样性特征。

该地区脊椎动物种群有469种。其中，哺乳动物有62种、鸟类308种、爬行动物9种、两栖动物7种、鱼类82种。① 犹太自治州根据所监测到的珍稀濒危野生动物生存状况，编制成犹太自治州红皮书（脊椎动物），其中包括11种哺乳动物、63种鸟类、5种爬行动物和6种鱼类。

犹太自治州的两栖动物和爬行动物种群有16种，代表性动物为红背蛇、日本游蛇、阿穆尔游蛇、东方蝰蛇、远东龟以及胎生蜥蜴等。犹太自治州红皮书中列出的爬行动物名单（珍稀濒危）包括远东龟、日本游蛇、阿穆尔游蛇、红背蛇和萨哈林蟒蛇。

鸟类是黑龙江中部地区最具广泛代表性的脊椎动物。筑巢迁徙鸟类在犹太自治州鸟类中占主导地位（59%），包括大白鹭、红鹭、远东白鹳、黑鹳、鱼鹰、凤头八角鹰、金鹰、大斑鹰、白尾鹰、石松鸡、野生松鸡、红冠鹅、西伯利亚鹅、红嘴鹰、秋沙鸭、日本鹤、达翰尔鹤、黑鹤、白翅秧鸡、远东鹬、白额燕鸥、矮猫头鹰、小燕鸥以及红头鸭等；春季和秋季迁徙过程中出现的鸟类占总数的18%；留鸟占16%；剩下7%属于在该地区偶尔越冬和游弋的鸟类，主要包括中白鹭、黑秃鹫、凤头麦鸡、黑翅长脚鹬、淡灰鸥（白鸥）、毛腿沙鸡、日本鹟等8种。为保护珍稀和濒危鸟类物种，当地州政府将63种鸟类列入《犹太自治州红皮书》，朱鹮、远东鹳、秋沙鸭、白尾海雕、白鹤、日本鹤、黑鹤、白枕鹤8种鸟类被列入《俄罗斯联邦红皮书》。

在犹太自治州哺乳动物种群中，主要生息繁衍有野猪、狍子、麋鹿、麝香鹿、驯鹿、黑貂、猞猁、水獭、棕熊、黑熊、狼、狐狸、貉、东北兔、松鼠等种群，其中非迁徙类动物占主导地位，多数动物种群数量呈上升趋势，松鼠以及狍子是当地数量最多、最具经济价值的哺乳动物种群（见表1.5）。2002年，犹太自治州编制出该地区哺乳动物地籍清单材料，根据材料，阿穆尔刺猬、阿穆尔鼠耳蝠、长尾鼠耳蝠、水鼩鼱、伊氏鼠耳蝠、乌苏里鼠耳蝠、东方蝙蝠、红狼、后贝加尔香鼬、东北虎、

---

① 2016年犹太自治州生态状况报告，参见 http://pravo.gov.ru/。

阿穆尔青羊 11 种哺乳动物被列入《犹太自治州红皮书》。

表 1.5　　　　犹太自治州最具经济价值的哺乳动物数量　　　（单位：只）

	2010 年	2012 年	2014 年	2016 年
远东赤鹿	2943	2855	3297	3235
野猪	3507	3686	3945	6302
狍子	11519	10360	10177	13786
麋鹿	924	556	661	660
麝香鹿	1583	1254	1350	1504
黑貂	4654	8407	8536	8540
猞猁	37	78	66	102
水獭	700	750	1085	1370
棕熊	750	650	670	725
黑熊	350	300	213	232
狼	200	167	117	308
狐狸	966	1307	875	987
黄鼬	4436	3459	1363	2456
松鼠	27610	31602	11716	21206
东北兔	5311	2716	1541	1684
野兔	1814	1447	2110	5468
貉	1583	1769	1524	1853

资料来源：根据犹太自治州官网数据整理，统计数据不包含保护区"巴斯塔克"数据。

犹太自治州河流湖泊众多，鱼类资源具有多样性特征，主要有梭子鱼、河鳟、鲤鱼、草鱼、江鳕、哲罗鱼、欧鳊、鲷鱼、鳇鱼、阿穆尔鲶鱼、红鳍鲌、太平洋鲑鱼（鲑鱼、粉红鲑鱼、红鲑鱼、银大马哈鱼）等鱼类。根据俄罗斯科学院远东分院地区问题综合分析研究所研究资料，目前该区域内鱼类资源包括七鳃鳗目、鲟形目、鲤目、鲶鱼目、鲑形目、鲈形目等 12 目（23 科，67 属），93 种鱼为代表涵盖了黑龙江流域的鱼类物种多样性的 74.5%。该地区鱼类按地理来源不同大致可以分 7 部分，来自中国境内江河流域的种群为 43 种，约占犹太自治州所有鱼类的

47%；北方物种群 18 种；第三纪动物群 16 种；南印度—非洲动物群 7 种；北部淡水—北极种群 3 种；太平洋鱼类种群 3 种；海洋鱼类种群 2 种。

犹太自治州水域最大的鱼类是鲟鳇鱼，鲟鳇鱼成年长度达到 6 米，体重可达 1000 千克（捕获的最大鱼类为 1270 千克），是白垩纪时期保存下来的古生物，素有水中"活化石"之称。除鲟鳇鱼外，还有其他大型鱼类繁衍在犹太自治州水域，属于鲤科的黄鲤长达 2 米，重 40 千克；索尔达托夫鲶鱼可以长到 3 米左右，重量可达 70 千克。犹太自治州水域最小鱼类为黑龙江鳑鲏，鳑鲏主要生存于黑龙江支流松花江流域，成年个体长 3 厘米左右。

阿穆尔黑鲤、黑阿穆尔鲷鱼、鳡鱼、小黄鳍金枪鱼、索尔达托夫鲶鱼、中国鲈鱼 6 种濒危鱼类被列入"犹太自治州濒危物种红皮书"，在过去的 20 年中，唯一捕获黑鲤的科考记录是在 2011 年的尼古拉耶夫斯克—阿穆尔地区，捕获带鱼子母鱼 1 条，体重为 12 千克。虽然上述鱼类致危的原因有许多，但最明显的原因是生物栖息地的丧失和环境的改变，对鱼类而言主要的致危原因是水电工程、围垦造田引起的环境变化、渔业资源的过度开发、水体污染等。

（六）矿产资源

犹太自治州矿产资源种类繁多，现已探明铁、锰、锡、金、石墨、水镁石、菱镁矿、沸石等 20 多种矿产资源，主要矿产资源储量为铁矿石 7.2 亿吨、锰矿石 1500 万吨、镁矿石 1150 万吨、石墨 870 万吨、滑石 480 万吨、沸石 4700 万吨、耐酸石 600 万吨、C3 级褐煤 320 万吨、泥炭 1860 万吨。随着勘探技术的发展，犹太自治州的金矿、锡矿、水镁石、锰矿、镁铁矿、石墨、沸石、耐酸石等矿产储量都有望增加。

1. 黑色金属

犹太自治州境内已探明的 2 座大型锰矿床为比詹矿床（位于比罗比詹以南 60 公里的比罗比詹河上游，含锰量为 18.4%，已探明储量为 600 万吨）和南兴安岭矿床（含锰量为 19.2%—21.1%，已探明储量大约 900 万吨），两处矿床均有铁矿伴生，其储备量在很大程度上超过锰矿储备量。犹太自治州境内主要铁矿床位于奥布卢奇耶区，基姆坎—苏塔拉以及科斯坚金斯科铁矿的铁矿石储量约为 7 亿吨。迄今犹太自治州已探明铁矿和铁锰矿产地 35 处以及成矿现象 15 处，这些产地的矿石均可用于冶金工业。

2. 有色金属

锡矿主要分布在小兴安岭地区和苏塔拉—比占地区，现已探明有 14 处矿床。锡矿总储量为 486 万吨，其中 B 级和 C3 级储量为 219 万吨，锡矿矿床通常还伴生有铜、铅、锌、砷、铋、锑、银、钼、金等金属。

金矿早在 19 世纪下半叶开始开采，分冲积型砂金矿和矿石金矿两种类型。冲积含金砂岩以山谷河道的第四纪冲积砂岩为代表，砂金矿体多存于河谷堆积物、砂砾石层及含砂砾碎石层（基岩上部的风化物）中，冲积型砂金矿矿床主要位于叶列宁斯科小溪、苏塔拉河、库图玛河、小希罗科耶溪流、小科雷马河等地，主要采用水力采矿法进行开采。矿石型金矿开采勘探主要集中在苏塔拉河流域的沃罗比约夫斯基地区和阿希坎斯基地区。犹太自治州已探明的金矿蕴藏量约为 3000 千克。

菱镁矿资源主要形成于前震旦纪和震旦纪，含煤沉积岩中常见菱镁矿，在该地区已勘探发现 11 处矿床。菱镁矿的工业价值是基于氧化镁的高耐火度和黏合性，主要用作耐火材料、建材原料、化工原料和提炼金属镁及镁化合物等。

3. 可燃性有机岩

犹太自治州可燃性有机岩以烟煤、褐煤、泥炭为代表，主要褐煤产地比拉费尔德煤区位于黑龙江流域中游地区，乌舒蒙斯基褐煤矿场就坐落于此，烟煤位于比尔斯科耶产地，泥炭产地有 55 处，上述矿区主要是由乌舒蒙斯基露天采煤场股份公司负责开采。

4. 非金属及建筑用矿产资源

水镁石（氧化镁的原料）资源在犹太自治州蕴藏丰富，现已探明水镁石产地 4 处，包括库利杜尔产地、中心产地、萨夫金斯科耶产地、塔拉盖斯科耶产地。库利杜尔矿区位于伊兹韦斯特科维车站以北 14 公里处，从 1969 年开始开发，其探明储量为 1400 万吨，居世界第二位，原矿中氧化镁含量达 65%，工业提炼价值极高，是化学、玻璃、橡胶、制药和其他工业不可或缺的原材料，自治州水镁石年开采量超过 4 万吨。此外，水镁石块体致密，细腻滑润，颜色丰富多变（灰色、蓝色、绿色、紫色、粉红色），可用作装饰和饰面材料。自治州境内还有玄武岩、石灰石、沸石、磷酸盐物以及其他非金属矿物，索尤兹年斯科耶石墨矿是世界上最大的石墨矿之一，蕴藏量达到870万吨，矿石中石墨含量为17.2%。

自治州内有可用于生产建材的矿物，包括可造砖黏土、可造陶粒、砂砾混合物、用于建设和砌面的石材、可造水泥原料等82处，总储量为27006万立方米，产地主要集中于铁路沿线及靠近居民点地区，且均可以进行露天开采。主要建材矿产类型及储量如下：制砖陶黏土总蕴藏量为1855万立方米（8处矿床）；膨胀黏土总蕴藏量为1704万立方米（5处矿床）；硅质砖砂土总蕴藏量为1747万立方米（3处矿床）；建筑用砂总蕴藏量为3490万立方米（20处矿床）；砂砾混合物总蕴藏量为9660万立方米（18处沉积产地）；建筑石材总蕴藏量为8550万立方米（28处矿床）。

第二节　生态环境状况

影响人类生存与发展的水资源、土地资源、生物资源以及气候资源的数量与质量是关系到社会和经济持续发展的复合生态系统。生态环境问题直观地反映出人类为其自身生存和发展，在利用和改造自然的过程中，对自然环境破坏和污染所产生的危害人类生存的各种负反馈效应。犹太自治州的生态环境状况长期以来令人满意，2018年，犹太自治州相关机构没有记录到重度大气、地表水和地下水人为污染，以及自然环境的化学和辐射污染。这得益于犹太自治州在环保方面持续投入的大量资金。仅在2013—2018年期间，犹太自治州环境保护委员会经常性费用支出就超过10.79亿卢布，主要用于气候及空气质量监控，污水及废弃物收集和处理，土壤、地表水和地下水的保护和恢复（见表1.6）。

表1.6　　　　犹太自治州环境保护委员会经常性费用支出　　　　单位：千卢布

	2013年	2014年	2015年	2016年	2017年	2018年
保护空气质量和防止气候变化	1588	1404	5028	9310	9365	10364
污水收集和处理	133191	128402	128473	148553	142856	76898
废弃物管理回收	26459	13724	41549	20580	16360	51303
土壤、地表水和地下水保护和恢复	8200	7071	29588	20895	21239	21997
生物多样性保护与自然区域保护	38	46	—	259	—	620
环境辐射安全	—	—	—	26	16	32
研究和发展基金	—	—	90	—	—	—
其他环境保护活动	546	808	1430	461	236	74
总计	170022	151455	206158	200084	190072	161288

资料来源：俄罗斯犹太自治州官方网站，О докладе об экологической ситуации в Еврейской автономной области в 2018 году．

一　犹太自治州空气质量

空气是人类生活环境中最重要的组成部分，大气层为防止有害辐射提供了有效保护，并对人类健康、居民出行以及动植物的生长产生决定性影响。工业及运输行业以气态、液态或固态形式排放到空气中的化学物质是城市圈中主要的人为大气污染物。在犹太自治州，电力、天然气和供水企业、加工业、采矿和车辆运输是该地区主要的大气污染源。

犹太自治州卫生与流行病学中心等机构在犹太自治州奥布卢奇耶区设立了1个观察站和5个监测点，对自治州空气状态进行实时监测。根据空气监测实验室检测结果，二氧化硫、一氧化碳、二氧化氮、苯酚、碳（烟灰）、甲醛、悬浮颗粒物是该地区工业设施产生的最主要化学污染物。2016—2018年期间，由犹太自治州卫生与流行病学中心检测结果可知，犹太自治州空气中的化学物质浓度没有超过俄联邦卫生标准允许浓度的极限，区域内大气污染的主要污染源企业包括比罗比詹热电股份公司、基姆卡诺—苏塔尔采矿选矿有限责任公司、热湖水泥制造股份公司、比罗比詹电气股份公司等企业，上述企业年平均污染物排放量超过万吨（见表1.7）。根据俄罗斯联邦自然资源利用监督局数据，2018年犹太自治州固定排放源企业的污染物排放总量为 13.28 万吨，其中 11.42 万吨被有效处理，污染物有效处理率为 85.9%。

表1.7　　　　　　　　　犹太自治州主要空气污染源

企业	年均污染物排放量（万吨）
比罗比詹热电股份公司	3.556
基姆卡诺—苏塔尔采矿选矿有限责任公司	3.197
热湖水泥制造有限公司	2.292
比罗比詹电气股份公司	1.635

资料来源：俄罗斯犹太自治州官方网站，О докладе об экологической ситуации в Еврейской автономной области в 2018 году.

评估大气污染的标准是居民点周边环境中大气污染物的最大允许浓度，其中极限允许浓度是指大气污染对人及其后代没有直接或间接影响，不损害其工作能力和健康的最大浓度。犹太自治州首府比罗比詹市的空气状况由国家环境监测局的固定站负责监测，该站负责监测 4 种主要污染物（悬浮颗粒物、二氧化硫、一氧化碳、二氧化氮）和 4 种特定污染物［苯酚、烟灰、甲醛和芘（嵌二萘）］。近年来，随着犹太自治州经济发展加速，企业污染物排放量呈上升趋势，具体空气污染物排放趋势见图 1.1。

根据俄罗斯联邦环境管理监督局的数据，2018 年，比罗比詹市固定污染源向大气中排放法人污染物 8500 吨，其中比罗比詹热电股份公司、住房和公用事业企业、铁路企业和供热锅炉产生的排放占固定污染源排放总量的主要部分，机动车排放到大气中的污染物占该州总排放量的 46.3%。2018 年空气中的主要杂质和特定杂质含量没有超过允许值限值，但芘（嵌二萘）除外，该杂质的年平均值为 3.5ПДК（2017 年为 1.8ПДК），2018 年 11 月为年度最大值（7.8ПДК，2017 年峰值为 12 月的 6.1ПДК）。与烟尘一样，芘（嵌二萘）浓度在冬季会急剧增加，这是由于高逆温和无风的气象条件导致了重度大气污染。在高寒地区的城市环境中，冬季集中产生大量排放源和低排放源，包括汽车和小型锅炉的排放源，在不利的气象条件下，污染物扩散产生了危及居民健康的空气

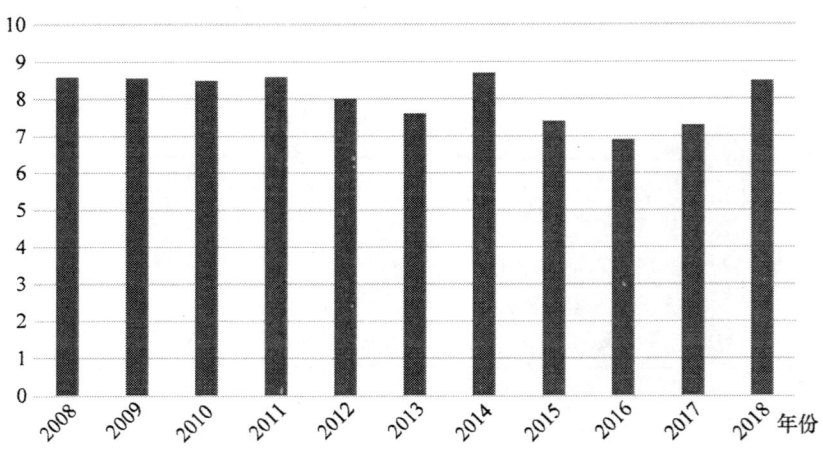

图 1.1　比罗比詹市固定源污染物排放动态（单位：千吨）

资料来源：俄罗斯犹太自治州官方网站，O докладе об экологической ситуации в Еврейской автономной области в 2018 году。

杂质。根据综合环境评估，犹太自治州比罗比詹市冬季的空气污染水平被评为"重度"。为合理防控经济活动对环境的影响，犹太自治州政府自然资源局和联邦环境管理监督局在确保环境安全方面开展了大量工作，以查明和管控向州大气中排放污染物的源头，以及为自然资源使用者制定向大气排放污染物的标准，并颁发向大气排放有害（污染）物质的许可证。2018年，犹太自治州政府自然资源局和联邦环境管理监督局根据相关条例颁发了60份相关排放许可证。

二　犹太自治州地表水及地下水

犹太自治州的所有水体都源自黑龙江流域，该地区的水文网络十分发达，拥有5000多条水道的全部或部分径流，整个河流水系全长8000多公里，在山区和山麓地区密度为0.7—0.8公里/平方公里，在低洼及沼泽为主的东部地区密度为0.1—0.3公里/平方公里，全区域平均密度为0.5公里/平方公里，55%以上的水道形成于奥比卢钦市区。该州河流的主要水源来自降雨，主要集中在夏秋两季，河流雨水流量占年总流量的50%—70%；积雪流量占10%—20%；地下流量占10%—30%。

2018年，根据俄罗斯联邦自然资源监测部门提供的资料，犹太自治州境内的黑龙江流域水质被评为"轻度污染"，该流域水质承受着巨大的人为污染压力。黑龙江上游的金矿开采、煤矿开采以及工业中心是造成河流地表水污染的主要因素，铁路运输、食品加工和公用事业也对水污染造成明显影响。俄罗斯联邦地质勘探局"远东地质勘探局"在黑龙江流域的6条支流（比罗比詹市附近的大比拉河，奥布卢奇市附近的兴安河，兴安斯克村附近的左兴安河，库利杜尔村附近的库利杜尔河，尼古拉耶夫卡村附近的通古斯河，阿列克谢耶夫卡村附近的小比拉河）的主要水情阶段对该州地表水的质量和化学成分进行了观测。根据观察结果，大比拉河、小比拉河和库利杜尔河的水质明显恶化，河水质量等级分别从3（a）"污染"降为3（b）"严重污染"，3（b）"严重污染"降为4（a）"极度污染"，2级"轻度污染"降为3（b）"严重污染"（见表1.8）。在其他河流观测地点，河流水质保持在2017年的水平。兴安河在犹太自治州境内有两条主要支流，左侧支流为大索洛利河，右侧支流是乌杜楚坎河，通过对该河的水质状况检测，该河流的水质被评为"严重污染"，等级为3（b），与2017年相比，亚硝酸盐、铝和铜的年平均浓度分别增加了10.3%、2.6%和1.3%。相对而言，左兴安河的铜、锌和铝化合物污染程度不高，一般铁化合物、亚硝酸盐氮和石油产品污染程度较低，没有发生严重污染和极严重污染事件。通古斯河是黑龙江的主要支流之一，与2017年相比，河水水质没有发生重大变化，质量等级仍为3（a）级。与2017年相比，通古斯河中的有机物、铁和铜化合物的年平均含量明显增加。总体而言，犹太自治州的地表水质量降低与水质中重金属（铁、锰和锌）含量增加有关，这在整个俄罗斯远东地区的地表水污染中是常见的。

表1.8　　　犹太自治州各观测点的水质数据表

监测水域	2012年水质	2013年水质	2014年水质	2015年水质	2016年水质	2017年水质	2018年水质
兴安河	3（a）	2	3（a）	3（a）	3（b）	3（b）	3（b）
左兴安河	2	2	3（b）	3（a）	3（b）	3（a）	3（a）

续表

监测水域	2012年水质	2013年水质	2014年水质	2015年水质	2016年水质	2017年水质	2018年水质
小比拉河	3（a）	2	3（b）	4（a）	3（b）	3（b）	4（a）
大比拉河（比拉坎站）	3（b）	2	4（a）	3（b）	4（a）	3（a）	3（b）
大比拉河（比罗比詹市区）	3（a）	3（a）	3（b）	3（a）	4（a）	3（a）	3（b）
库利杜尔河	2	3（a）	3（a）	3（b）	3（b）	2	3（b）
通古斯河	3（a）	3（a）	3（b）	3（a）	3（a）	3（a）	3（a）

注：2—轻度污染；3（a）—污染；3（b）—严重污染；4（a）—极度污染。

资料来源：俄罗斯犹太自治州官方网站，О докладе об экологической ситуации в Еврейской автономной области в 2018 году。

犹太自治州地区与生活污水有关的水处理及排放主要由住房公用事业公司负责，污水排放的最大来源是比罗比詹市的"污水管道系统"，该市污水排放量占该州全部污水排放的70%以上。比罗比詹市现有污水处理设施多数建于40多年前，早已不符合当前的最新技术标准和废水处理需求，更为严重的是，在该地区的许多居民点根本没有配置污水处理系统和污水处理设施。与2017年相比，2018年犹太自治州排入地表水体的废水总量减少10.49%，从2017年的1354万立方米降至1212万立方米，未经处理的废水总量为1047万立方米，而2017年为1318万立方米。与2017年相比，2018年废水中的石油产品、干残渣、磷酸盐、硝酸盐、表面活性剂、锌、氟和钙等污染物排放量明显减少，悬浮固体、硫酸盐、亚硝酸盐、铁、铜、铬、脂肪/油、硅及酚的排放量增加，这与该地区污水处理设施的老化状态有关（见表1.9）。

表1.9　犹太自治州主要用水量指标及污染物变化（2017—2018年）

	指标	2018年	2017年	增减+/-	百分比
	废水排放量（百万立方米）				
1	废水总排量	12.12	13.54	-1.42	-10.49
2	未经处理的废水	0.24	0.36	-0.12	-33.33
3	废水排出，未充分处理	10.47	13.18	-2.71	-20.56
4	废水排放，标准净化	1.41	0	+1.41	0

续表

	指标	2018年	2017年	增减+/-	百分比
废水中污染物变化（吨）					
5	含污染物的废水量	10.72	13.54	-2.82	-20.83
6	铵态氮	123.98	125.09	+1.11	-0.9
7	悬浮物	455.62	354.14	+101.48	+28.65
8	硫酸盐	576.98	547.12	+29.86	+5.46
9	生化需氧量	775.47	747.05	+28.42	+3.8
10	干残渣	100.59	124.96	-24.37	-19.5
废水中污染物变化（公斤）					
11	磷酸盐	61.67	66.67	-5.0	-7.5
12	氯化物	351.7	351.49	+0.21	+0.06
13	石油产品	5.68	7.62	-1.94	-25.56
14	铜	142.27	105.42	+36.85	+34.96
15	硝酸盐	133676.97	147056.5	-13379.03	+39.87
16	亚硝酸盐	14696.09	10506.62	+4189.47	+39.87
17	苯酚	91.53	22.67	+68.86	+303.8
18	脂肪/油	23444.3	11205.05	+12239.25	+109.23
19	铬	360.22	264.75	+95.47	+36.06
20	锌	158.0	248.76	-90.76	-36.48
21	铁	20821.41	16155.81	+4665.6	+28.88
22	锰	28.97	29.63	-0.66	-2.22
23	铝	0.07	0.12	-0.05	-37.39
24	氟	7749.87	8226.05	-476.18	-5.79
25	钠	45813.99	46502.4	-688.41	-1.48
26	钙	3494.33	6221.05	-2726.72	-43.83
27	硅	27447.91	19934.86	+7513.05	+37.69

资料来源：俄罗斯犹太自治州官方网站，О докладе об экологической ситуации в Еврейской автономной области в 2018 году.

地下水是最重要的自然资源之一，犹太自治州拥有丰富的地下水资源，在饮用水及工业用水方面，其充足的数量及优越的质量为该地区社会发展提供了基本保障。目前，在所探明的31个饮用水及工业用水点中，有18处正在开采使用。2018年该区域的饮用水及工业用水总量同上一年相比减少了 23 万立方米（0.9%），达到 2256 万立方米；运输过程中的损失减少了 9.61%（527 万平方米），这得益于比罗比詹市周边供水网络升级大修。

2018 年的犹太自治州淡水使用总量小幅下降（1.56%），从 2017 年的 1477 万立方米降至 1454 万立方米，具有用途包括：

——居民家庭用水需求 679 万平方米，同比减少 0.44%；

——企业生产用水达到 596 万平方米，同比增加 1.53%；

——农业用水量从 2017 年的 4 万立方米增至 5 万立方米；

——其他需求用水 133 万平方米。

2018 年，犹太自治州相关机构批准了 6 份地下资源开采使用许可，用于饮用水、生活用水以及工农业设施的技术用水保障，开采量为 595 立方米/天。2018 年，犹太自治州 38.4% 的集中式供水达不到卫生和流行病学预防要求，这与 2017 年水平持平。此外，由于缺乏有效的防护，无法满足生活要求的水源比例达到 20.9%。地区饮用水质量低下的原因主要是自然因素：含水层水中铁和锰化合物的含量增加，溶解性有害化学物质（硝酸盐）缺乏有效处理，水源保护区缺乏保护，技术因素包括输水管道及配套设施老化严重，缺乏卫生和技术维护，导致二次水污染和供水不稳定现象时有发生。

在犹太自治州的比罗比詹市、斯米多维奇区、列宁区和十月区，饮用水中的铁锰严重超标情况已经持续了很长时间。尽管这些地区的大多数输水管道都设有相应的重金属处理设施，但运营机构未对其有效性进行充分控制，未能定期清洗过滤器，并且未及时更换过滤器材料。2018 年，犹太自治州水质检测指标方面，饮用水所在水库中的水样本无法令人满意。第一类水库（家庭和饮用水供应场所）不符合卫生和流行病学要求的水样品的比重比去年增加了 1.9 倍，达到 85.7%（2017 年，45.1%），但同时微生物指标下降了 1.3 倍，降为 33.3%（2017 年，44.8%）。工业及社会娱乐用途的水库情况有所好转，未达到卫生和流行病学要求的二类水体（为休闲区大规模娱乐场所供水）比例与 2017 年相比下降 22.9%，就微生物指标而言下降了 4%（2017 年为 28.8%）。

三 废弃物生成及管理

废弃物指人类生产和生活过程中排出或投弃的固体、液体废弃物,按其来源分工业废渣、农业废渣和城市生活垃圾等。近几十年来,随着消费的急剧增长导致为满足个人和家庭需要而产生的城市固体废弃物大量增加,城市固体废弃物还包括企业产生的废弃物,以及自然人在消费过程中产生的类似废弃物。这些废弃物不仅污染自然景观,还向环境中释放有害的化学和生物物质,对居民健康和生命构成了威胁。根据俄罗斯联邦国家统计调查数据,2018年犹太自治区的企业产生了127632吨废弃物,比2017年增加了18250吨。截至2017年年底,该地区有198133吨各种危害类别的废弃物尚未得到有效处理(见表1.10)。

表1.10　2018年各种废弃物生产及管理状况(+/-相对于2017年)　　单位:吨

危害等级	废弃物生成量	废弃物利用	废弃物处理	向其他机构移送的废弃物
废弃物总量	127632.210 (+18076.181)	61172.999 (+5618.066)	8371.788 (-1816.641)	59424.06
Ⅰ类危险废弃物	3.141 (+0.576)	0.087 (+0.087)	12.614 (+1.733)	2.936
Ⅱ类危险废弃物	6.672 (-0.367)	18.3 (+14.936)	4.760 (-33.863)	5.345
Ⅲ类危险废弃物	16537.093 (-199.106)	12720.133 (+96.81)	4215.378 (-713.815)	3928.98
Ⅳ类危险废弃物	9861.074 (+3677.478)	2382.997 (-1204.224)	4113.743 (-1084.887)	21719.674
Ⅴ类危险废弃物	101222.230 (+14771.571)	45300.749 (+5958.175)	25.293 (+11.359)	33767.125

资料来源:俄罗斯犹太自治州官方网站,О докладе об экологической ситуации в Еврейской автономной области в 2018 году。

犹太自治州通过废弃物处理机构回收和处理的废弃物占废弃物总量的54.5%。犹太自治州的废弃物处理制度是以绝大部分废弃物在堆填区弃置为基础。目前,犹太自治州设有3个大型废弃物处置站,其中2个用于工业废料堆场（比罗比詹热电厂堆场、基姆卡诺—苏塔尔采矿选矿厂有限责任公司堆场），1个用于城市固体废料堆场（哈巴罗夫斯克供热网公司有限责任公司堆场）。

2018年，犹太自治州废弃物管理办公室对废弃物处置场所（设施）进行了清点，结果发现，该州有50个废弃物处置场所没有列入国家废弃物处置场所登记。所有这些场所都不符合填埋场的要求，也没有防水（混凝土、黏土或其他）基础来防止污染物通过含水层扩散。此外，2018年在该州发现65个未经许可的废弃物处置场所（垃圾填埋场），根据国家环境监督机构的命令，已拆除18个未经批准的废弃物处置场所。

在犹太自治州城市中，主要是以集装箱方式收集居民产生的城市固体废弃物；在其28个市镇中，有19个市镇设有集装箱堆场。以集装箱方式收集废弃物的居民点地区，主要使用容量为0.75立方米的集装箱。农村居民点以散装方式处理居民生活废弃物为主，即将垃圾直接装入垃圾运输车。农村居民点缺乏固体废弃物集装箱收集主要是因为运输基础设施差，远离城市固体废弃物填埋场；公众对有组织的废弃物处理兴趣不大。

在固体废弃物处理过程中，含汞废旧灯具、废电池、废旧轮胎和工业橡胶制品等废弃物属于重点回收处理物品。废旧节能灯（紧凑型荧光灯），其他含汞灯（荧光灯、霓虹灯、杀菌灯）和含汞电器属于一级废弃物，必须在特殊回收设备上进行处置；脱汞中心有限责任公司在该州境内负责回收处置含汞废弃物，2018年，该公司回收处置了9797件报废灯具（2017年为3125件）；工匠回收有限责任公司2018年回收了46495个灯泡（2017年为48478个灯泡）。除处理含汞废弃物外，工匠回收有限责任公司还能回收处置废电池（150千克/小时），含石油产品废弃物（2500千克/小时），废旧轮胎和工业橡胶制品（200千克/小时）。在犹太自治州范围内共有24个生物废弃物掩埋场，其中2个处于被封存状态，22个负责处理掩埋炭疽病动物。为确保动物处置地安全，犹太自治州批准了全面预防措施计划，以确保动物掩埋场地安全（2014年4月30日，第238-WP号州长命令），在该计划的框架内，对15个掩埋炭疽病动物的地点进行了防疫勘测，并编制了详细数据库。

总体来说，犹太自治州在环境保护方面主要面临如下挑战。

1. 污水处理不当导致地表水污染

—犹太自治州部分居民点没有污水处理设施；

—污水处理工艺落后；

—现有污水处理设施设备陈旧、磨损严重；

—缺乏足够的企业和居民点雨水排放处理系统。

为解决上述问题，自治州需要在废水处理厂建造和翻修方面进行大规模投资。

2. 生产和生活废弃物对环境的污染

城市生活和工业固体废弃物管理涉及收集、运输到销毁（或处置未使用部分），犹太自治州境内废弃物处置方面主要存在的问题包括：

—缺乏合法的废弃物处置场所；

—缺乏有序的废弃物管理系统；

—缺乏废弃物产生和流动记录和监测系统；

—大部分废弃物通过废弃物处理厂直接进入垃圾填埋场；

—缺乏有效的废弃物回收再利用制度；

—废弃物收集和处置不符合实际需要。

缺乏符合卫生防疫和环境要求的废弃物倾倒场和专门技术，导致犹太自治州环境污染时有发生，并对公众健康构成严重威胁。目前，犹太自治州行政当局的优先事项之一是建立完善的废弃物管理系统。近10年来，犹太自治州缺乏综合废弃物管理的负面影响一直在加重，无法通过简单的投资项目或短期活动加以解决，需要投入大量资金进行全面综合治理。

3. 比罗比詹市热能项目和车辆排放物造成的空气污染

在犹太自治州首府比罗比詹，大气污染物排放源集中在相对固定的区域，如热电厂、中小型供暖锅炉房和车辆密集地区。超标污染物质主要出现在冬季，根据犹太自治州卫生防疫监督署数据，在不利气象条件下，每年市区都会产生大量的危险空气污染物，其中下列污染物质含量超标是犹太自治州居民患病率增长的原因之一：苯超标造成恶性肿瘤、免疫系统和发育障碍；甲醛超标造成呼吸、视力和免疫系统疾病；二氧化氮超标造成呼吸器官和血液系统疾病（高铁血红蛋白）；悬浮物超标造成呼吸系统疾病。

为解决市区空气污染问题，犹太自治州计划采取若干措施，例如由比罗比詹热电厂联合石油天然气公司股份公司分公司将市区热能动力燃料由煤炭转为天然气；消除小型燃煤锅炉；在比罗比詹市建立不利气象条件下污染物排放监控系统。与此同时，2018年1月30日，犹太自治州政府批准了"2018—2025年犹太自治州废弃物管理方案"（17-PP号政府决定）。该方案分两个阶段实施，第一阶段为2018—2020年；第二阶段为2021—2025年，旨在实现以下目标：

——到2025年，将公众对废弃物管理系统的认识普及率提高到90%；

——到2025年，将建造和改造的废弃物收集和处置设施的比例提高到98%；

——到2025年，将有组织的废弃物收集（单独收集）地点的比例提高到90%；

——到2025年，将消除未经许可的废弃物处置场所的比例提高到100%。

第三节 区位概况

犹太自治州作为俄罗斯联邦主体之一，位于俄远东黑龙江沿岸地区，东西跨度最宽330公里，南北最长220公里，最窄处20公里（该自治州东部），区域总面积达36300平方公里。自治州西部与阿穆尔州地区接壤，北部和东部与哈巴罗夫斯克边疆区的上不列亚等地区接壤，西南和中国（南部黑龙江沿岸是中俄分界线）接壤。

一 交通地理区位条件

犹太自治州位于黑龙江下游南部河湾左岸，交通地理及经济地理条件优越。近年来，由于其优越的地理位置，该地区已成为连接区域间和国际运输的战略物流枢纽。西伯利亚大铁路横贯自治州全境，其分支铁路通过乌尔加尔、共青城—阿穆尔、苏维埃港、列宁斯克等枢纽将该地区与俄罗斯欧洲部分、邻近地区中心城市连接起来，提供从西欧和中东到亚太地区国家的最短路线。下列宁斯科耶（犹太自治州）至同江市（中国）横跨黑龙江的铁路桥将极大改善犹太自治州与中国的交通联系，铁路桥建成后将使该地区成为俄罗斯远东地区对华最大的过境通道，在比罗比詹—列宁斯克铁路段改造完成后，每年货运量达到 2000 万吨，势必将扩大与黑龙江省的对外经济合作，并普遍加强中俄两国经贸关系，对于区域间关系发展具有重要意义。比罗比詹市有望成为西伯利亚大铁路、俄联邦级公路网与中国交通运输网相连的物流中心。

除铁路交通运输网络外，犹太自治州湖河水系密布，虽然由于水深限制，绝大多数河流无法通航稍大些的船只，但通过黑龙江这条水上运输动脉完全能够将犹太自治州南部地区与俄罗斯远东地区最近的城市——布拉戈维申斯克和哈巴罗夫斯克连接起来，并且通过松花江及其支流与中国黑龙江省（佳木斯、哈尔滨等城市）实现互通。与中国接壤的便利条件促进了双方密切的经贸文化合作，中国是该州主要贸易伙伴，对华贸易额占该州外贸总额 90% 以上。铁矿石（占该州出口总额 60% 以上）以及大豆、木材、水镁石和制革原料成为自治州对华出口的重点产品。

自治州境内的公路交通网络发展较为滞后，但与跨西伯利亚铁路平行的赤塔—纳霍德卡联邦高速公路对于发展区域社会经济关系具有重要意义，而列宁斯科—比罗比詹区域间公路运输分支枢纽则是国际货运和客运的一个重要环节，为该地区的经济发展注入了新动力。

犹太自治州某些农村居民点（尤其是偏远地区）的交通联系并不十分理想，由于区域间道路质量差，交通网密度有限，农村居民点（例如，新特罗伊茨克、戈洛维诺和其他一些居民点）实际上与市政中心（地区和定居点）分开，这对居民点的各项发展产生了负面影响。通常，交通要道附近的定居点社会发展较为稳定，但对于那些既缺少工作岗位也没有社会基础设施的小定居点（例如伊库拉、奥利、乌达尔内等），定居点道路距离行政中心的远近决定了居民迁移情绪的程度（有劳动技术能力的居民与其家庭往往会搬到大型定居点）。为确保犹太自治州的经济社会发展，将改造比罗比詹—温贡—下列宁斯阔耶公路和它们之间的桥梁设施,改造"比罗比詹—阿穆尔泽特""比拉坎—库利杜尔""奥勃卢琴—兴安岭"公路和通往下列宁斯阔耶国际内河港的公路,还将重建居民点通往公路网的道路。

二 产业区位条件

犹太自治州社会经济源于农业和资源的开发,工业结构中原材料和基础性产业比重大,采掘工业和原料工业占据优势,深加工和高新技术产业比重小。轻工业生产部门依赖农产品原料的特征十分明显。2017年,犹太自治州产业结构中第一、二、三产业比重分别为11.1%、23.6%和65.3%。产业结构中第三产业比重过大,而第二产业中建筑业所占比重较大,技术密集型比重相对较小,单一的产业结构使得犹太自治州经济抵御风险的能力较弱。

犹太自治州高新技术产业比重较低,当地科技经费投入远远低于俄罗斯科技投入经费的平均水平,年度科技经费投入(不足千万卢布)在远东9个联邦主体中排名第8位;截至2017年,犹太自治州科研机构仅有2所,仅占远东联邦区科研机构的1%(2017年远东联邦区科研机构182所);犹太自治州综合创新社会经济条件指数为0.1911(2015年),同样远低于全国平均水平,排在最后。很多企业没有独立自主的研发能力,工业企业科技投入不足、科研机构不健全、科技成果少。企业规模小,技术创新能力弱,研发竞争力差,导致犹太自治州经济持续发展能力降低。

犹太自治州南部为面积辽阔的中阿穆尔低地平原地带,地势平坦,水源丰富,土地肥沃,农业生产条件优越。自治州农业方面主要的竞争优势在于生产天然、环保、无污染的农产品,而对于这些产品的需求无论是在俄罗斯国内还是国外市场都将增长。农作物产量的50%以上来自传统的大豆、谷物、土豆和蔬菜类的生产,同时谷物、玉米、水稻和瓜果类属于该州具有发展前景的作物。

三 政策区位条件

犹太自治州远离俄罗斯西部经济发达中心,要实现未来经济增长,势必积极与亚太国家开展经贸合作和吸引投资，为此，自治州制定了诸多优惠政策，如改善投资环境、吸引外资、积极发展外贸、加强与亚太地区国家联系等。早在2009年俄联邦制定的《俄罗斯远东与贝加尔地区2025年前社会经济发展战略》就已提出，犹太自治州实现经济现代化将基于自然资源开发。该州优先发展项目集中在采矿集群和木材深加工产业，重点开采基姆坎铁矿、苏塔拉铁矿和科斯坚金斯克铁矿，以及在其基础上建立年产600万吨的采矿选矿联合工厂和借助现代高新技术建立冶金厂。

2014年底，俄总统普京签署了《俄罗斯社会经济超前发展区联邦法》，该法规定了超前发展区企业享有的优惠政策和基础设施建设的资金保障以及监管制度、入区申请程序等，包括税收、行政审批在内的若干优惠条件。俄方在俄罗斯远东地区实施特殊的国家政策，旨在提高外商投资项目的收益率，降低项目风险。通过设立和发展跨越式发展区，由国家出资在区内为投资者修建必要的基础设施，以简化方式提供税收优惠和必要的行政服务，向投资者提供基础设施建设资助，并借鉴国际先进经验采取其他措施支持外商投资。在跨越式发展区内，对俄和外国投资者提供以下优惠政策：①

——自开始盈利起5年内，企业利润税为0；

——企业前5年的财产税和土地税为0；

——统一社保费率以7.6%取代30%；

——降低矿产开采税率，10年内为0—0.8%；

——采用自由关税区的海关程序；

——加快出口产品增值税退税；

——加快签发建设许可证和项目投运许可证；

——缩短国家环保鉴定期限；

——简化外国公民就业手续；

——采取特殊保护机制，避免检查和监督机构的不合理监督。

---

① 中俄在俄罗斯远东地区合作发展规划（2018—2024年），中国商务部网站：http://www.mofcom.gov.cn/。

根据俄联邦社会经济超前发展区规划，2016年，俄罗斯政府签署法令，批准在犹太自治州建设新的超前发展区"阿穆尔—兴安斯克"超前发展区，新发展区的成立将提升犹太自治州在远东联邦区的经济地位，促进犹太州对外发展，增加各级预算收入。超前发展区"斯米多维奇"位于犹太自治州斯米多维奇区，占地面积1200公顷，投资额为171亿卢布，其中116亿卢布用于入驻企业的项目投资，55亿卢布用于基础设施建设。预计超前发展区将在未来10年内带来112亿卢布的财政收入，提供1024个新岗位。[①] 按照优先发展产业导向，考虑到各地投资需求、基础设施建设和发展潜力等因素，犹太自治州的超前发展区"阿穆尔—兴安岭"以综合类投资为主，重点发展方向是农业和食品加工业。目前有"阿穆尔工业"公司、"物流"公司、"远东石墨"公司、"比罗比詹"钢结构加工等企业申请入区，拟在超前发展区开展包括大豆加工、木材加工、宾馆和会展综合体建设在内的综合生产业务；建立石墨矿石采选综合体（4万吨/年）以及钢结构加工厂（3万吨/年）。

在超前发展区模式下，"阿穆尔—兴安岭"的农业项目除享受超前发展区税收优惠和行政优待外，超前区法律还规定对农工业企业设施建设和现代化改建所产生的直接费用给予补贴（最高30%），并可以获得投资贷款利率补贴。与此同时，"远东公顷"项目计划在增加自治州农业产量方面起到积极的作用，所有俄罗斯公民都可以借助这一计划在犹太自治州以前空置的土地上组织自己的农业生产，在未来犹太自治州的农工业发展潜力不仅能够自给自足，还可以将产品出口到亚太地区国家。

鉴于自治州境内市场规模有限，用于发展的财政、人力和技术资源较少，为优化产业结构，在国家和国际两级提高竞争力，需要从外部和区域间市场获得资源。为将犹太自治州经济综合体纳入宏观区域和国际贸易经济体系，犹太自治州在《2030年前犹太自治州社会经济发展战略规划》中提出如下措施：

——加强跨区域经济的作用，增加对外贸易额，逐步改变商品结构；

---

① 俄犹太自治州将建立俄第十三个超前发展区，http/ www.wtoutiao.comlp /2434vHg.html。

——增加高附加值高技术产品的份额，使出口多样化；

——对原材料进行技术加工和出口替代；

——有针对性地支持和发展出口导向型企业和产业结构；

——鼓励引进先进技术和工艺，鼓励吸收国外大型公司管理经验；

——吸引外国公司在境内合资生产高技术产品和参与自治州企业技术更新；

——发展跨国界运输和物流基础设施，将自治州纳入全球和区域运输走廊。

社会大环境的改善离不开政府财政稳定的支持，国家的投入与经济实力紧密相连。近年来，犹太自治州立足资源禀赋优势，经济大为复苏，州政府在减少财政赤字的基础上扩大财政预算投入。根据犹太自治州2019—2020年度财政预算报告，2019年财政支出约为103.2亿卢布，赤字7300万卢布；2020年自治州财政收入和支出分别增加6.9亿卢布和7.53亿卢布，财政收入和支出预计趋于平衡，财政赤字降低至40万卢布左右；2021年自治州财政预算将实现盈余：财政收入98.1亿卢布，财政支出96.8亿卢布，盈余1.29亿卢布。与此同时，剔除国家财政拨款，预算方案考虑到自身收入增长，自治州的国家级项目包括新计划和早先启动计划的共同融资比例为10%—90%，其中10%由地区承担。[①]

---

① 犹太自治州2019—2020年度财政预算，http：//zseao.ru/2018/12/prinyat－byudzhet－eao－na－2019－god/。

第 二 章

历史沿革与行政区划建置

犹太自治州作为俄罗斯远东的"犹太民族家园"诞生于苏联时期，至今已有80余年历史。犹太自治州所处地域历史上原为中国领土，中国古代的挹娄人世代在此生活聚居。早在公元236年，曹魏政权就将其划归辽东郡管辖，这是挹娄民族首次与中原政权确立臣属关系，此后这种关系一直延续下来。西晋史学家陈寿在其《三国志·魏书·乌丸鲜卑东夷传》中记载，"挹娄在夫余东北千余里，滨大海，南与北沃沮接，未知其北所极，其土地多山险，其人形似夫余，言语不与夫余、句丽同"。公元5世纪，挹娄人改称为勿吉，部分史书中又称其为靺鞨，活动范围包括现今辽宁省东北部、吉林与黑龙江两省东部及黑龙江流域以北、乌苏里江流域以东广大地区。17世纪，沙俄越过外兴安岭侵入中国黑龙江流域，中俄就其领土主权爆发军事冲突，双方于1689年签订《尼布楚条约》明确该地区主权归属中国。19世纪，沙俄沿黑龙江航道再次武装入侵，并于1858年逼迫清政府签订中俄《瑷珲条约》，割让黑龙江流域以北60多万平方公里土地给俄国，现犹太自治州所辖领土也在其中。

第一节 黑龙江流域先民与中国的关系

一 商周至唐代黑龙江流域先民与中原王朝的关系

自古以来，华夏民族的先民就在黑龙江流域繁衍生息，创造了灿烂的中华北方民族历史与文化。生活在黑龙江流域广大地区的先民一般是被称作满—通古斯语族的各民族。通过大量考古资料证明，主流中外学者根据语言结构、词汇构成和形态变化等因素，将生活在远东中南部地区（包括现俄罗斯犹太自治州区域）的部族划入满—通古斯语族，当前生活在中国的满、鄂温克、鄂伦春、赫哲等民族；生活在俄罗斯的埃文基、那乃、涅基达尔、奥罗克、奥罗奇、乌德盖、乌尔奇等民族，都可划入满—通古斯语族。① 满—通古斯语族各部族与古代中原经济与文化的联系相当密切，作为古代亚洲乃至世界文明的重要代表，中华文明巨大的辐射力和感召力对古代远东各民族产生的直接和重要的影响则是其他文化无可比拟的。

远东满—通古斯语族各民族长期生活在气候地理基本相同的地域范围内，使他们的精神生活方面也具有较大的一致性，主要表现为自然崇拜，并信奉以原始多神教为特征的萨满教。一些学者在研究了商周时期肃慎活动的考古资料后，认为"这一时期萨满教已经基本形成，其动物崇拜、自然崇拜和祖先崇拜已初具规模"②。到渤海、辽金时期，满—通古斯语族的萨满教得到进一步发展。直到20世纪初，黑龙江、松花江、嫩江、乌苏里江流域的满、鄂温克、赫哲、鄂伦春、达斡尔，以及俄罗斯境内的埃文基（鄂温克）、那乃（赫哲）、奥罗奇（鄂伦春）等民族主要信奉的还是萨满教。

黑龙江流域广大地区的各部族从古代时就因地域和语言的紧密联系而产生了经济和社会生活等方面的趋同性，并且这种趋同性在与中原文化的长期融合中，逐步形成了更广泛意义上的相互认同。特别是金、元、清政权入主中原后，这种民族认同感在不断扩大的联系与交往中得到了进一步强化。生活在黑龙江和乌苏里江流域的古代肃慎人，自公元前11世纪就逐步与中原王朝建立了联系。据史料记载，古代肃慎人曾向西周"贡楛矢石砮"③，楛矢是肃慎族用长白山楛木（有学者认为是桦木）制作的箭杆；石砮，就是用青石磨制的箭头，是昔年肃慎与中原联系的纽

---

① 参见干志耿、孙秀仁《黑龙江古代民族史纲》，黑龙江人民出版社1987年版，第60—62页。

② 富育光、孟慧英：《满族萨满教研究》，北京大学出版社1991年版，第15页。

③ 《国语·鲁语下》记载：周武王灭商后，曾命令周围各少数民族以自己的土特产来进贡，当时肃慎进贡了长一尺八寸的楛矢石砮（武王克商……肃慎氏贡楛矢石砮，其长尺有咫）。

带和媒介，贡此物表示臣服于周。而在后来的汉朝、北魏和隋朝时，肃慎各部先后被称为挹娄、勿吉、靺鞨，他们不仅继续向中原朝廷纳贡，保持多种形式的臣属关系，还与中原地区建立了更为紧密的经济和文化联系。

二 唐代至明代黑龙江流域各民族的变迁

唐朝时期，在延续前朝与黑龙江和乌苏里江流域诸民族关系的同时，又进一步加强了对这一广大地区的管辖，唐玄宗封黑水靺鞨酋长为勃利（即伯力，今俄罗斯哈巴罗夫斯克边疆区）州刺史。公元726年，唐在黑水靺鞨设置黑水州都督府，任命当地酋长为都督，赐李姓，黑水州都督府先后归幽州都督府和平卢节度使管辖。① 公元762年，唐朝中央政府又晋封粟末靺鞨首领大钦茂为渤海国王，渤海成了以唐朝藩属国形式存在的少数民族地方政权，渤海国曾占有肃慎故地、高句丽故地、扶余故地、秽貊故地、沃沮故地、挹娄故地、拂涅故地、铁利故地、越喜故地等广大地区。至渤海全盛时期，其疆域北至黑龙江中下游到鞑靼海峡沿岸，东至日本海。在黑龙江中上游的北部和额尔古纳河流域，分布着室韦各部，他们被唐朝招抚后，也开始向朝廷称臣纳贡，唐朝随即在他们的辖区建立了都督府，封各部首领为都督和将军等职。② 此后的辽、金、元各个时期，在唐朝原有管辖的基础上，进一步加强对黑龙江和乌苏里江流域的统治。

公元10世纪初期，渤海国被辽所灭。辽圣宗时，在黑龙江中上游设置室韦节度使，在黑龙江下游亨滚河口附近的特林，建立了奴尔干城。天庆四年（1114），女真完颜阿骨打起兵反辽，收国元年（1115）正月，建立金朝，金代统治者在黑龙江以北和乌苏里江以东地区，分别设立了路、猛安和谋克等军政机构。

公元12世纪末，随着金的衰落，蒙古部落开始壮大起来，蒙古大汗窝阔台先后统一黑龙江和乌苏里江流域，成为元朝的一部分。元朝时期，

---

① 《旧唐书·靺鞨传》《新唐书·黑水靺鞨传》。
② 《旧唐书·地理志》。

在黑龙江中游以北至外兴安岭一带设置了开元路，在黑龙江下游和乌苏里江以东地区设置了水达达路①，在南乌苏里地区设置恤品（绥芬）路宣抚司②；黑龙江上游和额尔古纳河一带则成为元蒙哈萨尔家族的世袭封地。元代在远东南部广大地区的有效统治与经营管理。

三 明清王朝对黑龙江流域的管理

明朝进一步加强了对东北边疆的统一、管辖与治理，至明永乐初年，居住在两江流域的吉列迷（费雅喀人）和女真各部酋长"悉境来附"，"咸属统内"，至此明朝完成对黑龙江流域各部族的统一行政管理。明朝永乐年间，明中央政府在黑龙江流域以北和以东广大地区，总共设立了300多个卫所。为加强对这些卫所的管理，1411年，明朝政府派遣太监亦失哈等在特林建立了管辖两江流域的最高一级地方政权机构，即奴儿干都指挥司（简称奴儿干都司），并派兵驻守。明朝政府还先后在黑龙江下游的特林建立两座记事石碑，即著名的永宁寺碑和重建永宁寺碑。这两座石碑直到19世纪80年代，还耸立在黑龙江特林的悬崖上，后被俄国人移至海参崴（符拉迪沃斯托克）历史博物馆，至今仍在该博物馆存放。

15世纪上半期，明朝政府先后在东北设置建州卫、建州左卫和建州右卫。1589年，女真人努尔哈赤被明政府封为都督佥事，继而逐渐统一女真各部。当时的女真人共分为三大部，即建州女真、海西女真和野人女真，其中的野人女真就居住在黑龙江、乌苏里江和松花江下游的三江流域。努尔哈赤在统一东北境内的建州女真和海西女真后，即开始统一黑龙江流域和乌苏里江以东各部的野人女真。

1609年，努尔哈赤征服了东海窝集部瑚叶路，并先后用了20多年时间，招抚和征服了黑龙江下游的使犬部、使鹿部等；黑龙江中游的萨哈连部和萨哈尔察等部，黑龙江中上游的索伦部；乌苏里江以东的尼满部

---

① 元大德年间（1297—1307年），划开元路部分区域设置水达达路，在水达达路境内开始设置5个军民万户府，南起图们江，东抵日本海，北至外兴安岭和库页岛，西与开元路相接，包括松花江、黑龙江二江下游和乌苏里江流域直至海滨一带，即金代恤品、胡里改两路管辖区域。

② 《元史·世祖纪三》第6卷。

等。与此同时，贝加尔湖以东的蒙古族茂明安部和使鹿部至1636年也归附清朝管辖。至此，明朝奴儿干都司所辖地域全部归清朝管理。

1636年，皇太极称帝，改国号为清。有清以来，承袭明制，接管了黑龙江和乌苏里江流域，以及外兴安岭以南明奴儿干都司管辖的广大地区，继而实行了有效的管辖和治理。黑龙江流域多个民族向朝廷纳贡，表示情愿归附清朝统治。

黑龙江和乌苏里江流域各部的统一，进一步促进了民族融合。1635年，皇太极将以女真为主体的各族统称为满洲，从此废止了女真族名。据统计，在625个满族姓氏中，有139个分布在黑龙江流域①，是黑龙江流域居民的重要组成部分。

清朝在接管黑龙江和乌苏里江流域后，继续加强对这一地区的管理，"将原来明朝的卫、所制改变为八旗制或姓长、乡长制。清政府规定，当地各族人民要继续缴纳貂皮等贡品，并规定了纳贡地点"②。为加强对当地民族的统治，清初期的统治者把宁古塔作为统治两江流域的政治中心，在此设官镇守，1636年巴海被任命为第一任镇守宁古塔副都统。史实证明，黑龙江以北和乌苏里江以东地区，经过明清两代的招抚和治理，在俄国人来到黑龙江流域以前，就早已形成了有效的行政管辖和治理。

第二节 犹太自治州历史沿革

自1895年开始，陆续有来自顿河流域和奥伦堡的哥萨克人迁移至现犹太自治州所辖区域，到1901年有52户哥萨克农民参与到迁徙活动中。根据沙皇政府1900年6月22日批准的临时规则，1901年至1909年期间，在位于通古斯河和黑龙江流域之间地区建立起10个移民安置点，其中杰日涅夫卡、萨马拉—奥尔洛夫卡、丹尼洛夫卡、沃罗恰耶夫卡等5个移民点分布在现犹太自治州斯米多维奇区境内，小比拉和比尔斯克移民点

---

① 《八旗通志·八旗满洲谱系》，参见佟冬主编《沙俄与东北》，吉林文史出版社1985年版，第6页。

② 佟冬主编：《沙俄与东北》，吉林文史出版社1985年版，第6页。

位于现犹太自治州比罗比詹区。以这些居民点为中心，移民逐渐向周边扩展建起成片的村庄，1910 年建起的村庄包括俄罗斯波利亚纳、别洛沃茨克、亚历山德罗夫卡、阿列克谢耶夫卡；1911 年建有纳所罗沃、米哈伊尔—阿尔汉格尔斯克；1912—1913 年建有波恰耶夫卡、卡赞卡、罗曼诺夫斯克、乌格洛沃耶、斯捷普诺耶。截至 1915 年，有 432 户家庭（1087 人）移民安置在比尔斯克移民试点区。然而，频发的洪水和始于 1914 年的第一次世界大战造成大量移民流失，1915 年年末已有 293 户移民离开居住地，一些定居点消失，该地区的移民扩张暂时中止。

除上述移民活动外，阿穆尔铁路的建设对远东移民产生了重大影响。20 世纪初，沙皇俄国出于军事战略需要加快推进远东地区开发，阿穆尔铁路建设期间，沙俄政府征调了大批囚犯（自 1911 年起征调近 8000 名囚犯），从俄罗斯中部省份召集抵达的工人数以万计（截至 1912 年，8.08 万人），在横贯未来犹太自治州的铁路沿线陆续形成新的定居点，其中包括奥尔、比拉、伊恩、伊库拉、隆多科、奥布卢奇耶、奥列格赫塔、季洪卡亚（1912 年，现犹太自治州首府比罗比詹）等定居点，多数定居点属于铁路建设者和工作人员居住生活区。

一 筹备与初创时期

1917 年，十月革命翻开了俄罗斯历史的新篇章，列宁曾指出在俄国没有哪个民族遭受过犹太民族所受的磨难，苏维埃政权成立伊始，犹太人问题便受到特别关注。1918 年，苏维埃民族事务人民委员会设立犹太事务委员会，用以救助和安置境内犹太人。1921 年，最高苏维埃民族问题主席团委员会决定成立由斯米多维奇领导的犹太劳动者土地规划委员会，为犹太人迁移寻找合适定居点。

1924 年 6 月 14 日，苏共中央政治局批准中央政治局委员会提案，明确犹太劳动者土地规划委员会归属苏联中央执行委员会民族事务委员会领导；授权犹太劳动者土地规划委员会实施移民土地划拨和定居工程的权利，并授予其与外国组织和机构进行谈判的权利，以便为执行规划筹集资金。最初，犹太人大规模重新安置到克里米亚和亚速海沿岸地区，并计划建立民族自治地。① 然而，受某些因素影响，苏联政府的相关政策在 20 世纪 20 年代中期发生了变化。

1927 年，由农业科学家布鲁克教授率领，包括犹太土地垦荒管理协会②以及犹太劳动者土地规划委员会代表组成的科学考察队前往比罗比詹地区进行移民考察，根据考察结果，比罗比詹地区被确定为辟建"犹太民族家园"的合适区域，"比罗比詹方案"得到苏共中央总书记斯大林及全苏中央执行委员会主席加里宁等的支持，进而最终取代"克里木方案"。通过将犹太人从城市化欧洲部分迁移到远东地区作为替代选择，受新经济政策影响的犹太失业者问题得到根本解决，也削弱了当地反犹太主义情绪。③ 与此同时，计划明显改善人口稀少地区的人口状况，起到促进当地社会经济发展的作用。

比罗比詹地区从 1920 年 6 月 4 日到 1922 年 11 月 15 日期间属于远东共和国的一部分，此后这片领土再次被并入苏维埃远东区，隶属于阿穆尔边区政府管辖。1928 年 3 月 28 日，苏联中央执行委员会主席团通过《关于将远东黑龙江沿岸空闲土地划归犹太劳动者土地规划委员会用于犹太劳动者集中居住》决议，将面积约 450 万公顷的土地用于安置犹太移民，并明确指出在条件成熟情况下，将在阿穆尔沿岸地带建立犹太民族行政区。此时在该区域（比罗比詹地区）尚无任何犹太移民定居点，境内居民人数超过 3.4 万人（1928 年），其中 70% 属于俄罗斯裔；6.8% 属于乌克兰裔；10% 是朝鲜人；1.6% 是中国人；1% 属于远东北方原住民。根据 1926 年人口普查资料，未来犹太自治州境内有 6988 户居民，其中 3659 户（占 52%）为农民，家庭收入来源主要依靠农业，剩余 48% 的居民主要收入来自贸易和其他类型工作，定居点内除铁路维护厂外，没有任何工业企业；在铁路小站季洪卡亚，623 名居民分散居住在 237 间村屋

---

① "克里木方案"是美国犹太慈善组织犹太战争难民救助基金分配委员会向俄共中央提出"在克里木半岛境内建立犹太族苏维埃社会主义共和国"的方案，该方案曾获得托洛茨基、加米涅夫、季诺维也夫等犹太裔苏共中央政治局委员的支持。

② 美国犹太援助组织（俄语缩写为 ИКОР）在帮助苏联犹太人垦荒过程中提供了大量资金与技术支持。

③ ТайнаяГ. В., политика Сталина: власть и антисемитизм. М.: Международные отношения, 2003. 784 с.

中，车站拥有1所小学和1个店铺。

苏联政府在远东创建"犹太民族家园"的举动在苏联犹太人中间引起极大反响。1928年4—5月期间，来自乌克兰、白俄罗斯、格鲁吉亚、阿塞拜疆、俄罗斯中部以及西伯利亚地区的数百名犹太移民乘火车抵达季洪卡亚。首批650名移民被安置在瓦尔德海姆、阿穆尔泽特以及比尔斯克试验区等定居点。根据劳动犹太人土地管理协会数据，自1928年年底至1929年初，陆续还有900名移民抵达"犹太民族家园"。

1928年7月7—8日，首个犹太村委会"比列费列德"在比尔斯克试验区和叶卡捷琳诺—尼科尔斯基区的村庄建立，根据规划方案，移民主要从事农业劳动，人均占地4公顷，国家为每户家庭贷款400—600卢布。该地区的第一所犹太学校于1929年11月在瓦尔德海姆村开始招收学生进行文化教育活动。

对于苏联建立犹太民族家园的举动，许多犹太国际组织慷慨解囊，犹太移民开垦得到美国驻苏联"犹太垦荒管理协会"的资金与技术援助。1928年，犹太垦荒管理协会向比罗比詹地区捐赠价值25万美元物资，其中包括许多农业机器、工具和设备。美国比罗比詹委员会也为该地区提供了发展援助。

尽管苏联政府和外国慈善援助组织作出了极大努力，但该地区的犹太移民工作仍然困难重重，在移民安置的最初阶段，许多定居者返回原居地。1928年4月，苏维埃哈巴罗夫斯克地区委员会表示，地方当局没有准备好接待移民，主要原因是接待移民的资金及必需品匮乏、管理不善以及气候条件恶劣等问题。此外在选择移民家庭安置和解决优先问题时，犹太劳动者土地规划委员会认为，移居远东地区的犹太移民主要是无业者、小商贩和手工业者，许多移民不能很快适应远东的工作生活环境，在选拔过程中，有必要特别注意移民的工作能力、劳动技能及健康状况。

苏联政府希望到1933年，比罗比詹民族区的犹太人口达到6万人，到1938年达到15万人。然而，在1928年至1929年间，只有2825名犹太人抵达那里，包括部分外国犹太人，其中1725名犹太人在1929年底离开了比罗比詹。① 为加强移民管理工作，1930年8月20日，苏联中央执行委员会通过了《关于在远东边疆区组建比罗比詹民族区》的决议，民族区行政管辖范围包括叶卡捷琳诺—尼科利斯克区、比尔斯克耶区、涅克拉索夫斯科耶区、库尔—乌尔米斯科耶区、米哈伊洛—谢苗诺夫斯科耶地区。1932年，比罗比詹民族区最早的犹太居民点季洪卡亚更名为比罗比詹工人新村。

1934年5月7日，全俄中央执行委员会主席团通过决议，决定将比罗比詹民族区升级为犹太自治州。1934年12月18—21日，比罗比詹苏维埃地区第一届代表大会召开，会上对自治州的建设工作进行总结，批准经济和文化建设规划，约瑟夫·利别尔伯格当选为犹太自治州苏维埃执行委员会首任主席。1934年5月28日，米哈伊尔·加里宁在与莫斯科犹太工人、知识分子会晤中表示，该地区转变为共和国只是时间问题。② 1934年9月1日，犹太人占自治州人口总数的45%，这是该地区犹太居民比重最高时期。③ 随后几年间，犹太自治州行政框架逐渐形成完善，犹太自治州政府机构在1936年底前组建完成，最高苏维埃第一次地区选举于1937年12月12日在该地区举行。自治州分为5个行政区，原属于比罗比詹民族区的阿穆尔—通古斯区在犹太自治州成立后重新划归隶属远东区行政管理。组建完成后的犹太自治州行政区划构成如下：

——比罗比詹区，行政中心位于比罗比詹工人新村；

——比尔斯克区，行政中心位于比拉村；

——斯大林区，行政中心位于斯大林斯克村（原斯大林菲尔德）；

——布柳赫洛夫斯科区，行政中心位于布柳赫洛夫村（原米哈伊洛-谢苗诺夫斯科耶）；

---

① 犹太自治州组建过程中，犹太家园计划引起部分暂时无法移民到巴勒斯坦或欧美的犹太人的兴趣。从1931年到1936年，共有1374名外国犹太人抵达犹太自治州。

② 这只是米哈伊尔·加里宁的提议，1936年11月，斯大林在"关于苏联宪法草案"演讲中提出自治州升级为共和国必须具备三个条件，即不与外部国家接壤、拥有多数公民赞同以及至少100万人口，犹太自治州不符合这些要求。根据1939年人口普查，自治州人口为108938人，其中犹太裔17695名人，占自治州人口总数的16.2%。

③ Цап В. А., О Еврейской автономной области——всерьез и с улыбкой. М.：Хабаровск, Омега - Пресс, 2010. c. 187。

——斯米多维奇区，行政中心位于斯米多维奇工人村（前身为伊恩区）。

苏联对比罗比詹地区实施了以农业为主的综合性开发，20世纪30年代，犹太移民共创建了61个集体农庄和7个国营农场，耕地面积达到33.5万公顷。集体农场拥有4个农机服务站，包括192辆拖拉机、10台大型联合收割机、35辆汽车。在1939年的全联盟农业展上，来自该地区的7个集体农庄、1个国营农场、2个养牛场、2个养猪场展出了自己生产的产品。

自1934年犹太自治州诞生之时，苏维埃政府就多次审议促进犹太自治州整体发展的规划，向自治州派遣了大量经济工作者和专业技术人员。在这种背景下，自治州的基础建设和工业得以快速发展，1935年，贝加尔—阿穆尔铁路劳动营第13支队出色地完成了比罗比詹火车站扩建工程；奥布卢奇耶成为远东铁路局首个中心分局，在这里建造了大型铁路编组站、发电站以及附属企业；自1936年起，比罗比詹缝纫厂首期生产线、远东农业机械力运输制造厂、金属制品厂以及石灰石厂陆续投入生产；1938年，始建于1911年的西伯利亚大铁路沿线居民点奥布卢奇耶升格为市，成为犹太自治州的第二座城市。1938年10月20日，苏联在远东地区组建哈巴罗夫斯克边疆区和滨海边疆区，犹太自治州成为新成立的哈巴罗夫斯克边疆区的一部分。

二 20世纪50年代至90年代初期

到1940年，犹太自治州已经发展出较为完善的农业和工业体系，机械制造企业能够生产电力变压器、粮食和饲料收割机及零配件，其他主导产业包括建材行业、木材加工业以及电力行业。农业主要包括畜牧养殖，在黑龙江流域种植大豆、谷物（大麦、小麦、燕麦），在东部比拉河山谷地带种植蔬菜和土豆等作物。

卫国战争爆发后，犹太自治州的经济转入战时经济体制，所有企业都转向生产弹药、大篷车、降落伞、军服、军用卫生设备以及滑雪板等军需物资。战争期间，犹太自治州向前线运送了48车皮重型武器和被服等军需物资、1500车皮弹药、38车皮军用卫生物资及食品和慰问品。该地区有超过 1.2 万名居民被召到前线，其中 7000 人牺牲或失踪，14 人被授予苏联英雄称号，其中 4 人成为荣耀勋章获得者，7000 多名居民因伟大卫国战争期间的忘我劳动和大无畏精神被授予苏联勋章和奖章。

卫国战争结束后，犹太自治州领导希望从中央获得大量物资援助。1945 年 12 月 4 日，苏共犹太自治州委员会执行主席米哈伊尔·西尔伯施泰因向斯大林提议建立犹太自治共和国，直接从属于莫斯科，斯大林没能批准该项提议，犹太自治州地位改善计划被拒绝。1946 年至 1948 年，为解决战后安置问题，陆续又有 6326 名犹太移民从苏联西部地区移居自治州，后勤和人力资源主要根据 1946 年 1 月 26 日俄罗斯苏维埃联邦社会主义共和国人民委员会法令《关于加强和进一步发展犹太自治州经济措施》进行分配。1945 年至 1948 年期间，美国比罗比詹委员会（阿姆彼德然）向犹太自治州提供超过 600 万卢布援助。在战争结束后的最初 3 年，由于苏联西部地区被破坏殆尽，政府需要靠东部地区加强工业生产，比罗比詹制鞋和毡靴厂、水泥厂、机械修配厂陆续投产。

20 世纪 50 年代至 60 年代，该地区的农业进一步恢复。苏联部长会议在 1953 年通过了《犹太自治州农业援助措施法令》。根据苏联政府的号召，自治州约有 1500 名高中毕业生奔赴集体农庄和国营农场工作。在这个时期，集体农庄合并成立大型农场的运动已经开始。1960 年，犹太自治州组建成立了列宁、十月以及游击队等大型专业国营农场队。

20 世纪 50 年代末到 60 年代初，犹太自治州经济发展进入了一个新阶段。1959 年苏共第二十一届大会通过的《国民经济发展七年计划》为自治州经济发展奠定了基础，国民经济的各个部门都得到发展。在 50 年代，比罗比詹市先后建成啤酒厂和蔬菜加工厂，扩建了家具厂和日化品厂，建设汽车修理厂。1956 年，比罗比詹辎重厂开始生产汽车和拖拉机，1960 年，在"女工"劳动组合的基础上建立了犹太自治州针织厂。

20 世纪 60 年代至 80 年代，犹太自治州经济具有稳定向上的特征。犹太自治州在满足国家和远东地区原料（锡、水镁石、石灰、木材）、轻工业制品、农业机械（履带式自动水稻、谷物和饲料联合收割机）、变压器和农产品需求方面起着显而易见的作用。农业综合发展受到了特别的关注，土壤改良工作使开垦新的农业土地成为可能，80年代末的犹太自治州农业耕地达到14万公顷，肉牛存栏数约7万头。

为表彰犹太自治州在经济文化领域取得的成就，1967年9月30日，根据苏联最高苏维埃主席团的命令，犹太自治州被授予列宁勋章。1972年12月29日，根据苏联最高苏维埃主席团命令，犹太自治州被授予人民友谊勋章。到20世纪70年代初，该州的居民人数为172400人（根据1970年1月15日人口普查数据）。在20世纪70年代中期。该地区的社会文化尤其是犹太文化生活得以复兴，犹太教堂重新开放。1981年，比罗比詹市建造并启用了少先队员和学童之家。1984年，可容纳700人的音乐厅对外开放。

三 俄罗斯联邦时期

应该指出的是，犹太自治州多年来一直属于哈巴罗夫斯克边疆区（根据1978年《俄罗斯苏维埃联邦社会主义共和国宪法》，自治州在行政上隶属于边疆区管辖），这种状况一直持续到20世纪90年代初。1990年12月，俄罗斯苏维埃联邦社会主义共和国人民代表大会通过了对《俄罗斯苏维埃联邦社会主义共和国宪法》的修正案，对俄罗斯的行政区划作了重大修改，宣布自治区直属于联邦管辖。

1991年10月29日，犹太自治州人民代表会议通过了《关于自治州国家法律地位的宣言》。同年，根据俄罗斯苏维埃联邦社会主义共和国最高苏维埃主席团的决定，犹太自治州从哈巴罗夫斯克边疆区划分独立出来，成为俄罗斯联邦的独立行政主体，但它未能像俄罗斯境内其他4个自治州（卡拉恰耶夫—切尔克斯自治州、阿迪格自治州、戈尔诺—阿尔泰自治州、哈卡斯自治州）那样升格为共和国，成为俄罗斯唯一的自治州。1991年12月19日，尼古拉·沃尔科夫被任命为首任州长。1992年3月31日，犹太自治州通过签署联邦条约，确定了关于联邦国家权力机关和犹太自治州政府权力机关之间的权限分配。1996年，犹太自治州颁布了自治州旗帜和徽章。1997年10月18日，该自治州宪章获得通过，根据该宪章，俄语被认定为犹太自治州的官方语言，意第绪语被认定为犹太自治州的居民生活用语之一。

在俄罗斯社会转型时期，犹太自治州的犹太裔居民逐渐离开自治州（1994—1998年期间，犹太自治州有59.6%的犹太居民移民），或迁移到俄罗斯的其他城市，或移居以色列、美国及其他国家，犹太自治州逐渐失去了民族特性。自20世纪90年代以来，犹太自治州的社会经济发展开启了一个新阶段，该地区的对外经济关系得到加强，特别是与邻国中国的关系，该地区有利的地理位置和各种自然资源的供应促进了这一发展。

第三节　自治州行政区划建制

犹太自治州的行政区划建制是俄罗斯为了进行分级管理而实行的国土及行政权力划分。犹太自治州作为俄罗斯联邦立宪主体，其下辖行政区划设置为区（州属市）、城市（农业）居民区、居民点，行政单位数量为5个区、1个州属市、47个居民区、111个居民点，比罗比詹市作为犹太自治州首府已发展成为自治州的经济文化与行政中心。

一　自治州行政区划

1. 比罗比詹市

比罗比詹市（Биробиджан）是犹太自治州首府、经济和文化中心，其行政管辖面积3.6万平方公里，截至2018年1月1日，居民人数为73623人。1931年10月10日，比拉河畔的吉洪卡亚村依照全俄中央执行委员会主席团令列入犹太移民定居点，更名为比罗比詹村（由比拉河与比詹河得名）。随着犹太自治州城市建设规模的扩大，1937年3月2日，根据全俄中央执行委员会主席团第17号法令"关于将比罗比詹村改造成城市"，比罗比詹获得城市地位。

比罗比詹市地处交通要冲，是犹太自治州的交通枢纽，西伯利亚大铁路途经该市，并有支线连通黑龙江沿岸地区的下列宁斯科耶（主要农业区）；赤塔至海参崴联邦公路途经这座城市，通往哈巴罗夫斯克市和奥布卢奇耶地区；该市建有小型机场，与哈巴罗夫斯克和其他区有航空联系。比罗比詹市的经济结构以轻工业和食品工业企业为主，包括木材加工、纺织、食品加工、建筑以及汽车修配等企业。

比罗比詹市是犹太自治州的教育和文化中心，远东国立农业大学、比罗比詹教育国家学院、现代人文大学以及俄罗斯科学院远东分院区域问题析研究所都设在这里。比罗比詹市是自治州特殊文化的代表者，其特色来源于多民族文化传统的融合，城市具有俄罗斯少数民族传统文化发展所必备的条件，地方志博物馆、艺术博物馆、犹太学博物馆、退休劳动者博物馆等都拥有独一无二的陈列。这里有犹太人歌剧院、"科切列特"民族剧团、自治州音乐协会，每年都举行传统的犹太人音乐会，1991年起音乐会成为国际性的音乐盛会。

比罗比詹市现有6座好友城市，包括马阿洛特塔希哈（以色列）、新潟（日本）、比弗顿（美国）、鹤岗（中华人民共和国）、伊春（中华人民共和国）和杨州（韩国）。此外，比罗比詹市还与中国的哈尔滨、佳木斯，以色列的上拿撒勒以及德国、法国、瑞士的一些城市有着密切的国际合作关系。

2. 比罗比詹区

比罗比詹区位于北纬48°47′、东经132°56′之间的自治州中部地区。1934年5月7日，根据全俄中央执行委员会决定，"比罗比詹区（其中心位于工人定居点比罗比詹）成为自治犹太民族地区的一部分"，行政区被划归为远东犹太自治州管辖，1936年行政区被撤销合并到比罗比詹市。随着比罗比詹区定居点和农村人口的增加，农业生产发展迅速，同时市政企业和文化机构显著增长。1942年7月2日，该地区再次被划分出来成为独立的行政区域。现在这一天被认为是比罗比詹区正式成立的日期。

比罗比詹区与犹太自治州的斯米多维奇区、列宁区、奥布卢奇耶区、哈巴罗夫斯克地区以及中国接壤，行政区面积为4500平方公里，下辖6个乡镇居民区，分别为比罗费尔德、瓦尔德海姆、杜博沃耶、纳杰日金斯科耶、奈费尔德以及普基奇尼克，总计20个居民点（见表2.1）。犹太自治州政府在该区的代表机构是区议会，议会由15人组成，设有3个常设委员会，分别负责预算审计与税收，发展创业、住房和社区服务，立法和公共秩序方面。

表 2.1　　　　　　　　　比罗比詹区下辖各居民区

	名称	居民点	人口（2017 年）（人）	面积（平方公里）
1	比罗费尔德农业居民区	5	1589	2208
2	瓦尔德海姆农业居民区	5	3023	338
3	杜博沃耶农业居民区	2	1024	190
4	纳杰日金斯科耶农业居民区	2	747	750
5	奈费尔德农业居民区	3	1243	400
6	普基奇尼克农业居民区	3	3418	504

资料来源：维基百科网站 https://ru-wiki.ru/wiki/。

比罗比詹区经济支柱主要是农业，种植业主要包括谷物、大豆、土豆和蔬菜，畜牧业以养猪、养牛和养蜂为代表。统计资料显示，比罗比詹区苏联时期农牧业生产最成功的年份是 1967 年，当年粮食生产超计划 2.2 倍完成，蔬菜为 1.4 倍，土豆超 2.6 倍，大豆产量超 30%，牛奶产量增加 26%，肉类产量增加 66%。这期间，比罗比詹区已有 240 台拖拉机和 77 台联合收割机在田间工作，农场运输车辆达到 152 辆。1967 年，该区被苏联部长会议和全苏工会中央理事会授予红旗勋章。截至 2018 年 1 月 1 日，比罗比詹区的农业用地总面积为 37.5 万公顷，其中耕地 22.3 万公顷，撂荒地 0.2 万公顷，草场 9.5 万公顷，牧场 4.4 万公顷，林地 1.1 万公顷。该地区农业工业综合体企业是远东农产品展览和交易会的积极参与者，农业工业综合体包括 9 个集体企业和 39 个农场。小企业是该地区经济中最具活力的发展部门之一，主要从事家具制造、金属制品加工、汽车维修、食品加工、客货运输、家政服务等。[①]

3. 列宁区

1934 年 7 月 20 日，全俄中央执行委员会决定将位于黑龙江畔的布柳赫洛夫区（纪念苏联元帅瓦西里·康斯坦丁诺维奇·布柳赫尔）划归犹太自治州管辖，1938 年布柳赫洛夫区更名为列宁区。列宁区位于犹太自治州东南部黑龙江畔，北部与奥布卢奇耶区相连，东部为比罗比詹区，南部为十月区，东南部毗邻黑龙江与中国。1934 年 7 月 20 日，全俄中央

---

① 犹太自治州比罗比詹区政府网：http://br.eao.ru/city/economica.php。

执行委员会决定该地区成为犹太民族自治地区的一部分。列宁区面积为6100平方公里，行政中心是列宁斯科耶村，与比罗比詹市铁路距离有120公里，公路距离有132公里。列宁区下辖5个乡村居民区，分别为巴布斯托夫农业居民区、比占农业居民区、杰日尼奥夫农业居民区、拉扎列夫农业居民区以及列宁农业居民区，总计24个居民点（见表2.2）。

表2.2　　　　　　　　列宁区下辖居民区

	名称	居民点	人口（2017年）（人）	面积（平方公里）
1	巴布斯托夫农业居民区	5	4460	573
2	比占农业居民区	7	3378	3083
3	杰日尼奥夫农业居民区	3	1622	606
4	拉扎列夫农业居民区	2	863	563
5	列宁农业居民区	7	7437	1243

资料来源：维基百科网站 https://ru–wiki.ru/wiki/。

列宁区重视保持和繁荣传统文化，各种类型的社会文化机构在列宁区普遍设立，包括各种规模的图书馆、剧院、博物馆和音乐厅。这些设施结合自己的职能，为公众提供更广泛的文化服务。截至2018年1月1日，在列宁区共有48家文化机构为居民提供服务，其中包括22个农村文化之家，23家图书馆分馆、音乐厅、历史博物馆等。除此之外，区文化机构继续致力于保护和扶持社会艺术团体的艺术创作，该地区文化中心共有154个俱乐部。

列宁区是犹太自治州的主要农业区之一，2016年该地区农业生产总量约占犹太自治州农业总量的30%，各类农产品总值为10.0585亿卢布，包括作物产品10.340亿卢布，畜产品2.45亿卢布。截至2018年1月1日，该区拥有超过19.1万公顷农业用地，其中耕地面积为3.35万公顷，撂荒地3.74万公顷，草场2.98万公顷，牧场2.02万公顷。列宁区拥有28家农工综合体、54家农场以及约5000名个体农户，在农业生产结构中，农工企业占总产量的42%，个体农户占35%，农场占23%。

4. 奥布卢奇耶区

奥布卢奇耶区位于犹太自治州西北部，南部与犹太自治州的比罗比詹区、列宁区和十月区接壤，东北部与哈巴罗夫斯克地区接壤，西部与阿穆尔州和中华人民共和国接壤。1934年7月20日，全俄中央执行委员会决定将远东地区的比尔斯克区（中心位于比拉村）划为犹太民族自治地区的一部分。1945年，比尔斯克区改名为奥布卢奇耶区，区中心从比拉搬到奥布卢奇耶。

奥布卢奇耶区是犹太自治州面积最大的行政区，行政管辖面积为13294平方公里，行政区下辖6个城市居民区和1个农业居民区，总计27个居民点（见表2.3）。该区约90%的人口为城市人口，全区人口总数为26006人（2017年），人口密度为每平方公里1.9人。

表2.3　　　　　　　　奥布卢奇耶区下辖居民区

序号	名称	居民点	人口（2017年）（人）	面积（平方公里）
1	库利杜尔斯克城市居民区	1	1392	546
2	伊兹韦斯特科维城市居民区	6	2427	764
3	比拉坎斯克城市居民区	3	1935	2126
4	捷普洛奥焦尔斯克城市居民区	3	4729	2147
5	奥布卢琴斯克城市居民区	6	9766	2180
6	比尔斯克城市居民区	4	4019	4568
7	巴什科夫斯克农业居民区	4	1245	961

资料来源：维基百科网站：https://ru-wiki.ru/wiki/。

5. 斯米多维奇区

1934年7月20日，全俄中央执行委员会决定将斯米多维奇区划为犹太民族自治地区的一部分，其中心位于斯米多维奇村。斯米多维奇区位于犹太自治州东部，毗邻黑龙江，该区东北部与哈巴罗夫斯克地区接壤，西部与比罗比詹市区接壤，东南部与中国接壤，面积为5900平方公里。1992年，斯米多维奇区由乡镇委员会转变为乡镇行政当局管理，2000年改为乡镇行政区政府管理。在市政改革期间，斯米多维奇区形成了4个城市居民区和2个农村居民区，总计25个居民点（见表2.4），行政中心设在斯米多维奇城市居民区。

表 2.4　　　　　　　　斯米多维奇区下辖居民区

序号	居民区名称	居民点	人口（2017 年）（人）	面积（平方公里）
1	沃洛恰耶夫斯克城市居民区	2	1880	22.84
2	尼古拉耶夫城市居民区	3	7305	238.76
3	阿穆尔沿岸城市居民区	4	4528	179.38
4	斯米多维奇城市居民区	8	6446	4261.63
5	沃洛恰耶夫斯克农村居民区	4	2123	894.12
6	卡梅绍夫斯克农村居民区	4	1904	260.01

资料来源：维基百科网站，https://ru-wiki.ru/wiki/。

6. 十月区

1934 年 7 月 20 日，全俄中央执行委员会决定"以斯大林菲尔德村为中心建立斯大林区并划归犹太民族自治地区管辖"。1961 年，斯大林区改名为阿穆尔区。1963 年 2 月 18 日阿穆尔区改名为十月区。十月区位于黑龙江左岸地区，南部和西部与中国接壤，北部与犹太自治州奥布卢奇耶区接壤，东部与犹太自治州列宁区接壤。该地区行政管辖面积为 6400 平方公里，行政区下辖 3 个乡村定居区，总计 15 个居民点（见表 2.5）。

表 2.5　　　　　　　　十月区下辖居民区

序号	居民区名称	居民点	人口（2018 年）（人）	面积（平方公里）
1	阿穆尔泽特乡村定居区	6	6667	1780
2	纳吉波夫斯克乡村定居区	5	1695	691
3	波列夫斯克乡村定居区	4	1346	3968.68

资料来源：维基百科网站，https://ru-wiki.ru/wiki/。

二　自治州象征

行政主体象征是犹太自治州历史和文化的组成部分，通过创造属于自己的独特符号，在视觉上表达了犹太自治州联邦主体当局的权力和权威，这些符号已成为联邦主体国家的重要法律标志。为正确使用犹太自治州各级徽章，维护地方政府合法权益，犹太自治州根据俄罗斯联邦徽章法规制定出各级徽章及州区旗帜的使用规则，具体规定如下：

——徽章允许使用多色和单色版本。

——地方政府徽章（旗帜）使用地点包括：地方政府大楼正面；地方政府会议室；地方政府负责人办公室、议会主席办公室。

——地方政府徽章加盖于当地政府官员证书、议员代表证书。

——徽章（旗帜）在如下情况下可以被复制使用，如政府颁发的奖励和纪念物品上（诸如"荣誉市民"证书）；地方当局的封条和信笺上；地方政府的官方出版物上；地方政府道路入口处的路标上。

——允许徽章图像（旗帜）作为标志在当局或与政府相关纪念庆典中使用。

犹太自治州各级徽章及旗帜反映出该地区的历史和居民传统文化生活。犹太自治州及城市徽章包括：犹太自治州旗帜和徽章；比罗比詹市徽章；比罗比詹区徽章；斯米多维奇区徽章；十月区徽章；列宁区徽章；奥布卢奇耶区徽章。

1. 犹太自治州旗帜和徽章

犹太自治州旗帜于1996年6月19日获得俄罗斯联邦国家徽章审定委员会批准注册，1996年7月31日获得犹太自治州法律批准使用，整幅州旗宽长比为2∶3。犹太自治州旗帜为白底正方形旗帜，象征彩虹的七色水平条纹分布在旗帜的水平中轴上，色彩由上至下依次为红色、橘黄色、黄色、绿色、浅蓝色、蓝色和紫色，彩虹寓意着幸福、欢乐与和平。七色条纹宽度都等于旗帜宽度的1/40，彼此之间由等宽白色水平纹分隔，每条白色条纹宽度都相当于旗宽的1/20。犹太自治州旗帜上七色彩虹相对应于犹太民族宗教象征七烛台的蜡烛数量，七烛台是古老犹太文明的重要徽记。根据相关法律，犹太自治州旗帜应在官方机构建筑物上永久悬挂，包括立法和行政当局，地方自治政府部门。在官方举办的重大仪式、会谈及庆典活动期间，应在活动场所悬挂犹太自治州旗帜。犹太自治州旗帜的设计者为亚历山大·瓦利亚耶夫。

犹太自治州徽章于1996年6月19日获得俄罗斯联邦国家徽章审定委员会批准注册[①]，1996年7月31日获得犹太自治州法律批准使用。犹太

[①] 1917年后，苏联政府创建国家纹章专家管理纹章机构，现在是俄罗斯联邦总统领导的纹章委员会。

自治州徽章为海蓝宝石色盾形徽章（宽高比例为8∶9）。徽章上下部分均装饰有白色、浅蓝色和白色三条水平纹，条纹的宽度均等，为徽章高度的1/50，条纹象征着流经犹太自治州的比拉河和比詹河。州徽正中间是黑色条纹与金黄色相间的乌苏里虎，象征着犹太州不寻常的历史和独特发展道路。犹太自治州徽章设计者是尤利娅·巴迪什。

2. 比罗比詹市徽章

比罗比詹市徽章是比罗比詹市政当局行使权力和权威的官方标志，徽章由山丘和比拉河组成，勾勒出犹太民族特有的烛台图案，体现出城市的民族特色。对于比罗比詹居民来说，他们的家乡是个小家园。城市徽章定义了家园的面貌，有助于社会教育和情感凝聚。徽章设计成烛台形象，强调比罗比詹市作为犹太自治州中心的事实。比罗比詹市徽章的设计者是О. Л. 埃斯，徽章于2002年3月28日在俄罗斯联邦国家徽章审定委员会获得登记注册。

3. 比罗比詹区徽章

比罗比詹区徽章是犹太自治州下属比罗比詹区的官方象征。徽章于2005年9月16日获得俄罗斯联邦国家徽章审定委员会批准登记注册。比罗比詹区徽章为盾牌形状，徽章以绿色为底色，在盾牌三分之一处由白蓝白色带将徽章分为两部分，上部中心为银色莲花，底部两个金色麦穗花环环绕，中心为金色圆球镶嵌着黑色方形轮廓。盾形区徽绿色底色象征着代表自由和希望的田野。狭窄的白蓝色象征着比罗比詹区所处的地理位置，位于自治州比拉河流域，也反映了古代南方孑遗植物莲花在该流域曾生长存在。两个金色麦穗组成的花环象征着农业是比罗比詹区经济发展的主要支柱，金色圆球镶嵌着黑色方形轮廓，反映出该区煤炭采掘业的发展。比罗比詹区徽章设计者是С. Ю. 洪。

4. 斯米多维奇区徽章

斯米多维奇区徽章是犹太自治州主要行政区域斯米多维奇区的官方象征之一，徽章在2008年6月26日获得俄罗斯联邦国家徽章审定委员会批准登记注册，注册编号为4229号。斯米多维奇区徽章为盾形徽章，徽章底色为银色，其中心是绿色田野上盛开着粉红色莲花。银色徽章下部黑白蓝三色缎带，与斯米多维奇区题字相邻。斯米多维奇区徽章中银色象征着美德、智慧与和平；田野中心古老的南方子遗植物莲花象征着生命和幸福。蔚蓝色缎带象征着斯米多维奇区主要水资源保护区（黑龙江、通古斯卡河），黑白缎带象征着西伯利亚大铁路干线与联邦高速公路穿越该行政区，促进该地区社会经济发展。

5. 十月区徽章

根据2006年6月6日"犹太自治州十月区代表大会"第50号决议，批准通过犹太自治州十月区徽章使用条例。十月区徽章为圆盾形状，上半部由蓝色天空和其上的十月区铭文组成；中间为山川河流，下部为边境哨所、金色的田野；盾形徽章周边环绕着麦穗、橡树枝、雪松枝叶和柠檬草。由麦穗、雪松枝叶、橡树枝以及柠檬草编织成的花环象征着陆地区域，边界哨所反映了该地区处于边界位置，金色田野象征着农业部门的主导地位，河流与山脉象征着十月区位于黑龙江沿岸地区以及该地区存在多山地形和矿藏。十月区徽章设计者为 А. П. 德久拜。

6. 列宁区徽章

根据2000年2月24日"犹太自治州列宁区代表大会"决议，批准通过犹太自治州列宁区徽章使用条例。盾形徽章以绿色底色为主，上部由初升旭日和绿色山丘构成，中间是深蓝色条带和蓝色铁锚，底部绿色区域由印有1858年字样的金色卷轴和印有犹太自治州列宁区铭文的丝带组成，卷轴后面交叉悬挂着带有黑色剑柄的长剑，两侧装饰着金色麦穗。徽章图案中，麦穗象征着该地区的农业定位；冉冉升起的太阳寓意着生命的源泉；深蓝色条带象征着流经该区的黑龙江；蓝色铁锚象征着该地区为国际河港；山丘和盾牌下部绿色象征着该地区的森林、草地；两柄交叉的长剑寓意保护国家边界安定与社会稳定发展的力量；1858年为俄国科萨克人到达远东地区建立村庄的时间。列宁区徽章设计者为 Г. С. 杰列舒克。

7. 奥布卢奇耶区徽章

奥布卢奇耶区徽章是犹太自治州奥布卢奇耶区的官方徽章象征。徽章于2012年3月获得俄罗斯联邦国家徽章审定委员会批准登记注册。奥布卢奇耶区徽章左上角与右下角底色为蔚蓝色和绿色，金色宽带斜贯徽章中部，徽章中间为红色五瓣杜鹃花，花瓣间映衬着绿色尖叶，徽章左上角为犹太自治州徽章。徽章中，绿色代表了该地区居民的生生不息以及对大自然的热爱；杜鹃花是奥布卢奇耶区周边土丘的主要植物；金色寓意着大自然蔚为壮观；蓝色寓意着该地区众多河流和湖泊；犹太自治州的徽章标志着该地区是其中的一部分。奥布卢奇耶区徽章设计者为 E.A.莎什基娜、T.B.克拉西洛娃。

第 三 章

民族宗教与人口发展状况

犹太自治州居民人口总数不足20万，但生活在犹太自治州行政区境内的民族数量众多，其中包括俄罗斯裔、乌克兰裔、犹太裔、白俄罗斯裔、鞑靼裔、朝鲜裔、亚美尼亚裔等30多个民族。在其民族构成中，俄罗斯裔居民人口总数所占比例超过90%。众多的民族产生了众多的宗教信仰，犹太自治州呈现出多宗教并存发展的社会文化构成现象。近年来，作为社会生活发展的主体，犹太自治州人口随着社会生产方式的进步、社会经济条件的变化，其人口数量、质量和结构及其与外部的关系都在不断改善和提高。

第一节 民族宗教

宗教在世界各个国家和民族中都存在，是人类社会发展到一定历史阶段出现的一种文化现象。俄罗斯的宗教信仰与习俗是一种社会意识形态，在一定的社会历史条件下产生，并在一定的社会历史条件下发展。在宗教及古罗斯人神话传说的共同影响下，俄罗斯民间流传着各种征兆和俗信，这些都具体反映在俄罗斯各民族言语、行为和习惯方面。俄罗斯联邦境内共传播有10余种宗教，主要有基督教（христианство，包括东正教、天主教、新教三大教派）、伊斯兰教（ислам）、佛教（буддизм）、犹太教（иудаизм）、萨满教（шаманство）等，基督教三大教派之一的东正教是俄罗斯最大和最有影响的宗教。俄罗斯宗教活动复兴于20世纪90年代初，伴随着宗教生活的兴起，苏联时期沉寂近50多年的宗教组织再次活跃起来。在俄罗斯新的社会体制背景下，社会对宗教组织的认知发生了根本性变化，宗教活动成为俄罗斯各民族社会文化和精神生活的一部分。

当代俄罗斯的政教关系以现行法律为基础，俄罗斯联邦宪法规定保障公民宗教自由，包括个人或与他人共同信仰的权利、信奉任何宗教或不信奉任何宗教的权利，举行宗教仪式和接受宗教教育的权利；国家保护正常的宗教活动，包括公民按照意愿建立合法宗教团体。俄罗斯联邦宪法同时指出，俄罗斯联邦是世俗国家，任何宗教在国家法律面前一律平等。

根据政教分离的宪法原则，俄罗斯《联邦信仰自由和宗教团体法》（1997年颁布）禁止在国家权力机关、国家其他机关、地方自治的国家单位和机关、部队、国立和市立组织中建立宗教团体；国家不要求宗教团体履行国家权力机关、国家其他机关、地方自治国家单位和机关所承担的职能，保证国立和市立教育机构教育的世俗性质；国家有义务向宗教组织提供财政、物质和其他帮助用于修缮、维修和保护作为历史和文化古迹的宗教建筑和场所。宗教团体同样也不参加国家权力机关和地方自治机关的选举；不参与政党和政治运动的活动，不向其提供物质和其他援助。与此同时，根据《俄罗斯联邦法人和个体企业家国家注册法》，宗教组织需要就地进行登记注册，接受相关机构的管理。

2019年10月，在犹太自治州政府倡议下，首届远东地区跨宗教论坛在比罗比詹市举行。远东地区的东正教、伊斯兰教、犹太教代表以及犹太自治州内务部代表参加该论坛。在论坛议题框架内，各宗教组织举行相关研讨会、讲座和圆桌会议，议题涉及当前亟待解决的热门问题和措施，进而协调了民族间和宗教间关系，加强了社会团体、宗教组织和政府在此方面的互动。根据犹太自治州内政管理局数据统计，截至2019年，有55个备案在册的合法宗教机构在犹太自治州境内开展宗教活动。[①] 其中包括俄罗斯东正教机构38家、犹太社团2家、伊斯兰教1家、基督新教等教派机构14家，具体统计数据如下：

---

① 犹太自治州官方网站，http://www.eao.ru/archive/obshchestvo/religiya/。

一 俄罗斯东正教组织

东正教是与天主教、新教并立的基督教三大派别之一，亦称正教，又因为它由流行于罗马帝国东部希腊语地区的教会发展而来，故亦称希腊正教。1453 年拜占庭帝国灭亡后，俄罗斯等一些斯拉夫语系国家相继脱离君士坦丁堡普世牧首的直接管辖，逐渐形成讲斯拉夫语的俄罗斯正教。目前，俄罗斯东正教是俄罗斯联邦境内第一大宗教，关于宗教信徒数量，俄罗斯没有官方普查数据，但 2012 年的一项调查表明，41% 的俄罗斯人是俄罗斯东正教徒。20 世纪 20 年代初，犹太自治州所辖行政区范围原属于布拉戈维申斯克—阿穆尔大教区，该地区总计有 24 个东正教教堂和 22 个随军小教堂，在一些小村庄、村落和邮政驿站还有流动牧师主持的礼拜场所。现代犹太自治州东正教的复苏是在 20 世纪 90 年代初，目前有 38 家东正教机构在自治州注册登记。

1. 俄罗斯东正教教会比罗比詹教区机构中心（莫斯科宗主教），比罗比詹市列宁大街 34 号，2003 年登记。

2. 报喜大教堂，比罗比詹市列宁大街 34 号，2003 年登记。

3. 圣尼古拉教堂，比罗比詹市肖洛姆—阿列伊赫姆街 52 号，1999 年登记。

4. 圣殉道者潘捷列伊蒙教区，比罗比詹市缝纫街 10 号，1994 年登记。

5. 圣德米特利·顿斯科伊大公教堂，比罗比詹区，2011 年登记。

6. 喀山圣母圣像教区，比罗比詹市尤比列伊内大街，2012 年登记。

7. 圣尼诺肯季雅女子修道院教区，比罗比詹市，2007 年登记。

8. 圣索菲亚教堂，比罗比詹区瓦尔德海姆镇，2010 年登记。

9. 皇家圣殉难者教区，比罗比詹区杜博沃伊镇，2001 年登记。

10. 四十基督勇士教区，比罗比詹区奈菲尔特，1995 年登记。

11. 圣母圣像教区，比罗比詹区比罗菲尔特镇，2005 年登记。

12. 圣约翰教区，比罗比詹区基尔加村，2012 年登记。

13. 主易圣容教区，奥布卢奇耶区，1992 年登记。

14. 圣母马利亚教区，奥布卢奇耶区库利杜尔镇，1992 年登记。

15. 圣蒙难者弗洛尔与拉夫尔教区，伊兹韦斯特科维镇，1999 年登记。

16. 奉献教区，奥布卢奇耶区捷普洛奥焦尔斯克镇，1995 年登记。

17. 圣三一教区，奥布卢奇耶区帕什科沃村，2012 年登记。

18. 圣西梅翁教堂，奥布卢奇耶区布杜坎镇，2010 年登记。

19. 圣蒙难者阿纳斯塔西娅教堂，奥布卢奇耶区比拉镇，2008 年登记。

20. 圣谢拉菲姆教区，奥布卢奇耶区比拉坎镇，2012 年登记。

21. 圣彼得与圣保罗教区，奥布卢奇耶区德武列奇耶村，2012 年登记。

22. 圣马特罗娜教区，奥布卢奇耶区兴安斯克镇，2012 年登记。

23. 圣母圣像"亡者救赎"教区，奥布卢奇耶区布杜坎镇，2012 年登记。

24. 圣斯皮里东教区，奥布卢奇耶区比拉镇，2013 年登记。

25. 圣母圣像"谢米斯特列利纳亚"教区，奥布卢奇耶区捷普洛奥焦尔斯克镇，2013 年登记。

26. 圣母守护教堂，斯米多维奇区斯米多维奇镇，2003 年登记。

27. 圣尼古拉斯教堂教区，斯米多维奇区尼古拉耶夫卡镇，1992 年登记。

28. 费奥多罗夫斯基教区，斯米多维奇区沃洛恰耶夫科镇，2003 年登记。

29. 俄罗斯圣蒙难者与忏悔者教区，斯米多维奇区普里阿穆尔斯基镇，2003 年登记。

30. 圣母"感召"教区，斯米多维奇区佩夏诺耶村，2013 年登记。

31. 莫斯科圣马特罗娜教区，斯米多维奇区克柳切沃耶村，2013 年登记。

32. 殉道者圣凯瑟琳教堂，十月区阿穆尔杰村，2001 年登记。

33. 苦难圣徒叶卡捷琳娜教区，叶卡捷琳娜—尼科利斯科耶村，1994 年登记。

34. 圣天使米哈伊尔教区，列宁区列宁斯科耶村，1997 年登记。

35. 圣拉撒路教区，列宁区拉列夫斯科耶村，2012年登记。
36. 圣格奥尔吉教区，列宁区巴布斯托沃村，2012年登记。
37. 喀山圣母圣像教区，列宁区杰日尼奥沃，2012年登记。
38. 圣母守护教区，列宁区科瓦什尼诺村，2013年登记。

二　犹太教组织

早在犹太自治州成立之初，犹太教就随着犹太移民的到来在比罗比詹地区传播开来。1946年11月26日，犹太社团首次在比罗比詹登记。1947年，首个犹太教堂在比罗比詹建成，有超过50名犹太教信徒经常性地在该犹太教堂进行祷告，当地参加大型犹太节日的犹太居民超过400人。1950年10月，犹太自治州首个正式注册的犹太宗教社团在比罗比詹成立，其中有男性信徒39人、女性信徒18人。除此之外，在比罗比詹区和列宁区还有人数在15—20人不等的犹太信徒团体。1984年，犹太自治州的犹太社区活动完全停止直至苏联解体。20世纪90年代中期，随着俄罗斯联邦对宗教活动的重新定义，犹太宗教活动在自治州得以复兴。一些犹太会堂被归还给早先成立或新近成立的犹太社团，一些犹太宗教教学机构，包括高等教学机构相继建立起来并发挥着社会功能。

犹太自治州现有犹太社团2家，犹太自治州的首个犹太宗社团"贝特—特苏瓦"于1996年9月注册，该社团隶属于"俄罗斯协会犹太宗教组织大会"（KEROOR）。2001年6月，伊斯拉埃尔·沙武尔斯基被任命为社团主席，哈伊姆·古兹曼担任拉比。2002年，古兹曼离开犹太自治州移居以色列，到目前为止，犹太社区没有新的拉比任职。

犹太宗教团体"弗洛伊德"于1998年8月注册，是"俄罗斯犹太社区联合会"（FEOR）的成员。2000年11月，该社团中心开放，其中包括图书馆、慈善服务（医疗服务、食堂）机构以及一个研究希伯来语、历史的犹太民族大学，还定期出版社区报纸。2011年，埃里·利斯被任命为拉比。

三　伊斯兰教组织

伊斯兰教在俄罗斯的传播始于北高加索地区，公元651年，阿拉伯人首次出现在杰尔宾特（塔吉斯坦），8世纪在该地区建起清真寺。随着伊斯兰教的广泛传播，其宗教活动在俄国历史上留下不可忽视的影响。苏联解体后，伊斯兰教信徒们通过庆祝活动进一步认识教义，伊斯兰教在俄罗斯迅速复兴，成为人数和影响仅次于东正教的俄罗斯第二大宗教。

截至2019年年初，根据俄官方资料统计，俄罗斯境内约有3000万名穆斯林（永久和正式居住在俄罗斯联邦的公民），相当于俄罗斯联邦人口总数的20%左右。该数据并没有考虑到来自原加盟共和国（如塔吉克斯坦、吉尔吉斯斯坦、乌兹别克斯坦）的新移民（由于他们能够自由地进入俄罗斯联邦，无法准确统计）。伊斯兰教在俄罗斯的地理分布相当稳定，与北高加索的众多民族、鞑靼人和巴什基尔人的地理分布大体一致，即主要分布在北高加索、伏尔加河中下游地区、南乌拉尔以及西西伯利亚地区。伊斯兰教的两个主要分支——逊尼派和什叶派在俄罗斯都有分布，但俄罗斯绝大多数穆斯林属于逊尼派。

迄今为止，穆斯林在犹太自治州的比罗比詹建立了穆斯林社区"阿赫利—塔利卡姆"。

犹太自治州的穆斯林活动在21世纪初得以兴起。2009年，该州穆斯林居民成立了首个宗教小组，并在比罗比詹正式注册成立为地方穆斯林宗教组织"玛哈利亚"。2019年10月，首座清真寺在远东穆斯林宗教管理局主席艾哈迈德·哈兹拉特·加里富林的主持下落成并对外开放，这是迄今为止远东唯一正式投入使用的清真寺。在行政管理方面，犹太自治州的穆斯林社区属于俄罗斯宗教管理局下辖的一部分，塔尔加特·塔德如德金被任命为穆夫提，拉苏洛夫·萨义德拉赫曼·海达罗维奇被任命为伊玛姆。

四 基督新教等宗教组织

1. 福音浸礼宗（浸信会）

犹太自治州登记的福音浸礼宗（浸信会）团体有1家。早在1934年，在比罗比詹就出现了浸礼会宗教团体。20世纪40年代，俄罗斯浸礼宗和福音派基督徒合并成俄罗斯福音浸礼教会，后有五旬节派部分教徒和"兄弟会"的门诺派加入该派，由福音浸礼宗联合会领导。部分浸礼宗的神学思想受加尔文主义的影响，洗礼观念属于重洗派（门诺会），而教会体制受公理会的影响。1978 年，福音派基督徒浸信会首次在比罗比詹登记，成为正式活动的宗教团体。苏联解体后，福音浸礼宗（浸信会）在犹太自治州积极开展宗教布道活动：

1992 年，在奥布卢奇耶区登记"新生活"社团；1997 年，在奈费尔德地区登记浸礼会社团；2004 年，在比尔地区登记浸礼会社团；2006 年，基督徒浸礼会在比罗比詹登记成立地区社团中心。

2. 基督复临安息日会

犹太自治州现有基督复临安息日会社团机构 2 家。基督复临安息日会除遵守基督即将再次降临人间的教义外，还主张遵守以"第七日"（星期六）为安息日的规定。教徒谨记《圣经》中的诫训，认为复临教会是末代上帝唯一持守《圣经真理》的余民教会。1950 年和 1966 年宗教事务专员的报告中曾提到在比罗比詹有少量的基督复临安息日会信徒活动。基督复临安息日会正式在犹太自治州登记是在 1993 年，并在 1997 年重新注册成为宗教组织。库利杜尔地区的基督复临安息日会在 2000 年 2 月登记。

3. 福音五旬节派

犹太自治州现有福音五旬节派社团 3 家。五旬节派教会属于基督教新教派别之一，产生于 19 世纪末 20 世纪初，主张继承基督门徒在五旬节接受"圣灵"的传统。20 世纪 70 年代末，在伊兹韦斯特科维和比拉坎地区五旬节派教信徒进行过宗教活动。1985 年，比罗比詹市和伊兹韦斯特科维的五旬节派教徒由于拒绝登记而被"行政手段终止"。1993 年 4 月，福音五旬节派在帕什科沃地区登记成立社区。1997 年 6 月，福音五旬节派在比罗比詹市建立传教中心。2004 年 1 月，"生命之泉"宗教社团在尼古拉耶夫卡镇登记。

4. 长老会

犹太自治州现有长老教会机构 3 家，这些社团的传教活动主要由来自韩国的牧师主持。长老教会（Presbyterian church）是基督新教的一派，长老会即长老宗（也称归正宗），产生于 16 世纪欧洲宗教改革时期，与安立甘宗和路德宗并称新教三大主流派别。在管理方面，长老会的地方会堂选出长老组成地方宗教机构管理层，在地区一级由各会堂长老代表组成管理层进行管理。1994年，长老会"比罗比詹"社区在犹太自治州登记开展宗教活动。随后，2000年"光辉"社团在比罗比詹登记，2003年"神赐"社团在斯米多维奇区登记。

5. 五旬节派——超凡信仰机构

20世纪60年代，五旬节派出现了新的学派——超凡信仰。在犹太自治州，该分支的首家社团成立于90年代末，随后"神赐"社团在兴安斯克注册登记，"信仰之光"社团在比罗比詹市注册登记。

第二节 人口发展状况

人口发展是作为社会生活主体的人口，随着社会生产方式的进步、社会经济条件的变化，其数量、质量和结构及其与外部的关系不断由低级向高级运动的过程。人口发展意味着作为社会生活主体的人口，特别是劳动力人口征服自然能力的发展，科学技术水平和文化教育水平的全面提高，认识和运用自然规律、社会规律不断改造自然、改造社会的能力的发展。人口发展包括人口数量的增减变化、人口健康的提高改善以及人口状况的变动等各个方面，还包括作为基本生产力和消费力的人口与当地经济相互制约关系的发展。

近年来，犹太自治州人口数量持续缓慢下降，人口发展结构稳中有变，其中城乡居民数量结构上没有明显变化，但人口分布规模有些改变，尤其是农村人口的集中居住现象比较明显；在性别结构上，犹太自治州居民男女比例失衡现象依然存在，女性居民数量明显多于男性，其指标高于远东联邦区平均指标；在年龄结构上，新生人口减少，老龄人口增加，人口老龄化现象持续存在并有加强的趋势；在劳动力结构上，犹太自治州的劳动力结构趋于合理，就业率提升，失业率下降，劳动力就业部门多集中在第三产业。

截至2018年1月，犹太自治州常住居民人口为162014人，同比居民人数减少2203人（13.4%），人口密度为每平方公里4.47人，远低于俄罗斯平均人口密度（每平方公里8.37人）。自治州居民人口数量下降的主要原因是自然人口减少和迁移流出量增加，由于育龄妇女（15—49岁）人数减少，犹太自治州试图通过生育刺激人口增长并未带来预期的结果。犹太自治州年度生育率从2015年的每千人口14.0人降至2018年的11.5人，其中比罗比詹区、列宁区和十月区的生育率波动范围为10.6‰—12.0‰，奥布卢奇耶区、斯米多维奇区以及比罗比詹市的生育率波动范围为9.9‰—13.1‰，这也在某种程度上与犹太自治州各市政区的社会经济发展成正比。

一 城乡人口结构

2018年，犹太自治州的城市居民人口数量为110061人，乡村居民人口数量为49852人，城乡人口结构同以往相比变化不大，近16万名居民分布在自治州1市5区的12个城市居民点（城乡混合居民点）和15个乡村居民点中，人口分布规模如表3.1所示。

表3.1　　　2018年犹太自治州城乡人口规模与分布　　　单位：人

	总数	城市人口	乡村人口
犹太自治州	159913	110061	49852
比罗比詹市	73129	73129	—
比罗比詹行政区	11131	—	11131
比罗比詹农业居民点	1570		1570
瓦尔德海姆农业居民点	2991		2991
纳杰日金斯科耶农业居民点	739		739
杜博沃耶农业居民点	1212		1212
奈费尔德农业居民点	1237		1237
普基奇尼克农业居民点	3382		3382
列宁行政区	17469	—	17469
巴布斯托夫农业居民点	4418		4418
比占农业居民点	3322		3322
杰日尼奥夫农业居民点	1591		1591
拉扎列夫农业居民点	830		830
列宁农业居民点	7308		7308
奥布卢奇耶行政区	24943	21366	3577

续表

	总数	城市人口	乡村人口
奥布卢琴斯克城乡居民点	9597	9592	5
一奥布卢奇耶镇	8393	8393	—
一新康斯克镇	1199	1199	—
比尔斯克城乡居民点	3119	2625	1294
一比拉镇	2625	2625	—
比拉坎斯克城市居民点	1904	1803	101
一比拉坎镇	1803	1803	—
伊兹韦斯特科夫斯克城乡居民点	2339	1564	775
一伊兹韦斯特科维镇	1564	1564	—
库利杜尔斯克城市居民点	1335	1335	—
一库利杜尔镇	1335	1335	—
捷普洛奥焦尔斯克城乡居民点	4612	4447	165
一隆多科工厂镇	861	861	—
一捷普洛奥焦尔斯镇	3586	3586	—
巴什科夫斯克农业居民点	1237	—	1237
十月行政区	9552	—	9552
阿穆尔泽特农业居民点	6570	—	6570
纳吉波夫斯克农业居民点	1665	—	1665
波列夫斯克农业居民点	1317	—	1317
斯米多维奇行政区	23689	15566	8123
斯米多维奇城乡居民点	6308	4185	2123
一斯米多维奇镇	4185	4185	—
沃洛恰耶夫斯克城乡居民点	1838	1673	165
一沃洛恰耶夫卡-2镇	1673	1673	—
尼古拉耶夫城乡居民点	7177	6371	806
一尼古拉耶夫镇	6371	6371	—
阿穆尔沿岸城乡居民点	4396	3337	1059
一阿穆尔沿岸镇	3337	3337	—
卡梅绍夫斯克农业居民点	1881	—	1881
沃洛恰耶夫斯克农业居民点	2089	—	2089

资料来源：俄罗斯联邦统计局数据，https://habstat.gks.ru/folder/25658。

随着人口行政型分布转向工业依存型分布,工业布局与交通运输业成为人口布局杠杆,产业集聚相应地吸引基本人口和服务人口,乡村人口逐步转入城镇,犹太自治州67.93%的人口居住在城市地区,33.07%的人口居住在农村地区。

在犹太自治州5个行政区中,比罗比詹行政区、列宁行政区、十月行政区为农业区,区内居民均为乡村人口(38152人),占自治州乡村人口的76.5%;奥布卢奇耶行政区以及斯米多维奇行政区为城乡混合区,区内居民以城市人口为主,少量人口属于乡村人口。与2017年相比,犹太自治州的城乡居民点数量没有变化,其中在12个城市居民点中,城市居民数量在1000—1990人的居民点数量为3个,2000—10000人的数量为8个,居民人口数量在10000人以上的城市只有比罗比詹市。与城镇相对应,犹太自治州乡村(农业)居民点的居民数量多在1000人左右,居民数量超过2000人的有7个,主要分布在列宁行政区和十月行政区2个农业专业区。

二 人口性别结构

与人口老龄化并行的性别结构失衡也是困扰犹太自治州的人口问题之一。据犹太自治州2018年1月年鉴统计,俄罗斯犹太自治州16.2014万人中,男性居民76792人,占总人口的47.39%;女性居民85222人,占总人口的52.61%。总体上犹太自治州居民女性比例明显高于男性居民。根据俄罗斯联邦统计局数据,2018年,犹太自治州居民男女性别比例结构不均衡现象继续存在,且失衡程度有继续扩大的迹象,自治州城乡居民女性人数多于男性,从2005年的每千名男性居民所对应的女性居民数为1077人,扩大到2018年的1110人,男女比例达到1:1.11,女性比男性多出5.22个百分点(见表3.2),而同期(2005—2018年)远东联邦区男女比例始终稳定在1:1.08左右,犹太自治州居民性别失衡加剧间接地对自治州人口出生率带来负面影响。

在犹太自治州城乡人口分布中,2018年的城市总居民人数为111415人,其中男性居民50924人,占城市总人口的45.7%;女性居民60491人,占城市总人口的54.3%;乡村居民总数为50599人,其中男性居民为25868人，占乡村总人口的51.12%；女性居民人数为24731人，占乡村总人口的48.81%。从数据显示可见，城市人口的性别失衡现象高于乡村，女性居民人口远超男性，多出近10个百分点，乡村居民性别比例相对平衡，尤其是与自治州总体女多男少的状况相反，乡村居民男性人数占多数。当然，犹太自治州城乡的男女性别结构也因年龄的不同而有不同的表现（见表3.3）。

表3.2　　　　　　　犹太自治州居民男女比例数据

年份	居民总数（人）	男性居民（人）	女性居民（人）	占居民总数的百分比（%）	
				男性居民	女性居民
1980	189500	93448	96052	49.3	50.7
1990	218330	107494	110836	48.8	51.3
2000	195135	95173	99962	48.77	51.23
2005	185763	89420	96343	48.13	51.17
2010	177500	84482	93018	47.59	52.41
2011	176304	83931	92373	47.60	52.40
2012	174412	82948	91464	47.55	52.45
2013	172671	82146	90525	47.57	52.43
2014	170377	80957	89420	47.51	52.49
2015	168368	79998	88370	47.51	52.49
2016	166120	78816	87304	47.44	52.36
2017	164217	77840	86377	47.40	52.60
2018	162014	76792	85222	47.39	52.61

资料来源：根据俄罗斯联邦统计局数据整理，https://habstat.gks.ru/folder/25658。

表3.3　　　2018年1月犹太自治州居民性别及年龄数据　　　　单位：人

居民年龄段	居民总数		城市居民		乡村居民	
	男性	女性	男性	女性	男性	女性
	76792	85222	50924	60491	25868	24731
0—4岁	5430	5260	3743	3582	1687	1678
5—9岁	5761	5589	3725	3572	2036	2017
10—14岁	5212	5050	3433	3337	1779	1713
15—19岁	4317	3778	2579	2582	1738	1196

续表

居民年龄段	居民总数		城市居民		乡村居民	
	男性	女性	男性	女性	男性	女性
	76792	85222	50924	60491	25868	24731
20—24 岁	4998	3913	2857	2766	2141	1147
25—29 岁	6540	5487	4016	4217	2524	1270
30—34 岁	7348	6590	4788	4629	2560	1961
35—39 岁	6409	6436	4442	4630	1967	1806
40—44 岁	5874	6391	4122	4644	1752	1747
45—49 岁	4970	5503	3513	3945	1457	1558
50—54 岁	4248	5016	2875	3516	1373	1500
55—59 岁	4733	6016	3154	4249	1579	1767
60—64 岁	4231	6163	2926	4425	1305	1738
65—69 岁	3316	5558	2312	4062	1004	1496
70 岁及以上	3405	8472	2439	6335	966	2137

资料来源：俄罗斯联邦统计局犹太自治州年鉴，Еврейская автономная областьстатистический ежегодник 2018。

从表3.3中的数据来看，低于30—34岁（包括该年龄段）年龄段的男性人数多于女性，男性人数为39606人，女性人数为35667人，男女性别比为1.11∶1；年龄段在50—54岁的男女性别比例仍明显失衡，男女性别比为0.84∶1，高龄性别结构失衡现象更为严重；65—69岁的男女性别比为0.59∶1，70岁及以上年龄的男女性别比竟然达到了0.40∶1，女性人数明显高于男性人数。当然，从犹太自治州青少年群体的性别结构发展来看，这种性别失衡现象会慢慢走向均衡，对犹太自治州人口的增长及老龄化的改善会起到积极的作用。

三 人口年龄结构

从年龄结构来看，犹太自治州2018年度人口的年龄分布与往年相似，新生人口继续递减，高龄人口持续递增，人口出生率下降，老龄化现象进一步加剧。根据俄罗斯联邦统计局的犹太自治州2018年人口统计数据（见表3.4），0—4岁的新生儿为10690人，相比2017年的11249人减少了559人；5—24岁年龄段居民人口较2017年有小幅度减少；25—44岁居民群体数量较往年变化不大；65岁及以上居民人口相比于以往增长幅度较大，其中65—69岁人口较2014年增加了2710人，4年间老龄人口增长了43.96%。犹太自治州城市与乡村的人口年龄结构中各年龄段增减程度有明显区别，较2017年度，自治州城市和乡村0—19岁年龄段人口均有小幅减少；20—24岁年龄段人口中城市人口减少507人，下降比例为8.27%，乡村人口减少了100人，下降比例为2.95%；65岁及以上年龄段居民中，城市老龄群体占主体。比较上述这些数据可以看到，犹太自治州居民出生率下降，人口老龄化突出的现象在城市中更为明显。

表3.4　　犹太自治州人口年龄结构（2014—2018）　　　单位：人

居民年龄段	2014年 170377	2015年 168368	2016年 166120	2017年 164217	2018年 162014
0—4岁	11698	11609	11548	11249	10690
5—9岁	11022	11137	11184	11411	11350
10—14岁	9271	9614	9869	10055	10262
15—19岁	9135	8563	8127	8102	8095
20—24岁	12419	11464	10434	9518	8911
25—29岁	14955	14610	14094	13249	12027
30—34岁	14125	13959	13845	13822	13938
35—39岁	13363	13439	13188	12957	12845
40—44岁	11907	11887	12039	12229	12265
45—49岁	9747	9738	9802	10141	10473
50—54岁	11652	11059	10422	9702	9264
55—59岁	11824	11384	11184	11055	10749
60—64岁	11082	11092	10914	10666	10394
65—69岁	6164	7208	8183	8527	8874
70岁及以上	12013	11605	11287	11534	11877

资料来源：俄罗斯联邦统计局犹太自治州年鉴，Еврейская автономная областьстатистический ежегодник 2018。

四　劳动力结构

劳动力结构变化体现了犹太自治州经济发展的基本状况，劳动力的年龄结构、就业、待业、失业情况以及性别结构是评价人口发展状况的

重要指标之一。在犹太自治州年龄组中,研究人口作为社会的生产力,劳动力资源的来源需根据俄罗斯劳动力界定划分为3类:

1. 未满工作年龄群体(16岁以下青少年);
2. 工作年龄群体——劳动力(16—59岁的男性和16—54岁的女性);
3. 超工作年龄群体。

根据犹太自治州居民各阶段人口数据指标(见表3.5),2018年犹太自治州适龄劳动力为90702人,相比于上年度减少了2102人,降幅为2.26%。2014—2018年期间,未满工作年龄群体的年平均递增为148人和0.04个百分点,城市未满工作年龄群体数量增加,乡村未满工作年龄群体数量下降,2018年自治州该群体相比于上年度降幅为1%,减少343人;适龄劳动力呈大幅下滑趋势,年平均递减3359人和3.33个百分点,2018年相比于上年度递减幅度降低,递减人数及百分比均低于平均值,分别为2102人和2.26个百分点;超工作年龄群体的年均递增为423人,平均递增幅度为0.39个百分点,2018年相比于上年度递增幅度及人数均低于平均值。

表3.5　　犹太自治州劳动力结构统计数据(2014—2018)　　单位:人

	2014年	2015年	2017年	2018年
未满工作年龄群体	33707	33991	34494	34151
适龄劳动力	100778	98017	92804	90702
超工作年龄群体	35892	36360	36919	37161
城市人口				
未满工作年龄群体	21709	21999	22699	22650
适龄劳动力	68116	66690	63434	62017
超工作年龄群体	25858	26163	26588	26748
农村人口				
未满工作年龄群体	11998	11992	11795	11501
适龄劳动力	32662	31327	29370	28685
超工作年龄群体	10034	10197	10331	10413

资料来源:俄罗斯联邦统计局犹太自治州年鉴,Еврейская автономная областьстатистический ежегодник 2018。

从犹太自治人口年龄结构来看，相比于以往，2018年未满工作年龄群体、超工作年龄群体的递增递减趋势均呈现出"缓和"特征，未满工作年龄群体递增体现了自治州经济发展的人力资源潜力，但适龄劳动力总数大幅下降趋势则预示着犹太自治州未来劳动力缺乏的潜在危机，这是犹太自治州人口老龄化所导致的不可避免的危机，这种现象在城市和乡村都存在。为解决劳动年龄人口老龄化问题，大多数发达国家的做法是提高退休年龄，但是俄罗斯面临的问题是老年人口的预期寿命很短，如果贸然提高退休年龄，将大幅减少他们拥有的自由时间。在俄人口总数不断下降的背景下，劳动力资源匮乏已成为制约犹太自治州经济社会发展的主要因素之一。

表3.6　　犹太自治州劳动力失业率及企业雇员需求数①

	年度失业率（%）	季度失业率（%）				年度用工需求（千人）
		I	II	III	IV	
2000年	20.6	20.4	20.2	20.5	20.6	0.3
2001年	16.4	18.9	16.6	15.2	14.7	0.3
2002年	12.6	14.3	12.7	12.0	11.2	0.5
2008年	10.1	10.5	10.0	9.5	10.7	2.0
2009年	10.5	10.7	10.7	10.5	9.2	1.4
2010年	9.4	9.1	9.0	9.2	10.3	1.7
2011年	8.5	9.2	8.6	7.8	8.4	2.4
2012年	8.5	7.9	8.0	9.0	8.9	4.2
2013年	8.3	8.7	8.0	8.4	8.4	8.4
2014年	8.7	9.9	9.2	8.7	7.1	11.6
2015年	7.9	8.9	6.5	8.1	8.3	8.8
2016年	8.2	9.9	7.3	8.2	7.4	8.9
2017年	8.3	10.5	6.6	9.5	6.9	7.7
2018年	7.0	9.2	7.2	5.5	6.2	7.5
2019年		8.2	4.3	6.1		—

资料来源：根据俄罗斯联邦统计局数据整理，https://gks.ru/folder/512。

① 俄罗斯联邦统计局统计失业率的对象为15—72岁的俄罗斯公民，失业率数据结果根据抽样调查数据得出，劳动力失业调查平均周期为3个月，以相应时期内一系列各类型被调查者群体的组合为基础，提高抽样调查数据的代表性。

失业率是评估失业增加和经济活力降低后果的潜在劳动力综合指标。俄罗斯从1997年10月到1998年8月经历了三次大的金融危机，导致俄罗斯财政拮据，国内市场需求减少。受远东联邦区经济结构制约，中央预算减少及推迟发放工资、养老金，推迟支付商品和劳务供应商的款项对远东联邦区各主体经济造成极大的负面影响。2000年，犹太自治州失业率达到前所未有的20.6%，2001年至2010年，自治州失业率徘徊在10%左右（见表3.6）。近年来，随着俄罗斯东部开发战略实施带动自治州经济社会发展，企业数量及市场用工人数开始显著增加，犹太自治州失业率逐年下降，2018年失业率降至7%。与之相对应的是，2011年犹太自治州企业向就业机构提出的雇员需求数为2400人，2014年达到1.16万人，与2011相比增加3.8倍，与2000年相比增加57倍；2015年，自治州企业向就业机构提出的雇员需求数始终维持在8000人左右。从犹太自治州的官方数据来看，2016—2019年，犹太自治州的失业人数逐年减少，相对应的是企业用工人数逐年增加，从侧面显示出犹太自治州近年来经济发展延续了稳中向好的态势，主要指标好于预期。

五 人口健康状况

犹太自治州人口出生率为11.7‰（2017年），高于全俄指标（11.5‰），略低于远东联邦区（12‰）。与此同时，该地区所有原因造成的死亡人数超过出生人数13.2%，自然人口下降系数为1.6‰。总生育率有所下降的原因之一是婴儿死亡率居高不下，自治州虽然婴儿死亡率从16.2‰（2016年）降至10.6‰（2017年），仍超过远东联邦区指标和全俄指数近1倍（远东联邦区为5.7‰，全俄为5.5‰）。该指标在农村地区为15.7‰，城市地区为8.6‰。许多因素影响婴儿死亡率，首先是该地区产科和儿童机构的医疗基础薄弱，医院新生儿复苏和重症监护室的开通并没有带来预期效果。儿童医院高科技设备供应水平较低，无法护理患有重病的新生婴儿；最重要的是，该地区各地初级医疗和卫生援助机构中儿科医生人数较少，实际上紧急医疗服务机构中没有专业儿科。对于年轻的专业医生来说，由于缺乏住房、低工资和缺乏职业技能提升空间，农村地区医疗机构的工作并不具吸引力。

根据2017年犹太自治州公共卫生和医疗组织状况报告数据（见表3.7），与2016年相比，2017年居民病患中血液和造血系统疾病及免疫系统损伤病患数量增幅最大，增长11.2%；精神和行为障碍病患增加6.9%；传染病和寄生虫病增加3.6%。与此同时，骨骼肌肉和结缔组织疾病下降幅度最大，降幅为12.5%；畸形和染色体失调下降10.8%；泌尿生殖系统疾病减少9.7%；消化系统疾病减少2.2%；外伤、中毒和某些其他后果减少1.4%。

表3.7 犹太自治州居民主要疾病及患病率（每10万人中）

疾病分类	2016年	2017年	增减比（%）
病患总数	119392.6	118790.4	-0.5
呼吸系统疾病（包括流感、呼吸道疾病）	32709.5	33404.6	+2.1
循环系统疾病	15075.2	15133.0	+0.4
消化系统疾病	8505.3	8320.1	-2.2
泌尿生殖系统疾病	8834.6	7977.9	-9.7
外伤、中毒和某些其他后果	7812.4	7704.4	-1.4
传染病和寄生虫病	6598.8	6837.9	+3.6
精神和行为障碍	6136.5	6557.8	+6.9
骨骼肌肉和结缔组织疾病	6814.4	5963.5	-12.5
内分泌系统疾病（包括饮食失调、代谢失调）	5427.4	5419.7	-0.1
皮肤病和皮下组织疾病	4982.5	5112.7	+2.6
肿瘤	4212.0	4282.1	+1.7
眼科疾病	3883.9	3950.3	+1.7
神经系统疾病	2132.8	2059.5	-3.4
耳朵与乳突疾病	1550.1	1519.9	-1.9
畸形和染色体失调	1312.9	1171.6	-10.8
血液和造血系统疾病及免疫系统损伤	896.9	997.5	+11.2
在临床和实验室研究中发现的症状	27.1	9.7	-64.0

资料来源：2017年犹太自治州公共卫生和医疗组织状况报告，Докладправительства Еврейской автономной областио состоянии здоровья населения и организацииздравоохранения по итогам деятельности за 2017год。

犹太自治州人口总体发病率构成中，呼吸系统疾病发病率最高，占总数的28.1%，连续3年呈增长趋势，与2016年相比登记量增加2.1%，每10万人中有33404.6例登记。排在第二位的是循环系统疾病，占总数的12.7%，连续3年呈上升趋势，与2016年相比增加0.4%，每10万人中有15133例登记。排在第三位的是消化系统疾病，占7.0%，与2016年相比下降2.2%，每10万人中有8320例登记。

居民疾病致死结构中（见表3.8），循环系统疾病占首位，占2017年死亡病因总数的58.4%（1263人），相比2016年减少5.8%；循环系统疾病致死总数中，缺血性心脏病占46.8%，脑血管疾病占34.9%。第二位是肿瘤，占死亡病因的15.6%（341人），相比2016年减少10.5%，外部其他因素影响占10.3%（225人），同比下降25.3%。犹太自治州居民疾病致死率逐年下降，与犹太自治州居民生活质量提高，社会经济环境好转有着直接关系。随着死亡率的下降，犹太自治州居民的人口平均预期寿命也明显提升。

表3.8　　　　　　　　犹太自治州居民致死病因数据　　　　　　　　单位：人

	2013年	2014年	2015年	2016年	2017年
死亡总数	2505	2536	2577	2508	2172
致死病因分类					
某些传染病和寄生虫病	78	76	68	62	43
肿瘤	387	366	343	385	341
循环系统疾病	1329	1379	1386	1377	1263
呼吸系统疾病	85	108	137	118	94
消化系统疾病	144	199	211	183	134
外部其他因素致死（包括酒精中毒、交通事故、自杀及被杀）	359	290	339	299	225

资料来源：俄罗斯联邦统计局犹太自治州年鉴，Еврейская автономная областьстатистический ежегодник 2018。

人口平均预期寿命是衡量一个社会的经济发展水平及医疗卫生服务水平的指标，也是度量人口健康状况的一个重要的指标。2017年的预期寿命为68.83岁，虽然同比增加2.95岁，整体预期向好，但该地区预期寿命指标依然落后于国家和区域指标（俄罗斯联邦指数为 72.7 岁，远东联邦区为 70.09 岁），预期寿命水平在俄联邦中排名靠后（2017 年在 85 个联邦主体中排名 83 位）。犹太自治州男性居民预期寿命为 63.5 岁，女性居民预期寿命为 74.35 岁，男性与女性之间寿命差距继续拉大，与自治州男性居民不良生活习惯有着较多直接关系。

六 人口的民族构成

根据俄罗斯最近的一次人口普查数据（2010 年）①，犹太自治州民族总数超过 30 个，近 60% 的民族人口数不足百人。犹太自治州的民族多属于远东土著民族（通古斯—满语系、楚科奇—堪察加语系），人口规模排前 10 位的依次是俄罗斯族、乌克兰族、犹太族、鞑靼族、白俄罗斯族、阿塞拜疆族、摩尔达维亚族、朝鲜族、亚美尼亚族和日耳曼族，其中俄罗斯族（占 90.73%）和乌克兰族（2.76%）占犹太自治州人口总数的93.49%（见表 3.9）。自治州境内犹太民族人数仅占居民总数的 0.92%，与 1939 年（占居民总数的 16.24%）相比，犹太居民人口规模缩小 94.6%。

表 3.9　　　　　　　　犹太自治州居民主要民族构成　　　　　　单位：人

排名	民族	人数
1	俄罗斯族	160185
2	乌克兰族	4871
3	犹太族	1628
4	鞑靼族	879
5	白俄罗斯族	717
6	阿塞拜疆族	655
7	摩尔达维亚族	447
8	朝鲜族	352
9	亚美尼亚族	311

① 俄罗斯联邦全国性人口普查 10 年进行一次，因疫情原因，原定于 2020 年进行的普查延期至 2021 年 10 月。

续表

排名	民族	人数
10	日耳曼族	247
11	摩尔多瓦族	179
12	楚瓦什族	171

资料来源：根据俄罗斯联邦统计局数据整理，http://www.gks.ru/free_ doc/new_ site/perepis2010/perepis_ itogi1612. htm。

第四章

交通运输与基础设施建设

犹太自治州的基础设施主要包括交通运输、机场、港口、桥梁、通信、水利及城市供排水、供气及供电设施所需的固定资产，是企业和居民生产经营及生活所需的共同物质基础，也是城市发展水平和文明程度的重要支撑。犹太自治州现有交通运输网是在铁路、公路、内陆水路和航空运输的基础上形成的，交通基础设施是本地区社会经济稳定发展的重要因素，运输产业对犹太自治州 GDP 贡献率远超远东联邦区平均值（远东联邦区平均贡献率约 11%）。为此，犹太自治州政府对提高交通干线现代化发展、交通系统安全性和稳定性给予极大关注，在铁路与公路建设方面实施完成了诸多项目，交通运输体系总体上能够满足本地区客货运输不断增长的需求，其铁路和公路密度分别占据远东联邦区的第一和第二位。该地区属于俄罗斯联邦边界主体，交通运输及其基础设施建设在与中华人民共和国跨境产业合作和贸易来往中具有至关重要的地位，是该地区影响经济发展和维持其潜力的最重要因素之一。

第一节 交通运输

尽管交通系统领域呈现良好的发展趋势，但其基础设施现状不符合本地区跨越式发展任务的要求，各类交通都存在薄弱环节和发展不均衡问题。根据《2025 年前犹太自治州的经济社会发展规划及相关指标》，犹太自治州在交通运输及基础设施建设方面的重要目标是加快下列宁斯科耶和同江市（中国）跨黑龙江铁路桥建设及其后期辅助设施建设，改造比罗比詹—下列宁斯科耶铁路，此外还将改造比罗比詹—阿穆尔泽特、比拉坎—库利杜尔、奥勃卢琴—兴安岭公路和通往下列宁斯科耶国际内河港的公路，这将有助于发展与亚太地区国家的经济合作。为确保犹太自治州社会经济稳步发展，还将重建各居民点连接主要公路网干线的道路。骨干公路网的发展将连接本地区所有社会经济中心，加强发展地区级和地方级公路网将促进骨干公路网的形成，这将保证扩大交通通达范围，提高村镇居民的生活质量。

一 铁路运输

西伯利亚大铁路及其支线贯穿犹太自治州，形成连接自治州首府比罗比詹与远东以及俄罗斯中部各大城市的铁路网络。该地区铁路运营长度为513公里，铁路网密度为1.41公里/百平方公里，远超俄罗斯铁路网平均密度（0.5公里/百平方公里）1.76倍，按远东联邦区各主体面积计算，犹太自治州的铁路密度最高，是远东联邦区铁路网平均密度（0.14公里/百平方公里）的10倍（见表4.1）。犹太自治州车站总数近40个，但并非所有线路都有客运量，其中相当部分属于货运（矿产资源）专线，比罗比詹—列宁斯科耶铁路支线就属于这种专线。犹太自治州主要车站包括比罗比詹车站、沃洛恰耶夫卡2号车站、维拉车站、奥布卢奇耶车站。近年来，为了给乘客创造更加舒适的乘车环境，犹太自治州政府修建完成比拉新站，翻修伊恩车站与沃洛恰耶夫卡1号车站，并且与远东铁路部门就伊兹韦斯特科瓦亚车站建设达成协议。

表4.1	远东联邦区各主体铁路网密度				单位：公里/百平方公里
	2005年	2010年	2015年	2016年	2017年
俄罗斯联邦	0.50	0.50	0.50	0.50	0.51
远东联邦区	0.13	0.13	0.14	0.14	0.14
萨哈（雅库特）共和国	0.005	0.02	0.02	0.02	0.2
滨海边疆区	0.94	0.95	0.95	0.95	0.95
哈巴罗夫斯克边疆区	027	0.27	0.27	0.27	0.27
阿穆尔州	0.81	0.81	0.81	0.81	0.81

续表

	2005 年	2010 年	2015 年	2016 年	2017 年
萨哈林州	0.92	0.92	0.96	0.96	0.96
犹太自治州	1.41	1.41	1.41	1.41	1.41

资料来源：根据俄罗斯联邦统计局数据整理，http://www.gks.ru/，数据不包括马加丹州、楚科奇民族自治区，上述两主体境内没有铺设铁路。

犹太自治州的铁路运输业务由开放式股份公司"俄罗斯铁路"分支公司（远东哈巴罗夫斯克—共青城铁路公司）提供，近郊客运列车由股份公司"滨海边区快车"提供服务。该地区铁路运输体系的主要基层服务部门包括哈巴罗夫斯克长途客运服务局（运输调配站1）；哈巴罗夫斯克通勤交通客运服务局（运输调配站6）；长途货物运输（收货和托运服务）；比罗比詹区民用建筑段（房产建筑段3，建筑物建筑与结构维护）；奥布卢奇耶机车段和线路机修站（219号、74号）。犹太自治州政府和开放式股份公司"俄罗斯铁路"的分支机构多年来一直在货运和客运领域进行合作，这有助于及时解决出现的问题。应该指出的是，铁路系统是犹太自治州劳动力的主要雇主，为当地居民提供了大量就业机会，也是地方预算的主要纳税企业。

在铁路运输方面，犹太自治州铁路运输货物发送量2005年曾达到200万吨，随后受俄罗斯经济危机影响出现断崖式下滑，2010年降至90万吨并长期徘徊在百万吨左右。2017年，受国际贸易增长及矿产品开采增加影响，犹太自治州铁路运输货运量骤增至290万吨，同比增加160%。铁路客运方面总体呈下降趋势，2017年客运量为53.2万人次，相比2016年同期减少7.5万人次，仅为高峰期2005年（159.6万人次）的33.3%。

目前，犹太自治州铁路交通综合体的发展前景与黑龙江上建造的下列宁斯科耶—同江大桥息息相关，同江中俄铁路大桥建于黑龙江省同江市哈鱼岛与俄罗斯犹太自治州下列宁斯科耶之间，是中俄界江黑龙江上首座跨境铁路大桥，设计铁路年过货能力2100万吨。大桥全长7193.71米，其中大桥主桥全长2215.02米，引桥4978.69米，中方境内1886.45米，俄方境内328.57米。同江中俄铁路大桥项目主要包括同江北换装站，同抚大堤大桥，区间路基、线路、小桥涵、房屋、铺轨、铺砟、四电工程等15.54公里施工任务，及Ⅱ标段里程范围内的铺轨、铺砟、四电工程、主桥四线套轨板式无砟轨道板铺设及铺轨施工任务。大桥适用中俄两国的不同轨距，它的通车能将俄境内的基姆坎—苏塔尔矿的精选铁矿石对华出口路线压缩至最短。下列宁斯科耶—同江大桥项目将衍生出许多富有前景的开发计划，包括扩展犹太自治州公路网，规划跨境铁路桥与西伯利亚大铁路联通，在犹太自治州区跨境铁路桥桥头区建造物流综合体等。下列宁斯科耶—同江大桥将成为犹太自治州乃至俄罗斯国际大通道的组成部分，催生出新的物流枢纽和工业集群，改善远东多地区的运输状况。铁路桥通车后，初期阶段年出口通货量约为500万吨，之后计划将通货量提高至每年2000万吨。

二 公路运输

在犹太自治州，交通基础设施以总长度超过2600公里的公路网为代表，其中包括贯穿犹太自治州斯米多维奇区、比罗比詹区和奥布卢奇耶区的联邦级公路阿穆尔国道（境内长度413.641公里）；10条具有区域意义的州级公路总长419.366公里；2099公里地方性普通公路，包括1311公里的市内道路网络以及城市和乡村定居点间的交通线路，其中大部分为硬化路面。

犹太自治州的经济前景与道路网络发展有关。实际上犹太自治州所有定居点都通过公交车服务网络相互连接，在其中许多地方，公路运输仍然是满足客运和货运需求的唯一运输形式。犹太自治州公交系统拥有200辆左右公交汽车，每天在107条跨区和市内路线上进行运营。除公交线路外，该地区出租车服务业也越来越普及，超过260辆出租车在犹太自治州境内运营。① 2017年，犹太自治州公路客运量为1100万人次（2016年同期为1120万人次），客运周转量为8800万人次/公里，与2016年同期相比，该指标减少0.09%。

---

① Анатолий Мелешко, Дороги - это пульс региона, Транспортная стратегия XXI век, 2015. №31. С.75。

在犹太自治州运输系统中，汽车货运起到重要作用。与其他类型运输相比，汽车客货运输具有机动性高、可操作性强、交货及时迅速等特点。公路货运领域目前在犹太自治州主要由全俄性企业"公路货运"经营。2017年，犹太自治州所有形式公路货运量为310万吨货物，同比增长47%（2016年同期为210万吨），这与犹太自治州铁矿开发进度有很大关系；货物周转量为2.17亿吨/公里，与2016年相比，该指标略有下降（0.018%）。

犹太自治州拥有高密度的公路网，需要投入大量资金，使用创新技术来建设和维护运输基础设施是其重要任务之一，每公里区间公路的年维护成本超过30万卢布。自治州有关道路维护和重建工作是根据《2014—2022年犹太自治州道路发展国家规划》批准的道路工程方案进行的。2015年，犹太自治州支出7.53亿卢布用于道路工程建设，其中包括来自联邦预算补贴的3.264亿卢布和来自犹太自治州道路基金的4.266亿卢布。这些资金主要用于区间公路重建，包括列宁区下列宁斯科耶村和奥布卢奇耶区帕什科沃村路段重建。

随着维护资金的增加，犹太自治州在道路施工过程中有能力使用较为先进的技术和现代化设备，包括使用现代合成材料，使用具有自动找平系统的沥青摊铺机铺设沥青混凝土等。进行公路养护工作时，该地区的道路建设者已经开始采用喷射注入方法，使用特殊的移动装置和沥青液修补沥青混凝土路面，减少沥青混凝土路面坑洼和裂缝固定时间。

三 内河运输

内河运输在犹太自治州，特别是在其南部地区较为繁忙，这点得益于该地区的大多数定居点位于黑龙江和通古斯河河畔，此外在亚纳河、科雷马河及其他小型河流也有部分小规模水运。犹太自治州河道航线总长685公里，河运航行时间始于每年5月，结束于10月末，平均运营时间为178天。自治州河港主要位于该地区的大型村庄，包括阿穆尔泽特、列宁斯科耶、纳吉博沃、帕什科沃以及叶卡捷琳娜—尼科利斯科耶等地区。借助黑龙江界河的地理优势，犹太自治州在黑龙江畔建有阿穆尔泽特（十月区）、下列宁斯科耶（列宁区）和帕什科沃（奥布卢奇耶）3个边检口岸，夏季通过河船运输货物和乘客，冬季通过固冰浮桥过境，将该地区与中国同江、名山和嘉荫等相关口岸城市连接起来，实现了对华货运量和客流量的稳步提升。2017年，犹太自治州通过2个边检口岸运输货物180631吨，同比增长28.2%，过境乘客62011名，车辆16425辆，同比增长22.2%（见表4.2）。由于需要检修设施，根据2012年2月14日第198-P号俄罗斯联邦政府命令，帕什科沃边检口岸暂时中止工作至今。

表4.2　　　　犹太自治州边检口岸货运量及客流量

	下列宁斯科耶边检口岸			阿穆尔泽特边检口岸		
	货物（吨）	过境人数（人）	过境车辆（辆）	货物（吨）	过境人数（人）	过境车辆（辆）
2015年	89149	45625	8118	62249	28841	4953
2016年	98034	62679	8987	64400	48770	4373
2017年	87054	46212	8336	53803	20994	5042
2018年	117290	43689	10393	63341	18322	6032

资料来源：犹太自治州政府网站，http://www.eao.ru/。

四　航空运输

犹太自治州的航空运输系统发展缓慢，最近的民用航空机场位于新库罗夫卡（哈巴罗夫斯克边疆区），机场可为当地和国际航班提供服务，离比罗比詹市中心有118.81公里。第二个是胜利机场，机场也提供国际和地方航班服务，距离比罗比詹市中心123.9公里。此外，"东方"航空公司在比罗比詹拥有小型航空港，适航安2、安28和安38等机型和所有级别的直升机，该场地主要执行国家经济任务（维护飞机、紧急情况和自然灾害救助、森林火灾防护服务）。

第二节　基础设施建设

经济腾飞离不开基础设施建设助推，俄罗斯远东地区经济快速发展的先决条件之一就是要通过率先启动大规模的基础设施建设，为经济高速增长奠定坚实的基础。经过这些年的发展，远东联邦区的基础设施面貌有了显著变化。远东联邦区固定资本投资最主要的用途是改善居民住房类之外的基础设施建设；其次为基础设备和交通工具。由于过去基础薄弱和历史欠账多，犹太自治州多数涉及民生根本的基础设施瓶颈制约因素仍未消除，完善基本市政民生设施建设显得更加紧迫。为此，犹太自治州绝大部分政府投资都用于相关基础设施建设，2017 年，犹太自治州在城市供排水、电力及供热、住房及建筑、交通运输、网络通信等涉及基本市政民生领域的固定投资为 74.499 亿卢布，占其总投资的 78.2%（见表 4.3）。

表 4.3　　2017 年犹太自治州固定资产投资领域分布　　单位：百万卢布

	总投资	供排水、废水（物）处理	网络通信	电力、煤气及供热	住房及建筑	交通运输及储运
远东联邦区	1040431	5501.1	30613.3	61577.6	52485.5	323976.9
犹太自治州	9522.1	135.1	600	400.8	1019.5	5294.5

资料来源：根据 2018 年俄罗斯区域经济与社会统计年鉴数据整理，РегионыРоссии. Социально–экономические показатели，2017。

根据俄罗斯《2017—2020 年犹太自治州边境地区社会经济发展方案》，犹太自治州政府以基础建设项目为重点，重点加强社会基础设施建设，以投资拉动经济增长，提高地区社会服务及生活质量。基础建设方面，该方案执行的关键指标包括市政基础设施恶化程度降低 15%（供热网络从 55% 降至 40%，供水管网从 65% 降至 50%，下水道网络从 80% 降至 65%）；公共道路长度增加 15%；基础设施投资年增长率保持在 13.5%—15.8% 之间（见表 4.4）。

表 4.4　　2017—2020 年犹太自治州边境地区社会经济发展方案关键指标

指标内容	2017 年	2018 年	2019 年	2020 年
社区基础设施改善程度,%	2	2	2	4
交通基础设施改善程度,%	2	3	5	5
基础投资增长率,%	15	15.8	14.5	13.5

资料来源：俄罗斯联邦法律法规门户网站资料整理，http://pravo.gov.ru/。

犹太自治州基础设施投资分布取决于其境内大型投资项目的实施情况。投资最多的是奥布卢奇耶区和斯米多维奇区，包括运输基础设施，天然气、电力等能源动力项目，水库、空气净化等环保水利项目的投资。奥布卢奇耶区正在实施铁路隧道建设和重建项目，基础设施年总投资额约为40亿卢布。斯米多维奇区正在通古斯河流域开展水库建设项目，以及电网升级重建项目，近年相关年投资额从4亿—17亿卢布不等。列宁区每年获得相关投资约3.5亿卢布，主要是用于发展交通基础设施的预算项目。自治州每年向比罗比詹地区和十月区投资1亿—2.5亿卢布。目前犹太自治州的基础设施建设主要涉及公共（供热、供水）基础设施、交通基础设施、电力基础设施和通信基础设施等重点领域。

一 供热（水）基础设施建设

犹太自治州市政综合基础设施的主要问题是公用设施陈旧，自然资源利用效率低，环境污染严重。造成这些问题的原因是公共事业基础设施的高折旧和资金投入不足。长期以来，犹太自治州公共基础设施现代化的实际投资量与其最低需求之间存在明显差异，公共设施预防性维修和设备升级更新几乎完全让位于紧急恢复工作，这导致公用设施可靠性降低，无法满足社会公众需求。早在2015年，自治州社区的基础设施折旧率就已经达到平均64%，其中涉及地区供热（水）锅炉折旧率为65%；供水网络为65%；污水管网为75%；供热网络为55.6%；水泵站为56%；污水泵站为64%；污水处理厂为85%。

由于自治州公共设施整体水平恶化，该地区供热系统热能损失达到30%，管道腐蚀导致冷却剂泄漏相关的损失在10%—15%，热网破损导致冬季暂时中断住宅供热成为常态。许多定居点的供水系统跑冒滴漏相当于供应水量的60%，超过40%的地下水源取水管道没有必要的综合处理设施，也没有按照饮用水质量的要求提供完整的消毒处理，这种情况的后果是无法为该地区的居民提供符合质量要求的饮用水。水环境污染与污水处理设施短缺有关，自治州运营中的污水处理设施有60%超载，许多设施已经运行25—30年或更长时间，这导致大量未经处理或未充分处理的废水被排放到自然水体中，加剧了生态污染并降低了水体质量。

表4.5 2015—2018年犹太自治州公共基础设施现代化规划预算　　单位：万卢布

	《犹太自治州公共基础设施现代化规划》	总计	自治州预算	联邦预算	市政预算
		88503.1	12000	75174	1329.1
1	尼古拉耶夫卡镇更新供暖设备	400	360		40
2	列宁斯克区供水系统设备更新	2111	1900		211
3	库利杜尔镇重建供热锅炉	6300	5670		630
4	比罗比詹市供热系统改造	34688	2500	31928	260
5	列宁区更新锅炉系统	13340	2000	11140	200
6	列宁区重建供热供水系统	11880	2000	9680	200
7	捷普洛奥焦尔斯克镇污水处理厂建设	25186	2500	22426	260
8	尼古拉耶夫卡镇供水系统改造	4400	3960		440
9	捷普洛奥焦尔斯克镇中央锅炉维修	6350	5715		635
10	加里宁诺地区锅炉改造	3000	2700		300
11	拉扎列沃地区供热系统改造	1600	1440		160
12	瓦尔德海姆地区供热改造	1300	1000		300
13	奈费尔德地区供热改造	3900	3000		900
14	库利杜尔地区污水处理系统重建	1130	1015		115

资料来源：犹太自治州政府网站，http://www.eao.ru/。

为提高公共基础设施的质量和有效利用率，降低总成本中低能源消耗的单位成本，大规模实施公共基础设施现代化项目符合该地区的社会经济长远发展利益。在《2015—2018年犹太自治州公共基础设施现代化规划预算》中，政府总投入资金达到8.855亿卢布，其中包括联邦预算7.5174亿卢布、自治州预算1.2亿卢布，市政地方财政通过融资拨款1329万卢布（见表4.5）。规划投资涉及更新供暖设备、污水处理系统重建、供水系统改造等14项公共基础设施改建项目，通过公共基础设施改建，犹太自治州能够实现以下指标：

降低供热供水公共基础设施耗能（供热减少14%，供水减少14.6%）；

减少煤炭热消耗至0.18吨标准燃料；

更换 50.8 公里的供热网络；

更换 37.2 公里的供水网络；

更换 49.9 公里的下水道网络。

同时，为减少环境污染，犹太自治州积极使用清洁能源进行热能改造，通过架设连接萨哈（雅库特）共和国的天然气管道，将使超过 85% 采用热能生产的企业改用天然气，工程需要建造跨镇、街道和街区的天然气供应管道网络。

二 交通基础设施建设

交通网络建设是犹太自治州经济发展的重要支撑之一，其有效运作和可持续发展是经济增长和改善居民生活条件的先决条件。为自治州提供大部分国内运力的主要运输方式是公路运输，随着贸易和服务业发展，该地区公路货运和客运量激增，交通基础设施负荷增加。目前该地区的公路网尚不能完全满足社会和经济需求，尤其是支撑国际贸易投资发展。多年来，自治州交通基础设施建设融资滞后，加上该地区财政预算资源有限，每年区域预算拨给道路部门的资金仅仅满足对公路全年运营维护所需的财务要求，导致交通基础设施建设严重滞后。当前自治州交通网络发展中的主要问题如下：

第一，几乎所有道路都有不同程度的缺陷，这些缺陷主要与路基、路面、排水和桥梁结构的状况有关。

第二，在自治州公路的总里程中，约有 60% 不符合运输和运营条件的法规要求。

第三，由于重型车辆和公路火车在交通流中所占份额的增加，该地区道路和桥梁结构 70% 以上需要提高强度特性，大部分道路和桥梁结构最多承受 8 吨载荷。

第四，约 30% 的桥梁结构状况不理想，其中 7% 以上的桥梁结构状况不佳。该地区约有 30% 的道路采用过渡型涂料（砾石）。

第五，目前一些不确定因素将导致公路网发展与该地区社会经济发展需求之间的不平衡加剧。

第六，该地区社会经济状况恶化，将导致经济增长率和投资活动水平下降，出现预算赤字，并减少交通基础建设的融资额。在这种情况下，新项目无法开工成为必然，同时导致在建工程延缓，最终无法实现目标。

第七，自治州劳动力不断流失，这可能导致劳动力资源短缺和工程步伐减缓。

第八，实际通货膨胀率高于建筑材料、机械和专用设备的价格预测并加速价格上涨，这可能导致道路工程成本增加，基础设施重建、维修和保养次数减少。

第九，俄罗斯联邦税法变化，导致承担项目企业财务状况恶化，这将对公路部门的投资吸引力产生不利影响。

该地区道路运行参数和现代运输能力与需求不匹配，影响了该地区运输分流系统有效运转，从而严重限制了其在社会经济发展关键领域的竞争力。为改善犹太自治州的交通基础设施状况，自治州政府制定并实施了《2014—2022 年犹太自治州道路交通网的发展规划》。该规划主要任务包括确保具有区域重要性的现有公共交通网运营安全；改善和扩大具有区域重要性的公共交通干线的运营能力；使用现代技术和设备，确保具有区域重要性的交通基础设施工程质量；改善具有地方重要性的交通干线运营环境。该犹太自治州规划从 2014 年到 2022 年分阶段实施对交通基础设施改造升级，相应年份投资中来自自治州预算的资金总额为 38.69971 亿卢布，其中 2019—2022 年度拨款均为 4.21988 亿卢布，按照相应年份规划从联邦预算中吸引资金总额预计为 14.1702 亿卢布，其中 2019—2022 年度拨款预计均为 1.41523 亿卢布。[①] 通过实施发展规划，犹太自治州交通基础设施预期将到达如下目标：

1. 重建具有区域重要性的公共道路 33.363 公里；
2. 在区域性公路上修建桥梁通道 198.55 公里；
3. 在区域性的高速公路上建造跨线通道 84.65 公里；
4. 通过维护道路和桥梁结构，累计维护现有区域性的主要道路总计 3962.96 公里，其中 2019—2022 年度维护里程 439.529 公里；

---

① 2014—2022 年犹太自治州道路交通网的发展规划，http：//jewish. regnews. org/doc/zq/20. htm。

5. 修复现有区域性道路 30.958 公里。

该规划方案的执行将为区域经济及其运输系统的未来发展创造有利条件和新机会。方案明确指出，交通基础设施建设投资项目资本密集度高，投资回收期长，对商业投资吸引力低以及需要国家积极参与实施（包括财政）；规划方案负责执行者和共同执行者与犹太自治州行政执行机构间进行有效互动具有重要性。只有在该地区内部道路系统的运输和运营潜力得到充分发展的情况下，才能充分实现这些目标。

目前，犹太自治州公路网的发展有 3 个主要方面，包括比罗比詹区—奥布卢奇耶区—阿穆尔州边界交通干线，该干线属于赤塔—哈巴罗夫斯克联邦公路（阿穆尔联邦公路）的改建部分；比罗比詹区—列宁区边境交通干线，该干线作为通向中俄边境口岸的交通线路将促进列宁区农业发展，并保证乌斯穆煤矿煤炭顺利输出，干线长 124 公里，沥青和混凝土覆盖里程达 90.5 公里，是比罗比詹市通往中国边境的交通干线。

三 电力基础设施建设

犹太自治州电力系统总网络长度 4300 公里，建设变电站 886 个，电网能够覆盖自治州境内的全部电力需求点。犹太自治州在电力供应与燃料供应方面完全依赖于外部企业，位于犹太自治州境内的 220 千伏和 500 千伏输电线路属于哈巴罗夫斯克地区电力系统（隶属于东部联合电网）的一部分，该系统还包括哈巴罗夫斯克地区的发电和电网设施。在犹太自治州负责电力运营的主要企业和机构是：

——俄罗斯统一动力系统股份公司，其分支机构"哈巴罗夫斯克地区和犹太自治州电力系统"负责电力区域调度。

——联邦东部干线电网公司（俄罗斯统一动力系统股份公司分公司），属于向区域电力系统提供电力输入的骨干电力公司。

——犹太自治州电网公司（远东配电公司分公司），通过电网进行 0.4—6（10）—35—110 千伏电能传输与分配，负责保障维修犹太自治州 0.4—6（10）—35—110 千伏电网。犹太自治州电网公司运营和维护的 0.4—6—10—35—110 千伏输电线路长度约为 4000 公里，包括 43 个变电站，电压为 35—110 千伏，总变压器容量为 470 兆伏安。

——远东电力保障股份公司在犹太自治州境内从事0.4—6（10）千伏电网传输与配电，为俄罗斯联邦国防部下属军事单位和其他组织提供电力供应以及0.4—6（10）千伏电网维护。

——远东能源公司犹太自治州动力供应局，该机构属于远东能源公司的能源销售分公司，主要负责向犹太自治州个人和法人实体出售电力。

——东部电力部（俄罗斯统一动力系统股份公司分公司），主要负责远东联邦区国家（全俄）电网管理，为电力市场主体提供服务，从事俄罗斯统一动力系统骨干电网设施运营。

犹太自治州220—500千伏范围的电力供应状况运行良好，但由于比罗比詹220千伏变电站安装的自耦变压器功率不足，连接新消费者的可能性受到限制，此外，犹太自治州电力股份公司远东配电公司投资计划中用于设备更新的资金不足，该公司固定资产折旧率增加（高达70%），对于使用配电网络6—10—35—110千伏电压（由远东配电公司管理）的大多数消费者，电力能源供应的可靠性较低。该地区供电的主要问题与所有电压等级电网的技术条件和承载能力有关。犹太自治州消费者的电力供应可靠性直接取决于网络基础设施发展的两个层次，即向区域电力系统提供"输入"的骨干电网，以及在该区域内提供电力传输和分配的配电网络，主电网和分销电网的发展由非犹太自治州（联邦和区域电力网公司）的电网公司决定。

为此，犹太自治州积极完善电力基础设施建设，同时推进自治州居民能源供应气化，气化效应体现在减轻市政供热（水）系统维护负担，减少市政供热（水）成本以及电网负荷，这方面自治州政府提出如下基础设施建设发展项目：电网基础设施和设备现代化改造，建造小型热电联产厂；推进比罗比詹北部火力发电厂建设，实现2030年发电目标；为保障基姆坎—苏塔拉采矿选矿联合企业的电力需求，将专门为基姆坎—苏塔拉采矿选矿联合企业搭建220千伏高压变电站，并将其与奥勃卢琴—隆多科的两条220千伏高压输电线路联网运行；到2030年，犹太自治州市政机构及居民供暖（水）天然气化；改造升级犹太自治州境内现有储油库设施和天然气管道设施。

四 信息和通信基础设施

通信网络的发展是经济和社会领域发展的先决条件，犹太自治州发展信息和通信基础设施的战略目标是在广泛使用信息和通信技术的基础上提高管理系统、业务、社会结构的效率，增强可访问性，扩大应用范围，增加公民和法人实体的信息和通信服务量，有必要确保该地区通信服务的可靠性和可用性，包括农村地区和难以到达的定居点，创造条件，确保从移动设备到固定设备最大限度地访问互联网，降低成本并提高访问互联网的能力。该区域信息和通信基础设施发展的重点是在整合电子政务基础设施的基础上改善国家机构和地方自治机构的通信网络；开发无线数据传输技术，解决无法进入地区"最后一英里"障碍；使用LTE（4G）技术扩展蜂窝通信的覆盖范围，部分5G逐步替换GSM（2G）技术。

根据犹太自治州《2014年至2021年信息社会发展及电子系统建立规划》的实施进度和结果，犹太自治州继续完善区域信息和导航系统，并最终使之永久投入使用，该系统旨在利用GLONASS技术为犹太自治州的公路运输提供信息和导航支持，包括为车辆配备GLONASS卫星导航设备。在2013年至2016年期间，运营商建立了犹太自治州的区域地理信息系统（以下简称WGIS EAO），为犹太自治州基本导航制图提供了集成技术基础架构，并更新了地图数据。2018年主要相关活动包括创建犹太自治州的区域信息和导航系统并保证其正式运行，服务器及电信设备在整个运营期间的技术维护，更新系统软件、存档数据库、操作系统，培训用户由犹太自治州的区域信息和导航系统运营商提供。

第 五 章

资源开发与经济发展概况

20世纪90年代初,犹太自治州与整个远东地区一样,经济结构特点以工业为主,工业产品总收入份额达到其生产总值的40%以上(1990年)。苏联时期,犹太自治州作为哈巴罗夫斯克边疆区的一部分,主要专注于轻工业(妇女和儿童服装、针织品和鞋帽)、机器制造(电力设备、农业机械、金属构件、住宅移动综合体、重型车辆维修)、农业生产和运输等产业。21世纪初,受俄罗斯经济危机影响,加之工业基础设施老化,犹太自治州规模经济和产业集聚能力急剧下降,但该地区产业结构已初具多元化特征。与大多数远东联邦主体经济重点以供应原材料为主不同,犹太自治州的轮胎制造、木材加工、食品工业和建筑材料等加工业在GDP中占据相当份额。

农工体系是犹太自治州经济结构中的主要成分,凭借着当地适合大型农业生产的气候条件,该地区成为远东联邦区南部地区的乳制品中心和马铃薯种植为主的粮蔬基地,居民所需农业消费品中有相当份额都是在当地生产的。犹太自治州拥有大面积可作为耕地、割草场、放牧场使用的土地,农业生产结构根据市场实际需求情况而变化,近年来,除种植马铃薯、传统蔬菜及饲料作物外,还增加了大豆、水稻等作物种植。

经过多年市场结构调整,犹太自治州生产结构发生了重大变化,主要与运输和通信业、建筑业以及工业份额变动有关。2016年犹太自治州经济结构中,运输和通信占18.2%,公共行政支出、社会福利占14.8%,建筑业大幅下降至10.5%(2010年,23.5%),受国际需求增加影响,采矿与采石业骤增至2.2%(2010年,0.3%),农业、狩猎和林业占

11.1%（见表5.1）。

表5.1　主要产业在经济结构中的变化（2010年，2016年）　　　单位：%

行业	2010年	2016年
农业、狩猎和林业	12.8	11.1
采矿与采石业	0.3	2.2
制造业	5.3	5.1
水电、燃气生产输送	5.3	5.8
建筑业	23.5	10.5
批发和零售业；修理汽车、摩托车	10	9.3
宾馆与饭店	1.3	0.9
运输和通信	11.3	18.2
金融业	0.2	0.2
房地产业	4.8	7.4
公共行政支出、社会福利	12.8	14.8
教育	3.9	4.4
卫生和社会服务	7.2	8.2
提供其他社区及个人服务	1.3	1.9

资料来源：根据俄联邦统计局数据整理。

2017年，犹太自治州零售贸易额达到226亿卢布，就人均零售贸易额而言，自治州在俄罗斯联邦主体中排名第70位。在零售业结构中，食品包括饮料和烟草制品的份额是52.3%，非食品占47.7%（2016年分别为52.7%和47.3%）。在固定资产投资额中，自有资金占59.8%，借入资金占40.2%，外国直接投资余额为8400万美元。自治州经济中的金融投资额达到31.72亿卢布。

一　主要工业部门

犹太自治州克服近年来的工业衰退影响，关键工业经济指标显著增加。2017年，该地区的企业设法适应经济状况变化，制造业显著增长，工业生产率指数达到141.9%，这使该地区不仅在远东，而且在整个俄罗斯都成为该指标的佼佼者（俄罗斯联邦平均指数为101.6%，远东联邦区平均指数为 102.2%）。2019 年 1—6 月，自治州企业综合工业生产指数与去年同期相比略有下降（5.3%）。在主要工业部门中，采矿业发展呈积极态势，为该地区的工业增长作出了主要贡献，按采矿业类型划分的生产指数增长 11%。综合工业生产指数增长放缓主要受其他工业部门生产指数下降的影响，其中制造业下降 21.3%，电力、煤气和供热下降 5.1%，供（排）水、废水收集和处理下降 13.6%。

1. 采矿业

得益于独特的地质结构，犹太自治州采矿业拥有铁、锰、锡、金、砷、铋、锑、镁等黑色金属、有色金属和稀有金属，还储备有各种建材原料以及褐煤等矿产，目前企业正在开发的矿产主要集中在该地区的十月区。能源型矿产开采主要与褐煤开采有关，犹太自治州的煤炭开采始于 20 世纪，煤矿位于大比拉河河畔的比拉村附近，主要被用作阿穆尔铁路机车动力燃料。在 20 世纪 90 年代至 21 世纪头 10 年，位于比罗比詹以南 50 公里处的乌舒蒙褐煤矿床已经开发完成，该煤田总储量超过 1 亿吨，煤矿开采潜力每年不低于 30 万吨。在煤矿开采运营的 20 多年中，为能源部门输送了 75 万吨燃料。乌舒蒙褐煤含灰量高，必须对煤炭进行二次筛分，导致其煤炭不受消费者欢迎，目前煤矿煤炭开采处于半停产状态。

铁矿开采加工方面，"德罗巴甫洛夫斯克—黑色冶金工业"采矿选矿联合企业在基姆卡诺—苏塔拉铁矿的开发项目具有较为广阔的发展前景。探明的四处矿床分别位于犹太自治州奥布卢奇耶区，距离伊兹韦斯特科维定居点 10 公里，蕴藏的 C1 类铁矿石总储量超过 5.5 亿吨。基姆卡诺—苏塔拉矿山的采矿与选矿生产始于 2017 年，第一阶段的生产能力为原矿每年 1000 万吨，铁矿石精矿 315 万吨，精矿铁含量 65%，在生产过程中采取了涉及生态干湿分离的无害技术。该公司以出口为主，虽然部分产品在国内市场销售。截至 2017 年 9 月 1 日，矿场总计开采矿石 550 万吨，矿石中主要含有铁、磁铁矿等矿物质（赤铁矿和假象赤铁矿）以及伴生岩石矿物（石英、硅酸盐、闪石等）。基姆卡诺—苏塔拉矿业达到满负荷生产后，犹太自治州的 GDP 增长率将达到 12.3%，同时将创造超过 1500 个新的就业机会，与 2014 年相比，犹太自治州采矿业的就业人数增加 60%。基姆卡诺—苏塔拉矿业不仅将从根本上改变犹太自治州的经济结构，并能够使其充分利用其资源潜力。

犹太自治州锰矿石的探明储量占俄罗斯总量的 5%（预计矿石储量 1000 万吨），其中位于十月区斯托尔博沃耶镇的南兴安锰矿探明储量为 718 万吨，矿石平均品位 21%，铁矿石探明储量为 2.9 亿吨，矿石平均品位 34.6%。2006 年，中国远东鹤锰有限责任公司获得南兴安锰矿开采许可，为期 20 年，项目设计年开采能力为 15 万吨，今后将提高到 30 万吨。

位于十月区的索尤兹诺耶石墨矿床开发项目是世界上规模最大、质量最高的石墨矿床之一。索尤兹诺耶矿床的托博利辛斯克矿区的石墨预计储量超过 1500 万吨。远东石墨公司在托博利辛斯克露天矿的矿石产能将达到每年 40 万吨，结晶石墨计划年产量高达 3.4 万吨，石墨产品将用于冶金工业、机械工程和电子制造。远东石墨公司将逐步建造完善主要生产设施，包括采石场、加工厂、热电联产厂、员工住房以及物流综合体。

由于近年来该产业投资增长稳定，其固定资产折旧率从 2012 年的 17.4% 降至 2016 年的 12.2%。矿业公司员工的平均每月工资在 2009 年至 2017 年期间增长了 83.0%，达到 41087 卢布。截至 2018 年 1 月 1 日，犹太自治州有 42 家矿业公司从事矿产开采加工，提供工作岗位 1600 个，占该地区经济就业总人数的 2.4%，营业额达到 74 亿卢布。

2. 能源经济

能源产业作为犹太自治州基础产业，是整个地区其他产业发展和整个经济发展不可或缺的基础，包括燃料工业和电力工业。考虑到犹太自治州的采矿结构，自治州燃料工业以褐煤开采为代表，电力工业以热电输送为代表。热电输送主要集中在对居民区和工业企业的集中供热供电方面，因此热力发电中心和众多锅炉直接位于犹太自治州定居点。在这个地区最大的热力发电中心是比罗比詹热力发电中心，热容量为 338 千卡/小时，是"远东电力公司"的一部分。犹太自治州的电力传输和分配服务由远东配电网络公司负责。远东配电网络公司是俄罗斯水利集团的下属公司，通过阿穆尔州、哈巴罗夫斯克边疆区、犹太自治州、滨海边疆区和雅库特南部的分配供电网提供电能传输。2017 年，犹太自治州境内的电网供电达到1178955千瓦时（见表5.2）。

表5.2 犹太自治州电力供应 单位：千瓦时

	2014年	2015年	2016年	2017年
电力供应	1182893	1155018	1163288	1178955
有效输出	1044477	1016637	1023099	10415240

资料来源：根据犹太自治州官方网站数据整理，参见 https://www.eao.ru。

根据2020年前犹太自治州社会经济发展报告，在2007—2020年期间，受工业生产发展影响，犹太自治州的电力消耗将增加一半以上，这决定了电力消费部门结构的变化。该地区电力消费总体结构中的工业比例将增加到60%，目前为13%。工业用电量的增长主要取决于基姆卡诺和苏塔拉铁矿床开发以及采矿加工厂的建设。该地区其他用电增加的主要产业是建筑材料的生产（主要由于杰普洛奥泽尔斯基水泥厂的生产规模扩大）。随着预计到2020年运输的发展和电力消耗增长2.3倍，其在总电力消费结构中的份额从当时的39%下降到2020年的28%。非生产领域的电力消费增长出现在住房建设领域，包括为开采矿床的工作人员安排住房和服务业发展。

在发展能源经济的过程中，自治州企业也在不断通过技术升级减少能源消耗。通过更新生产技术，自治州的热湖水泥厂建成干式生产线，将提高效能效率（热量和燃料消耗降低2倍，生产率提高3倍）和环境安全（大气中粉尘和气体浓度降低7倍，减少排放，二氧化碳排放量降低25%—30%），该工厂的生产能力将提高到每年175万吨水泥，创造400个新工作岗位。

3. 机械工程和金属加工业

机械工程和金属加工以制造设备、金属结构产品以及机械维修企业为代表，该行业的发展水平是该地区经济发展的指标之一。比罗比詹电力变压器厂是该地区历史最悠久的企业，工厂现有员工300多人，其中生产技术人员占60%以上，是远东地区唯一生产Ⅰ—Ⅲ型电力变压器的企业，能够生产电压达35千伏的大型变压器。公司设计人员拥有丰富的经验，借鉴利用国外同类产品开发经验，不仅可以生产具有标准参数的设备，还可以生产非标设备。公司引进全球领先的电气设备制造商的技术设备，执行 ISO 9001—2001 质量管理体系，经俄罗斯国家标准化委员会认可，工厂测试中心允许进行产品测试，用于确保和控制产品质量，包括产品运营阶段的客户支持。公司产品在俄罗斯及周边国家市场颇受欢迎，广泛应用于俄罗斯和国外 60 多个地区的电力、农工综合体、建筑以及运输等企业的电力系统和各种工业电气设备。主要产品系列包括：电压等级为 1 千伏至 35 千伏的完整变电站；电压等级为 1.3 千伏至 35 千伏的电力变压器；胶壳云母电容器；低压配电盘；电压等级为 10 千伏、35 千伏的隔离开关。

2012 年，中资企业比罗比詹钢结构厂在比罗比詹市建成开工，该企业是一家生产钢结构和预制建筑夹芯板的工厂，是远东地区此类产品最大的制造商之一，公司主要生产屋顶和墙面夹层板、预制楼板、安装型材并进行新建筑技术研究。

4. 林业经济

俄罗斯远东地区拥有巨大的森林资源，森林面积占全俄森林面积的 30% 以上。作为远东联邦区的主体之一，犹太自治州的林业经济以木材采伐、木材生产和木材加工为代表，包括家具生产。这是该地区重要的传统产业之一。截至 2017 年 1 月 1 日，犹太自治州森林总面积为 210.47 万公顷，森林覆盖率平均为 45.2%，商业性人工林总存量为 1.532 亿立方米，其中多数是商品价值优于柞树和西伯利亚雪松的落叶松。

该地区拥有优越的过境地理位置，与对俄木材有稳定增长需求的东亚国家（首先是中国）市场邻近，林业综合体的发展与增长前景看好，木材高技术加工业尤其前景广阔，如生产建筑构件、板材和其他材料、新一代复合地板以及针叶木浆等。木材出口额目前占犹太自治州出口总量的 70%。作为拥有发达木材采伐和加工能力的联邦主体，犹太自治州森林木材的设计伐量的平均利用率在 43% 左右，与哈巴罗夫斯克边疆区、滨海边疆区、阿穆尔州相仿。2017 年，犹太自治州有 23 个木材采伐协议生效，采伐许可总计采伐量为 317687 立方米/年，实际采伐量为 187008 立方米。

在奥布卢奇耶区，中国独资有限责任公司"新春林业"开展 10 万立方米森林采伐和加工活动，工厂每年生产 5 万立方米单板、镶木地板以及家具板，并计划进行板材、层压单板、木炭加工。在斯米多维奇区的阿穆尔沿岸定居点建有中国资本参与的大型工业园区，园区有 5 家林业企业，可年加工木材 1 万立方米用于木制百叶窗生产；加工纤维板 2 万平方米，加工塑料制品和木质高分子复合材料 200 吨；加工泡沫板 600 吨；加工单板 1 万立方米。在比罗比詹区，佛玛家具厂、比拉家具、比罗比詹家具厂、机遇公司等从事橱柜家具、木材元素金属产品生产；远东服务公司生产瓦楞纸板和瓦楞纸箱等产品，瓦楞纸包装在远东联邦区的大部分行业中被广泛使用。

总体来说，近 10 年来本地区对木材制品的消费水平持续较低，本地区内没有纸浆造纸生产能力，人均木材和木制品消费不仅远低于其他国家，也低于俄其他地区，没有形成对内部木材制品消费增长的有效刺激。犹太自治州林业企业最严峻的问题是工艺设备落后，产品在世界市场不具竞争力。原料初加工在本地区经济中比例过高，导致较少获得增加值，进出口交易条件不利，联邦主体税收基础过低，个别地域社会经济发展水平不平衡加剧。此外，初加工行业的高投入性使其现代化需要大规模投资，而这仅靠地区内部资金无法完成，导致本地区愈加依赖外部投资。

根据犹太自治州社会经济发展战略，本地区森工综合体的全面发展，主要在于应用环保节能技术生产在国内外市场上有竞争力的生态安全产品。本地区森工综合体发展的投资优先方向为广为接受的"绿色发展"或"绿色经济"，计划在下列各类具有发展潜力、在国内外拥有市场需求的木材和木制品生产方面发展投资：锯材和定型方木的生产；用刨光木制造胶合方木；胶合薄板的生产；用铣切薄板制造多层胶合板；用荷兰架构工艺生产预制板结构木屋。

5. 轻工业

犹太自治州轻工业在向市场经济过渡期间，伴随着计划经济破裂，企业对国内外市场缺乏营销研究，产品结构过时（几乎没有适当的包装，设计不佳），单位产出成本高以及紧缩税收政策等原因导致的轻工业衰落。21 世纪初，犹太自治州的轻工业领域有 11 家企业，包括 7 家大中型企业，根据所有权的形式，该领域中28.9%为私人企业；2.2%为国有企业；68.9%为混合所有制企业。在整个市场关系形成期间，初级生产领域的工人数量急剧减少。2004年初，犹太自治州轻工业领域就业人数为1450人，仅达到1990年水平的27%。

犹太自治州的轻工业主要以服装和鞋类制造为代表。维多利亚股份有限公司位于比罗比詹市，是俄罗斯十大袜类和针织品生产商之一。2010年代初，维多利亚股份有限公司大约拥有900台袜类针织设备、43台针织机、25台复卷机、55台袜子缝纫机以及亚麻和针织品整理设备，设备折旧率约为90%。该公司通过重建生产设施的投资项目，以自有资金和银行贷款进行融资，从中国上海进口总价为14万美元的整套设备，购进20台现代化设备。目前该公司拥有的年生产能力约为100万双袜子和50万件针织品。

比罗比詹鞋厂以"罗斯托克"品牌为主，是俄罗斯远东地区唯一的鞋业大型公司，该公司生产500多种型号的产品。服装类企业以比罗比詹针织工厂"钻石"为代表，该工厂一直致力于更新设备和扩大生产，包括套头衫、夹克、背心、开襟羊毛衫等产品在哈巴罗夫斯克市、滨海边疆区、阿穆尔州、赤塔、雅库特和萨哈林岛都有经销商。这些公司是该地区历史最悠久的企业，这些企业在经营中面临的共同问题是，生产发展受到高成本与有限投资的双重限制，超过一半的企业设备需要更换，通货膨胀仍在继续。

食品工业方面，犹太自治州的食品工业以小企业为代表，这些企业从事乳制品、肉类、鱼制品、面包和糖果制品、面食以及软饮料等生产。总体上看，犹太自治州食品工业产量长期呈下降趋势，2015年犹太自治州食品企业生产糖果1237吨，同比下降16%；面包和烘焙食品4900吨，同比下降5%；全脂奶制品、香肠制品的产量同样不容乐观。

二　农业经济

犹太自治州农业工业综合体在其经济结构中占据主要地位，但由于其总量规模相对较小，在全俄农业结构中排名靠后。2015年，犹太自治州农业生产总值按实际价格计算为61亿卢布，排名全俄第76位。在该州农业结构中，农作物部门占主导地位，按2015年实际价格计算，农作物产值为53亿卢布，所占份额为86.4%；畜牧产品产值为8亿卢布，占13.6%。

犹太自治州播种总面积为12.59万公顷（2015年），播种面积中相当一部分被饲料草和饲料作物所占据，农作物主要包括小麦（1000吨，播种面积7000公顷）、大麦（1300吨，1300公顷）、燕麦（4900吨，3700公顷）、玉米（2300吨，800公顷）、大豆（11840吨，11.06万公顷）、土豆（9900吨，600公顷）、露天蔬菜（9000吨，600公顷）。犹太自治州畜牧肉类产量较少。2015年，各种屠宰肉的总产量为1800吨。其中猪肉占57.9%（1100吨）；牛肉占36.5%（700吨）；禽肉占2.4%（40吨）；羊肉和山羊肉占0.9%（20吨）；其他类型的肉占2.3%（40吨）。

根据2016年全俄农业普查的初步数据，犹太自治州共有62家农业企业、183座农庄，总计2.39万人从事相关副业[①]，家庭农场农作物出产占农作物产量的52.5%；农庄占28%；农业企业占19.5%。据该地区联邦国家地籍和制图登记部门统计，2017年，该地区农业部门出现了积极发展趋势，播种面积计划实现100.8%；根据初步数据，2017年所有类别农场的播种面积为14.24万公顷（较2016年增长118.4%）。

表5.3　　　2017—2020年犹太自治州农业预算拨款　　　单位：万卢布

	联邦预算	州政府预算	市政预算	预算外资金	总计
2017年	43391.8	19621.7	381.5	5590.1	68985.1
2018年	38038.4	14346	884.1	11184.3	68283.8
2019年	55534.8	9267.2	700	16135	81637
2020年	58046.3	9521.1	700	17122.3	85389.7
总计	195011.3	5275.6	2665.6	50031.7	304295.6

资料来源：犹太自治州政府网，http：//npa.eao.ru/law？d&nd=642235470。

犹太自治州农业潜力相对较高，犹太自治州为克服GDP中农业份额

---

① 副业是指种植业、林业、畜牧业、渔业以外的其他生产事业。主要包括：采集野生植物；狩猎；农副产品加工和工业性作业；农产品运输及屠宰等。

下滑趋势（从2009年的13.2%降至2016年的11.1%），采取优惠政策扶植当地相关企业和个人发展农业，优化产业结构。根据《犹太自治州农业发展及农产品、原材料、食品市场监管2016—2020规划》，犹太自治州2017—2020年农业预算拨款额为3.043亿卢布，其中包括州政府预算5275.6万卢布（见表5.3）。

犹太自治州农业工业综合体的发展重点包括提高农业部门运作的效率；减少对粮食进口的依赖程度，提高地区粮食安全水平，实现进口替代；提高本地农产品在国内外市场上的竞争力；根据《规划》要求，加强畜牧及动物产品防疫检疫，安全使用兽药，确保食用动物产品安全，确保消费者免受人畜共染疾病的侵害，最终实现以下犹太自治州农业工业综合体指标：

——保护和扩大耕地面积至14万公顷（包括饲料作物耕作面积）；

——年度农业种植保护耕地3700公顷；

——为个体农场牲畜人工授精1600头；

——在国家财政扶持帮助下，为农民组建5个农场；

——在农业农场基础上建立8个家庭畜牧场；

——为4个合作社提供材料和技术支持；

——购买193头幼龄奶牛；

——购买7套牛奶初加工技术设备；

——农业组织和农民农场的牛奶产量增加至3600吨；

——农场（包括个体企业和农业组织）露天地蔬菜总收成增加到1.44万吨；

——农场（包括个体企业和农业组织）马铃薯产量增加400吨；

——为农业畜牧生产提供至少3300吨饲料。

根据《犹太自治州农业发展及农产品、原材料、食品市场监管2016—2020规划》的子计划《犹太自治州发展畜牧业与畜牧产品加工销售》，规划期间犹太自治州拨款565万卢布扶持畜牧生产，其中包括以下措施：

——向从事畜牧育种企业提供部分费用补贴，总计拨款200万卢布；

——对购买围栏等基础设施及与加工肉类（或牛奶）相关设备补贴，拨款350万卢布；

——用于支付畜牧业领域农业保险费用，总计5万卢布；

——偿还用于牲畜发展、加工和销售牲畜产品的短期贷款利息，总计5万卢布；

——偿还畜牧产品加工销售、设施修建以及物流投资贷款的部分利息，总计10万卢布。

截至2019年第一季度，犹太自治州农产品价格指数为106.7；畜牧养殖业中牛存栏数量为7100头（母牛3100头），与上一年同期相比存栏数下降0.8%；猪存栏数为9700头，与上年同期相比存栏数下降14.2%；牛奶产量为1900吨，增长2.8%；各种畜牧屠宰总重量（以活体重计）为400吨，与上年同期相比略有下降。

该地区的农业发展考虑到一系列政策措施，包括国家对农业部门的支持，研究机构普遍认为在有利的农业气象条件下，由于投资和播种面积增加，农作物作物产量将得到明显提高，畜牧业中的肉牛育种项目将为畜牧业发展提供持续增长动力。除政策因素影响外，一系列的不可抗拒因素对犹太自治州的农业发展影响明显，受2020年汛期洪水泛滥影响，犹太自治州农作物内涝严重；受新冠病毒蔓延影响，44家外资农企在犹太自治州的经营活动处于暂停状态，上述农企占现有犹太自治州农企总数的83%，这与俄罗斯联邦海关口岸对外籍人士出入境卫生检疫限制有关。为此，《2020—2023年犹太自治州社会经济发展预测报告》指出，2020年犹太自治州作物种植面积减少了40%，仅为7.3万公顷，农业生产在短期内出现明显下滑趋势。

三 零售及餐饮业

自2018年初以来，犹太自治州的零售和批发贸易及餐饮业显著增长，这与犹太自治州经济活动的名义工资和实际工资增长有关。目前，自治州零售及餐饮业贸易形式包括超市、折扣商品超市、商业餐饮娱乐综合体、便利店、流动销售商亭以及批发零售集市等。1500多个固定零售商亭和205个非固定零售设施充分为该地区的居民提供零售贸易服务，零售设施总面积超过16万平方米，零售贸易为居民提供的零售设施面积超过既定标准的2.5倍。

零售贸易方面,2018年的零售总额为241.893亿卢布,按可比价格计算,比2017年增长4.5%(2017年为225.825亿卢布),其中食品营业额比上年增长104.6%;非食品营业额为104.4%。批发贸易方面,2018年批发贸易营业额为88.858亿卢布,同比增长8.795亿卢布(80.063万卢布)。

犹太自治州的公共饮食以特色民族咖啡馆、酒吧、饭店为代表,这些民族美食包括犹太食品、俄餐、中餐、日餐及韩餐等。该地区有260多家公共餐饮企业,拥有7.4万个餐位。该地区在公共餐饮设施中的餐位供应水平为每千名居民45.6个席位(俄联邦平均值为每千名居民40个餐位)。与2017年同期(8.025亿卢布)相比,2018年公共餐饮营业额为8.695亿卢布,按可比价格计算同比增长3.8%。

四 企业经营分布

截至2019年10月1日,犹太自治州经济活动中的私营企业达到3639家,同比减少76家。2019年1—10月,相关企业营业额为647.149亿卢布,同比增长70.535亿卢布(10.9%)。根据俄罗斯联邦统计局数据(见表5.4)可以看出,该地区已形成了相对稳定的经济结构,劳动力和企业主要集中在第三产业,其中从事批发和零售业、汽车修理业、旅馆和餐饮业、运输业、教育与科技的企业2262家,占总数的62.2%;第一产业中从事农林渔业的企业有348家,占总数的9.6%;第二产业中多数企业从事制造业和建筑业,分别占总数的4.3%(155家)和5.5%(203家)。与2018年同期相比,制造业企业数量减少13.4%;金融保险业企业数量减少23.3%;宾馆餐饮业的企业数量增长22.5%;电力、天然气及供热企业增加25%。

表5.4 犹太自治州经济活动中的私营企业分布(2019年10月)

	企业数量		与2018年同期相比
	合计(家)	占总数百分比(%)	
企业类型	3639	100.0	97.9
农业、林业、狩猎、渔业	348	9.6	100.9

续表

	企业数量		与2018年同期相比
	合计（家）	占总数百分比（％）	
矿产采掘业	1	0.0	100.0
制造业	155	4.3	87.6
电力、天然气和供热	5	0.1	125.0
供水；水处理、废物处理	7	0.2	116.7
建筑业	203	5.5	101.0
批发和零售贸易、修理汽车和摩托车	1607	44.2	96.8
运输和储存	299	8.2	94.9
旅馆和餐饮	109	3.0	122.5
信息和通信业	55	1.5	110.0
金融保险业	23	0.6	76.7
房地产业	94	2.6	108.1
科学和技术	209	5.7	98.6
行政活动和相关附加服务	63	1.7	110.5
公共行政和军事安全；社会保障	0	0.0	0.0
教育	43	1.2	97.7
卫生和社会工作活动	42	1.2	89.4
文化、体育、休闲和娱乐	32	0.9	91.4
提供其他类型的服务	344	9.5	95.6

资料来源：俄罗斯联邦统计局，https://habstat.gks.ru/folder/25668。

五　对外经贸活动

远东联邦区各主体对外贸易的对象与俄罗斯其他地区不同，主要面向亚太国家。犹太自治州超过97%的贸易额来自东北亚三国（中国、韩国、日本），欧盟国家和独联体国家所占的比例极小。犹太自治州进出口贸易额与俄罗斯的总体情况基本一致，出口贸易额远大于进口贸易额。

据海关统计，2018年犹太自治州对外贸易额达1.792亿美元，比上年增长16.2%。与此同时，出口交付额达1.501亿美元，比上一年增加25.9%，这与基姆卡诺—苏塔尔采矿选矿联合公司出口增加有关，该企业产品出口约占 2018 年犹太自治州出口总额的 60.0%。除上述矿产品外，犹太自治州主要支柱型出口产品仍是由大豆（26.6%）、木材及其产品 8.5%，以及农业原料产品组成。

2018 年的进口交货额为 2910 万美元，比 2017 年减少 16.8%，进口产品结构主要由黑色金属（35.0%）、工程机械产品（29.0%）、食品（26.3%）以及化学工业产品组成。2018 年，位于该地区的下列宁斯科耶和阿穆尔泽特边境检查站国际货运量达到 18.06 万吨，与上年同期相比增加 28.3%。

犹太自治州主要国际贸易伙伴国包括中国、日本、加拿大、塞尔维亚、韩国、朝鲜、白俄罗斯、乌克兰、蒙古国、捷克共和国、哈萨克斯坦、美国和荷兰等国家。在犹太自治州对外贸易伙伴结构中，分为非独联体国家和独联体国家，其中与非独联体国家贸易占主导地位，与独联体国家进出口贸易额较少，进出口额仅仅在 20 万美元左右。犹太自治州所处地理位置促使其与中国边境地区（佳木斯市、同江市、鹤岗市、伊春市）经贸往来发展迅速，近年来中国一直是犹太自治州最主要的贸易伙伴，贸易额占其进出口额 90% 以上。2017 年，犹太自治州与中国贸易额达 150.7 亿美元（犹太自治州进出口贸易总额为 154 亿美元），进出口贸易额占该地区外贸额的 95%（见表 5.5）。

表 5.5　　　　　　　　犹太自治州对华贸易动态　　　　　　　单位：百万美元

	2015 年	2016 年	2017 年	2018 年	2019 年（一季度）
总计	76.7	59.9	150.7	169.6	60.5
出口额	36.6	33.1	118.3	142.5	49.0
进口额	40.1	26.8	32.4	27.1	11.5

资料来源：根据犹太自治州政府统计资料整理，http://www.eao.ru/。

据俄罗斯海关统计，2019 年上半年，犹太自治州对华进出口贸易额为 6050 万美元，比上年同期减少 34.2%，主要原因是出口量减少，这与犹太自治州的主要矿产品出口项目基姆卡诺—苏塔尔矿产向国内市场供应逐渐增加有关。为此 2019 年上半年犹太自治州向中国出口额同比减少

38.7%，为4900万美元，其中，2760万美元产品为基姆卡诺—苏塔尔矿产出口交货，比去年同期下降2%。此外，犹太自治州对华主要出口商品仍然是大豆（30.6%）、木材和木制品（9.7%）以及水镁石矿等产品（6.5%）。在进口方面，进口量也下降了3.6%，2019年上半年的进口总额为1150万美元。进口结构主要为该地区生产活动所需的黑色金属产品（37.4%）、机械产品（22.6%）以及食品（33.9%）。

在农业、木材工业和餐饮服务投资领域，观察到外国（中国）企业的投资活动。截至2018年12月31日，有80多家外国（中国）资本企业在犹太自治州开展创业活动，其中半数（47家企业实体）属于农工综合企业。中国农企在自治州农业用地租赁总面积为5.59万公顷，同比增长20.7%，占犹太自治州农业播种面积总数的34.3%。租赁用地中的5.57万公顷被用于大豆种植（占中国农企种植面积的99.6%），相当于该地区所有农场大豆种植面积的36.6%。在农业用地分布方面，最大的中国农企农业用地（3.73万公顷，约占66.6%）位于列宁区，另外，在十月区种植面积有1.47万公顷，在比罗比詹区有3500公顷，在斯米多维奇区拥有400公顷。2018年此类企业的大豆产量为6.21万吨，占该地区所有农场收获的大豆总量的41.8%。

在犹太自治州境内正在实施的农工综合体领域投资项目，其投资者不乏中国企业，包括在农工园区"春天"建立人参种植和深加工综合体；建造可饲养加工2.73万头猪的养猪场。在该地区的斯米多维奇区，远东集团通古斯克牧业联合体辖丹尼洛夫卡农场、游击队猪场、比罗比詹种鸡场、通古斯克蛋鸡场4个分场。主要经营项目包括养猪、养鸡，玉米、小麦、大豆、马铃薯等作物种植，大豆加工、饲料加工、猪鸡屠宰加工，农牧产品营销。2018年，该联合体养猪场存栏养殖肉猪有4810头。

在森林木材加工产业领域，截至2018年，共有13家中资企业在产业园区开展经济活动，其中一些企业在帕什科夫和黑龙江沿岸地区开展的经济活动是根据2009年12月8日犹太自治州第447号政府法令批准的《俄中犹太自治州森林资源联合开发和利用框架计划》制定的。2018年，4家中资企业在森林采伐登记处收获15.52万立方米采伐许可，该类企业采伐木材的比例占该地区采伐木材总量的 54.6%。中资企业最终采伐加工木材 11.55 万立方米（占该地区木材业企业加工总量的 87.4%）。

犹太自治州斯米多维奇区的阿穆尔沿岸工业园区入驻 5 家中国投资企业，其主要业务是生产建筑材料以及木材、金属结构件、泡沫塑料、夹芯板和塑料制品加工。在超前发展区"阿穆尔—兴安斯克"入驻的 2 家中国投资企业中，比罗比詹钢结构有限责任公司在犹太自治州投资 11 亿卢布建厂，生产钢结构和复合板，可年产钢结构 6000 吨、复合板 20 万平方米，解决当地 200 人就业；阿穆尔工业有限公司实施投资项目建立大豆深加工厂、木材加工厂，建成面积超过 3.5 万平方米的多功能国际展览中心。

根据犹太自治州联邦税务局提供的信息，2018 年，自治州区域预算从该地区外国（中国）独资企业获得利税 1.018 亿卢布，是 2017 年同期的 2.3 倍。为进一步发展投资领域的合作，犹太自治州与中国各级政府机构及企业开展了积极互动交流，2018 年 1 月 29 日和 8 月 3 日，农业工业园区"春天"管理层就实施该地区人参种植和初级加工投资项目与中方代表举行了工作会议。

2018 年 2 月 7 日，中国远东鹤锰有限责任公司负责人与犹太自治州州长亚历山大·列文塔尔举行会晤，讨论有关恢复南兴安锰矿床的建设工作。该项目旨在开发南兴安铁锰矿床，以及进一步加强其他双边领域合作。2018 年 3 月 21 日，中国龙煤集团代表团与犹太自治州州长举行工作会议，主要议题即开发南兴安铁锰矿床的投资项目，包括现状、问题清单和可能的解决方案

2018 年 10 月，中国驻哈巴罗夫斯克总领事馆代表对犹太自治州进行正式访问。访问期间，该地区负责人与中国代表团就犹太自治州与中国经贸合作举行了工作会议，出席会议的包括在超前发展区"阿穆尔—兴安斯克"的中国独资比罗比詹金属构件有限公司和阿穆尔工业有限公司。

虽然犹太自治州在远东联邦区对外贸易额中所占的份额并不大，但它所具有的一系列内在有利因素能够使其增加份额，促进对外贸易与对外经济关系向更高层次发展。这些起决定作用的内在因素包括地缘优势

（位于边境、有利的运输位置）；各种自然资源潜力（森林资源、燃料资源、金属与非金属资源等）；社会稳定（政治稳定、远离热点地区）。除上述内在因素之外，外在因素同样对该地区参与国际贸易产生影响，这些外在因素包括自治州与亚太地区国家地理上接近、官方关系友好，亚太地区销售市场广阔，一些国家对部分原料依赖进口等因素。

第六章

对外关系与国际交流合作

犹太自治州对外关系与国际交流合作主要涉及经贸、科技以及文化等领域，这些对外关系与交流合作以自治州政府社会发展总体规划作为指南。为促进自身社会经济文化发展，犹太自治州历来重视同其他俄联邦主体及东北亚各国的合作交流。

第一节 俄联邦区域交流合作

区域间合作发展对于犹太自治州的社会经济发展至关重要。2013—2018年期间，犹太自治州陆续与俄罗斯联邦各主体［包括阿穆尔州、萨哈（雅库特）共和国、哈巴罗夫斯克边疆区、莫斯科、克里米亚共和国］就经贸、科学、技术和文化合作达成9项地区政府间协议。此外，俄罗斯联邦经济发展部还审议了犹太自治州政府与白俄罗斯共和国政府之间关于经贸、科学、技术和文化合作的协定草案。犹太自治州政府与地区政府间协议属于战略合作框架协议，是在遵循俄罗斯联邦法律以及条约方地方法律的背景下，在符合共同利益的基础上发展双边关系，以促进经济发展和改善区域间关系为宗旨的协议。以2015年犹太自治州政府与克里米亚共和国之间关于贸易、经济、科技和文化的协议为例，框架协议基本内容如下：

1. 缔约双方承诺在经济、科学、教育、文化、卫生、生态以及其他共同关心的领域开展互利合作，根据自愿、相互尊重和信任的原则，不采取可能给对方造成经济或其他损失的活动。

2. 缔约双方将就双方优先投资项目交换信息，并根据缔约双方立法，寻找机会为投资活动提供各种形式的政策支持。

3. 广泛交流有助于执行本协定的科技、经济、法律及其他信息。

4. 缔约双方在各自行政区域内相互援助，采取协调一致的经济政策措施，执行投资项目和社会保障方案。确定合作的优先领域，以便共同实现其产品和服务的市场占有。

5. 缔约双方将根据反垄断法促进经济实体之间的良性联系。

6. 考虑到生产领域原材料和产品的共需性，缔约双方在国民经济各个部门进行专家技术交流，组织联合参展以及联合组团进行经贸考察。

7. 缔约双方就参与社会组织、国家文化中心和海外侨民活动进行合作。

8. 提高双方合作的有效性，缔约方将举行双边磋商、会议、研讨会和其他活动；为履行所承担义务的工作，缔约方设立工作组，负责相互及时了解履行共同义务的进展情况，进行相互磋商并总结执行结果；双方应将本协议的执行进度相互告知。

9. 可以根据双方协议的具体需要，对协议进行修订和补充。所有更改和添加均在单独协议中执行，并由双方授权代表签署成为本协议的组成部分。

10. 如果由于不可抗力的情况而无法正确履行本协议中的义务，则各方免于承担责任。本协议项下的不可抗力是指在签署本协议时未发生的任何不可抗拒的事件，属于缔约双方的意愿外发生的。

11. 缔约双方在执行本协定时发生的一切分歧和争议，应通过双方协商和谈判解决。

12. 本协定自签字之日起生效，有效期为五年，并将自动延至下一年，除非任何一方在本协定终止有效期届满前至少三个月以书面形式通知另一方。本协议的终止不影响双方经济主体之间签订的各项协议的实施。

框架协议是犹太自治州促进与其他主体间落实合作核心的有效手段，根据犹太自治州与俄罗斯联邦主体之间的现有协议，2019年上半年，犹太自治州与协议相关主体交流合作涉及经济、教育、文化、体育、医疗保健、社会保障与就业、信息技术和大众传播等诸多领域。

1. 经贸交流合作

在经贸区域合作领域，犹太自治州在《2030年前犹太自治州社会经济发展战略规划》中提出完善基础设施和优化营商环境措施，为自治州企业与萨哈（雅库特）共和国、阿穆尔州、哈巴罗夫斯克边疆区等地区市场经济一体化创造便利条件。2019年，犹太自治州企业继续通过在哈巴罗夫斯克边疆区和阿穆尔州的零售连锁店开拓肉制品、鞋帽以及针织品等产品的销售市场。比罗比詹的罗斯托克制鞋有限公司通过在哈巴罗夫斯克、阿穆尔共青城、苏维埃港和阿穆尔斯克的罗斯托克品牌鞋店进行营销。比罗比詹针织贸易公司维多利亚代表处在哈巴罗夫斯克市开展业务，为哈巴罗夫斯克边疆区的贸易点供应公司产品。与此同时，萨哈（雅库特）共和国、哈巴罗夫斯克边疆区、阿穆尔州、克里米亚共和国和莫斯科市的企业在犹太自治州境内开展各种商业活动。

为提升与俄罗斯联邦其他主体间的合作，犹太自治州涉及优先发展产业的企业和组织信息在其政府官方门户网站上均有发布和更新，在克里米亚共和国和犹太自治州间的协定框架内，双方交换有关信息（关于双方企业和组织产品出口、投资项目和提案等），共同建立专门合作信息门户网站。作为执行《犹太自治州政府与莫斯科市政府间协定》的一部分，2019年，莫斯科市企业与创新发展部向犹太自治州企业代表介绍了莫斯科市为经济实体提供政策支持信息，自治州经济部门代表同样介绍了犹太自治州为经济实体提供的相关扶持政策。

为拓展与其他联邦区经济实体的合作，2017年9月，在哈巴罗夫斯克边疆区企业支持中心的参与下，犹太自治州企业扶持中心组织代表团前往哈巴罗夫斯克，目的是建立区域经贸合作。双方30多名商界代表出席了商务会议，签订了约10项合作意向书。2017年10月，犹太自治州企业家参加了第二届远东企业家论坛"远东企业：发展战略"（哈巴罗夫斯克）。2019年6月，犹太自治州企业家代表团对布拉戈维申斯克进行商业考察，与潜在合作伙伴缔结初步合作协议。犹太自治州的企业家代表团包括食品制造商、家装企业和其他旨在扩大业务的中小型企业。

在区域投资项目框架内，值得一提的是犹太自治州和阿穆尔州联合建立的采矿和冶金集群项目。2018 年，该项目的阶段性项目基姆卡诺—苏塔拉采矿和选矿厂已投入使用。这是该地区最大的采矿联合体，该项目的目标是达到年产 1000 万吨矿石和 320 万吨精矿。在基姆坎和苏达铁石矿床基础上建立起来的基姆卡诺—苏塔拉采矿和选矿厂建设进入远东及贝加尔地区社会经济发展规划实施第二阶段。

2. 畜牧疫病预防合作

2019 年，作为犹太自治州与其他俄罗斯联邦主体协议开展合作的一部分，犹太自治州兽医管理局与哈巴罗夫斯克边疆区、阿穆尔州、萨哈（雅库特）共和国以及克里米亚共和国的兽医部门之间就双方区域间动物流行疫病、畜牧产品检疫以及动物运输分别进行协商。2019 年上半年，根据《犹太自治州政府、莫斯科市政府和克麦罗沃地区行政管理委员会间合作协定》，相关方面进行了互动，以确保犹太自治州、莫斯科和克麦罗沃地区进行联合畜牧疫病防治，并确保这些地区流通食品的质量和安全性。此外，犹太自治州相关机构与联邦机构"哈巴罗夫斯克边疆区兽医实验室"合作，协助该地区和该地区经济实体进行食品和生物材料的实验和诊断研究。

3. 公路运输领域合作

2019 年上半年，在《关于俄罗斯联邦通过公路和城市电力机车进行定期旅客和行李运输》（2015 年第 220 - Φ3 号法令）的法律框架内，犹太自治州政府道路与运输管理局就犹太自治州、哈巴罗夫斯克边疆区和阿穆尔州城际定期交通和国际交通的区域间路线协调公交时刻表区域并交换相关信息。在与阿穆尔州政府互动的框架内，就实施区域国家监督以维护区域和城市间重要道路进行了信息和经验交流。

4. 关税领域合作

在 2019 年上半年的价格和关税政策领域的合作框架中，犹太自治州政府关税和价格委员会为了对俄罗斯联邦的关税（价格）进行比较分析，与来自阿穆尔州、哈巴罗夫斯克边疆区、萨哈（雅库特）共和国和克里米亚共和国价格（关税）机构的同事交换了有关确定的关税（价格）统计信息监管事宜。

5. 环保领域合作

2019年上半年,犹太自治州野生动物保护及利用管理局与哈巴罗夫斯克边疆区、萨哈(雅库特)共和国、阿穆尔州政府有关机构之间就专题立法活动进行了互动,包括对联邦第209-FZ号修正案《关于狩猎和保护狩猎资源以及国家狩猎登记》的执行情况交流。作为与阿穆尔州和哈巴罗夫斯克边疆区达成协议的一部分,2019年上半年,自治州森林管理部门与哈巴罗夫斯克边疆区、阿穆尔州林业与消防安全部门交流了在森林养护、保护和再生方面利用现代科技的经验,包括最新森林火灾监测和管理方法,同时在制定森林火灾综合防治和森林管理其他事项方面进行了合作;自治州自然资源部和哈巴罗夫斯克边疆区自然资源部就相互提供自然资源使用权进行了磋商。

6. 儿童监护领域合作

犹太自治州与哈巴罗夫斯克边疆区、阿穆尔州和莫斯科联合组建孤儿区域数据库,交换无父母照管儿童信息,以便将这些儿童交给寄养家庭抚养。犹太自治州政府儿童监护部门专家定期向阿穆尔州、哈巴罗夫斯克边疆区、莫斯科州和克里米亚共和国居民介绍关于孤儿和儿童监护、保护和收养程序,确保儿童的最大利益得到保护。在区域间合作的框架内,犹太自治州儿童监护和托管部门参加了无父母陪伴儿童及孤儿监护组织区域会议,专家们交换了有关普查该地区境内未成年人及其家庭生活条件的法案,以及未成年人社会保护和保健落实措施。

7. 促进就业和劳资关系合作

犹太自治州政府在就业领域与相关联邦主体交流合作,共享信息。2019年上半年,阿穆尔州、哈巴罗夫斯克边疆区和克里米亚共和国向犹太自治州就业服务局总计发送了8062条职位空缺信息,其中阿穆尔州就业局提供了1803个职位空缺,哈巴罗夫斯克边疆区提供5955个职位空缺,克里米亚共和国提供53个职位空缺,雅库特提供251个职位空缺。有关信息被及时发布在犹太自治州政府就业管理网站上,并发送至各地区的国家就业中心。

8. 教育交流合作

2019年上半年,犹太自治州教育委员会与哈巴罗夫斯克边疆区、阿穆尔州和萨哈（雅库特）共和国有关机构就组织和进行统一国家考试和提供专业教育交换信息；在哈巴罗夫斯克边疆区的特殊教育机构，对有听力和视力障碍的残疾儿童实施适应性基础教育方案，犹太自治州的17名儿童接受了相关教育；犹太自治州教育系统代表与哈巴罗夫斯克边疆区、萨哈（雅库特）共和国、阿穆尔州、克里米亚共和国、莫斯科和克麦罗沃地区的代表共同参加以下联合活动：

——全俄教育权力下放会议（图拉）；

——2019年全俄统一国家考试技术保障会议（莫斯科）；

——"联邦国家教育道德标准实施"的实践会议（哈巴罗夫斯克边疆区）。

9. 卫生领域合作

2019年上半年，根据犹太自治州政府卫生管理总局与阿穆尔州卫生部签订的《关于合作实施方案和活动合作协定》，犹太自治州将符合卫生合作协议的病患推荐给阿穆尔州国立医疗机构并为他们提供紧急和有计划的医疗服务。在2019年上半年，阿穆尔州共收治756名犹太自治州病患。在犹太自治州政府卫生总署和哈巴罗夫斯克边疆区卫生部缔结的协议框架内，自治州继续向该地区医疗机构转院循环系统疾病及恶性肿瘤病患。根据该协议，2019年上半年有7246人得到治疗。

根据哈巴罗夫斯克边疆区卫生部和犹太自治州卫生局联合签署的《为怀孕、分娩和产后妇女和新生儿提供医疗援助》的框架协议（2016年，第395/1519-R号），2019年上半年，26名居住在哈巴罗夫斯克边疆区和犹太自治州境内的孕妇接受了国立公共卫生机构的医疗援助。为提高犹太自治州医疗人员技术水平，自治州继续向俄罗斯联邦卫生部教育机构派遣41名医生进行培训，向预算目标医疗机构派遣34人，向远东国立医科大学（哈巴罗夫斯克）派遣34人，向阿穆尔州立医学院派遣21人（布拉戈维申斯克）。

10. 文化交流合作

作为犹太自治州与哈巴罗夫斯克边疆区、阿穆尔州、萨哈（雅库特）共和国、克里米亚共和国、莫斯科和克麦罗沃地区之间合作的一部分，犹太自治州的艺术团队积极参与区域文化交流活动，其中包括：

——莫斯科"向天才致敬"框架计划内举办的俄罗斯民族舞蹈锦标赛；
——哈巴罗夫斯克边疆区儿童艺术学校举办的地区音乐表演比赛；
——国际儿童节"和声才华"儿童音乐创作比赛（别洛戈尔斯克）；
——国际少年音乐家表演大赛（布拉戈维申斯克）；
——哈巴罗夫斯克边疆区举办的第25届"大学生之春——2019"联欢节。

在文化遗产保护领域，2019年上半年，俄罗斯联邦文化部远东联邦局在犹太自治州举办了"宣传招贴画"远东地区创作竞赛，作品由俄罗斯联邦远东联邦区历史和文化古迹管理及利用有限公司负责出版。

11. 体育赛事交流合作

2019年，犹太自治州体育部门与哈巴罗夫斯克边疆区、阿穆尔州、萨哈（雅库特）共和国和克里米亚共和国政府相关体育机构间，就该地区体育发展交流了经验，并将自治州年度官方体育活动计划发送给阿穆尔州、哈巴罗夫斯克边疆区和萨哈（雅库特）共和国的体育文化部门。

在2019年上半年，犹太自治州体育团体参加了在哈巴罗夫斯克边疆区、阿穆尔州以及萨哈（雅库特）共和国举行的诸多体育赛事，其中主要包括：哈巴罗夫斯克杯冰上曲棍球比赛（哈巴罗夫斯克）；亚太青年体育锦标赛（哈巴罗夫斯克）；远东联邦区拳击赛（布拉戈维申斯克）；全俄定向越野运动（哈巴罗夫斯克）；全俄罗斯自由式摔跤比赛（阿穆尔州）；国际自由式摔跤比赛［萨哈（雅库特）共和国］。

在犹太自治州境内，哈巴罗夫斯克边疆区、萨哈（雅库特）共和国和阿穆尔州的体育代表团参加了一系列体育活动，其中包括远东联邦区柔术锦标赛、远东联邦区赛车锦标赛、远东联邦区足球锦标赛、犹太自治州舞蹈锦标赛、犹太自治州艺术体操公开赛等赛事。此外，犹太自治州和萨哈（雅库特）共和国在犹太自治州奥林匹克预备体校对自由式摔跤运动员进行了联合训练，与哈巴罗夫斯克边疆区体育部门联合举办了哈巴罗夫斯克边疆区汽车拉力锦标赛。

第二节　国际交流合作

由于犹太自治州境内市场规模有限，用于发展的财政、人力和技术资源较少,为提高自治州在俄罗斯和国际上的竞争力,需要从外部和区域间市场获得资源。积极利用外部因素,尤其是与东北亚各国的交流合作是犹太自治州实现2030年前总体发展战略,深化经济一体化的重要手段,其中与中国的经贸文化交流是自治州对外交流的重中之重。

一 对华交流合作

中国黑龙江省已成为犹太自治州的主要经济伙伴。犹太自治州政府与黑龙江省哈尔滨、绥芬河、佳木斯、鹤岗、伊春等城市交流建立广泛伙伴关系,双边对话得以不断进行,政府机构代表和商业机构代表的直接接触有助于迅速解决双边互动中的紧迫问题,交流合作涉及经贸、文化教育、科技及人道主义合作等热门问题。

1. 政府间合作协定

截至2019年7月1日,犹太自治州政府与中华人民共和国边境地区地方政府之间主要达成了8项政府协定(协议):

(1) 2003年,俄罗斯联邦犹太自治州比罗比詹市与中国黑龙江省鹤岗市人民政府之间签署建立友好城市关系协议;

(2) 2004年4月4日,俄罗斯联邦犹太自治州政府和中华人民共和国黑龙江省伊春市人民政府签订《关于伊春市政府在犹太自治州开设代表处协定》;

(3) 2004年5月2日,俄罗斯联邦犹太自治州政府和中华人民共和国黑龙江省佳木斯市人民政府签订《关于佳木斯市政府在犹太自治州开设代表处的协定》;

(4) 2010年5月24日,俄罗斯联邦犹太自治区政府与中华人民共和国黑龙江省人民政府之间签署建立友好省州关系协议;

(5) 2011年5月18日,俄罗斯联邦犹太自治州比罗比詹市和中华人民共和国黑龙江省伊春市人民政府之间签署建立友好城市关系协议;

(6) 2013年6月8日,俄罗斯联邦犹太自治州政府和中华人民共和国黑龙江省黑河市人民政府签订《关于黑河市政府在犹太自治州开设代表处协定》。

(7) 2018年1月,俄罗斯联邦犹太自治州与中国黑龙江省伊春市签署《中国黑龙江省伊春市与俄罗斯联邦犹太自治州比罗比詹市 2019—2020 年友好城市合作协定》；

（8）2018 年 10 月，俄罗斯联邦犹太自治州与中国黑龙江省鹤岗市人民政府签署《中国黑龙江省鹤岗市与俄罗斯犹太自治州比罗比詹市 2018—2019 年友城合作协定》。

2. 友好城市交往

犹太自治州首府比罗比詹市先后于 2003 年和 2011 年分别与中国黑龙江省鹤岗市、伊春市建立友好城市关系。鹤岗市与俄罗斯犹太自治州比罗比詹市在文化教育、木材加工、种植养殖、房地产开发、医疗器械生产等多个领域进行了密切合作。2006 年 5 月 17 日，应中国黑龙江省鹤岗市的邀请，俄罗斯犹太自治州州长沃尔科夫率州政府代表团对鹤岗市进行了正式访问，签署了《中国鹤岗市与俄罗斯犹太自治州友好交往与经贸合作会谈纪要》。《会谈纪要》涉及交通运输、林业开采、农业合作、矿产资源开发合作、建筑领域合作、"国家年"活动及文化、教育、体育、卫生等社会人文领域合作等 8 项内容，借助鹤岗市与犹太自治州经贸协调委员会，定期举办新闻发布会和研讨会，解决经贸活动中出现的问题，保障信息渠道畅通。

在农业方面，双方支持中俄企业家的合作。俄方支持中方企业从事畜牧业养殖，并划出土地用于饲料种植，建议中方企业与犹太自治州当地企业合作从事水库封闭期渔业养殖。在文化领域，双方同意经常互派文艺工作者进行文艺演出，举办具有两国民族特色的各种展览，着力展示中俄人民的文化底蕴，丰富两州市人民的文化内涵。在教育领域，双方将加强外教互派和教师互访工作。鹤岗师范高等专科学校与犹太自治州远东国立人文社会科学院，拟互派大学生开展教育实践活动，增强大学生间的交流与沟通。

伊春市和犹太自治州有着传统的友好历史，两市在农林经营、矿产资源开发和劳务输出等方面往来密切，建立了良好的合作基础。双方交流互访频繁，相继签署了《伊春市与比罗比詹市 2017—2018 年友好交流计划》《伊春市与比罗比詹市 2019—2020 友好城市交流计划》《伊春市和比罗比詹市 2021—2022 年友好交流合作计划》等协议，为两市在林木加工、农业、体育、旅游和医疗合作域展开务实合作提供了便利条件和基础。

文化教育方面，犹太自治州教育委员会和伊春市教育局有着多年相互交流与合作的关系。2019年，伊春市青少年代表团应邀访问俄罗斯比罗比詹市，开展两市间青少年交流。这是2019年伊春与比罗比詹友好城市交流活动的内容，被黑龙江省政府列为2019年中俄两国地方友好合作年的重要交流内容。

基础设施建设方面，在双方工作组的积极努力下，俄方帕什科沃口岸恢复通关工作取得了很大进展。此前，帕什科沃口岸承担了经犹太自治州口岸发运的近50%外贸货物周转量。现在随着奥布卢奇耶区及全州工业的发展，潜在客户非常多，这里是将大量货物运往中国的最短途径。2012年6月以来，俄方帕什科沃口岸一直处于闭关状态，影响了双方的经贸往来、人员交流，双方交往的成本加大。犹太自治州政府向俄交通部提议改建帕什科沃国际客货运输口岸，根据改建方案将建设双向四车道的货运通道和有配套基础设施的客运通道。俄方将通过该口岸向中国出口矿业产品、锯材、食品等商品，进口机械设备，预计口岸改建后旅客流量也将显著增加。

3. 经贸交流与合作

为进一步促进中俄双方在投资领域的合作，2018—2019年，犹太自治州经济部门及企业同中国相关省市政府及企业进行了一系列交流：

2018年1月18日，伊春市人民政府代表团对犹太自治州进行了商务访问。访问期间，自治州州长与伊春市市长就经济、文化旅游等领域的双边合作举行了工作会议。

2018年2月6日，黑龙江省鹤岗市代表在比罗比詹市市长办公室参与下，在比罗比詹举行了"中国投资者日"圆桌会议。

2018年3月8日，犹太自治州第一副总理与"春天"农业园区负责人举行工作会议，讨论该地区人参种植和初级加工项目的实施情况。

2018年8月，犹太自治州经济部副部长率代表团访问哈尔滨。访问期间，代表团与黑龙江省人民政府举行了会谈，双方讨论了下列宁斯科耶（犹太自治州）至同江市（中国）横跨黑龙江的铁路桥启用后货物运输前景及协作问题。

2018 年 10 月，中国驻哈巴罗夫斯克总领事馆代表团对犹太自治州进行了正式访问，代表团与自治州领导人就中俄经贸合作举行了工作会议，并考察了比罗比詹金属制品有限责任公司等中资企业。

2019 年 3 月 7 日，犹太自治州政府代表与国际大型控股集团有限责任公司中坤国际有限公司（北京）的代表讨论了物流、国际贸易和金融领域的互利合作问题。

2019 年 4 月 1 日，由自治州州长和俄罗斯联邦议会代表组成的犹太自治州代表团访问了哈尔滨、上海、辽宁和北京。在访问期间，就在犹太自治州创建"中俄农业之家"，在斯米多维奇区加工生产农产品以及强化沟通协调，推动"中俄粮食走廊"项目早日落地见效进行了交流。

2019 年 5 月 15 日，犹太自治州州长视察比罗比詹钢结构有限责任公司，并会见了中俄双方的工厂董事和管理人员，讨论了该企业实施的发展计划。

2019 年 6 月 13 日至 19 日，由自治州领导率领的犹太自治州政府代表团访问同江及哈尔滨市，并参加了第六届俄中世博会和第 30 届哈尔滨国际经济贸易博览会。自治州政府机构和企业的代表参加了俄罗斯和中国中小企业论坛，其主题成为俄中贸易的重点。作为活动商业计划的一部分，自治州负责人与黑龙江省省长举行会谈，就犹太自治州贸易和投资潜力做了介绍。

4. 文化及旅游交流与合作

在文化交流和旅游方面，得益于 2018 年和 2019 年中俄地方合作交流年的推动，双方在该领域的合作加速推进。

2018 年 7 月 27 日至 31 日，比罗比詹市文化艺术代表团参加了在鹤岗市举行的"中俄犹太文化精品鉴赏节"，作为中俄文化旅游交流活动的一部分，代表团参观了鹤岗市的少年中心、艺术学校和美术馆。

2018 年 10 月 7 日至 10 日，犹太自治州比罗比詹市体育代表团参加了在伊春举行的国际田径马拉松赛。

2018 年 12 月 18 日至 21 日，中国黑龙江省伊春市和鹤岗市冰雕艺术家赴比罗比詹市参加第二届"水晶烛台"国际冰雕艺术节。

2019年5月，在犹太自治州现代艺术博物馆展览大厅，俄罗斯艺术家协会主席出席了由中俄美术学院举办的国际绘画展开幕式，这次画展在犹太自治州展出两周，吸引了诸多中俄专业艺术家参与。

2019年6月22日，中俄文化旅游推介会在黑龙江省黑河市召开，犹太自治州文化局局长出席了中俄文化合作小组委员会会议。

2019年6月25日，比罗比詹小提琴演奏团和木偶剧院参加了在黑龙江省鹤岗举办的第二届中俄犹太文化节。

2019年6月28日至7月1日，来自伊春和鹤岗的艺术代表团参加了比罗比詹市举行的国际艺术节"我们在这里"的相关活动。

对华旅游合作方面，犹太自治州位于与东北亚接壤地带，所以在定位上着力发展与中国的旅游。俄罗斯居民很好地享用中国东部及南部海域的疗养环境，以佳木斯、萝北、鹤岗、同江为短线，甚至辐射到北京、上海、哈尔滨这样的大城市。对于中国旅游者来说，来俄旅行观光的主要目的地是犹太自治州首府比罗比詹市，进而延伸到俄罗斯中亚区域的大中城市。犹太自治州有4家旅游公司在中俄关于互免签证协议框架内开展对华旅游。2019年上半年，该地区的旅游公司在入境旅游方面接待中国游客数量为1488人，比2018年同期增长15.3%，自治州居民赴中国游客人数为412人，同比增长为10.5%。2019年6月，自治州政府代表团赴哈尔滨参加第三十届经贸博览会，介绍了自治州的旅游潜力，并向游客提供了关于比罗比詹市的旅游小册子。

二 其他国际交流合作

除与中国东北地区省市有着密切的人文经贸合作交流外，犹太自治州与日本、韩国、以色列等国家有着广泛的合作交流，先后与以色列的玛洛特—塔尔希哈以及拿撒勒—伊利特、美国俄勒冈州的比弗顿、日本的新潟市、韩国的伊重部结为友好城市。

2018年5月3日至20日，应以色列的玛洛特—塔尔希哈以及拿撒勒—伊利特市市长的邀请，比罗比詹市代表团对这些城市进行了正式访问。在玛洛特—塔尔希哈市，代表团考察了用于医疗和工业用途的电子部件生产企业以及专业化妆品生产厂。在拿撒勒—伊利特市，比罗比詹市代表团与拿撒勒—伊利特市市长举行了工作会议，参观 Ziporti 高科技技术园，并与 LR Groap 股份公司管理层就在犹太自治州兴建谷仓项目投资进行了会谈。

2018 年 6 月 3 日，犹太自治州州长与法国驻俄罗斯联邦大使馆代表团举行了工作会议，就双边经贸文化合作进行磋商。

2018 年 8 月 29 日，日本经贸代表团访问犹太自治州，代表团与犹太自治州第一副主席就经贸投资合作及文化交流等议题举行工作会议。

2019 年 3 月 18 日，犹太自治州政府与日本商业机构 " Fuji Seishakusho" "Akita Chuo Bando So" 和 " Business Coordination Japan" 的代表就引进日本技术设备，利用废木材和其他天然材料生产木颗粒进行合作探讨。

第七章

社会保障体系与生活方式

社会保障体系的作用在于保障全社会成员基本生存与生活需要，特别是保障公民在年老、疾病、伤残、失业、生育、死亡、遭遇灾害、面临生活困难时的特殊需要，由国家通过国民收入分配和再分配实现；由社会福利、社会保险、社会救助、社会优抚和安置等各项不同性质、作用和形式的社会保障制度构成整个社会保障体系。俄罗斯联邦及其地方政府根据社会发展形势有针对性地制定出较为完善的社会保障法律规范，保证社会保障制度真正得到贯彻实施。俄罗斯社会保障体系在一定程度上影响着居民生活方式，包括劳动生活、消费生活和精神生活等领域的活动方式。

第一节 社会保障体系

自20世纪90年代起，俄联邦政府就开始进行社会保障制度改革，其社会保障制度基本上继承了苏联国家保险型社保制度的大框架，社会保障制度改革的基本思路是从全社会普遍福利制度转为向贫困群体提供最低限度社会保障。2001年1月1日，俄罗斯将企业缴纳的各项社会保障费合并为统一社会税，作为国家预算外社会保障基金，税额为企业职工工资总额的6%，资金主要划拨为养老保险基金、医疗保险基金和社会保险基金。

犹太自治州居民的社会保障资金主要来自联邦预算和地区预算，2018年底，犹太自治州立法议会特别会议以多数票通过2019—2020年度财政预算，自治州 2019 年财务规划文件中财政收入预计 102.47 亿卢布，财政支出约 103.2 亿卢布，赤字 7300 万卢布。与历年财政预算支出一样，大部分政府支出将用于教育、社会政策扶持和医疗保健支出等社会公共领域。通过财政支持，自治州建立起较为完善的社会保障体系，包括社会医疗、社会救助、社会福利、优抚安置和社会互助等方面，其中公共卫生具体面向重大疾病尤其是传染病（如结核、艾滋病、SARS 等）的预防、监控和治疗，对药品使用及公共环境卫生监管，相关卫生宣传、健康教育、免疫接种等；社会福利是社会保障的最高层次，目的是增进群众福利，改善居民物质文化生活，其资金的重要来源是国家预算和社会群体缴纳。

一　社会保障制度及目标

犹太自治州居民社会保障制度所依据的基本法律文件包括《俄罗斯强制养老保险法》（2001 年 12 月）、《俄罗斯联邦劳动退休金法》（2001 年 12 月 17 日）、《俄罗斯联邦国家退休保障法》（2001 年 12 月 15 日）、《俄罗斯联邦强制养老保险个人登记法》（2009 年 4 月 1 日）、《俄罗斯联邦劳动退休金积累部分金融投资法》（2002 年 7 月 24 日）等，主要体现在失业保险制度、养老保险制度、医疗保险制度、住房保障制度、福利救济制度等几方面：

1. 失业保险制度

俄罗斯联邦的失业救济金主要由国家、社会、企业、个人等主体共同缴费组成，根据各主体经济实力按比例缴费。失业基金由俄罗斯中央银行进行管理并参与市场运作，确保基金保值增值。失业保险制度的救助群体为 16—59 岁的男性公民、16—54 岁的女性公民、非自愿失业劳动者。受犹太自治州经济发展水平影响，虽然自治州居民的失业率呈下降趋势，但整体情况始终不太乐观，2009—2012 年期间，犹太自治州居民就业率在远东联邦区排名最低。截至 2012 年 12 月，自治州境内登记失业人数为 1021 人，其中因裁员被解雇占 18.5%，16—29 岁青年占 28.1%，妇女占 53.7%，农村地区劳动者占 45.7%；重新获得工作的平均时间为 3.5 个月，其中年轻劳动力的平均指标为 2.9 个月，妇女平均失业时间为

3.8 个月，残疾人平均失业时间为 3.6 个月，部分低学历或老年失业者（25.6%）需要 1 年时间甚至更久。2013 年，犹太自治州先后实施《2011—2015 年促进犹太自治州居民就业规划》（2010 年 10 月 26 日第 432 - PP 号令）和《2013—2015 年促进犹太自治州残疾者就业规划》（2013 年 1 月 30 日第 22 - PP 号决议），规划总体目标是使犹太自治州的劳动力市场保持健康稳定发展，并最终将登记失业率控制在从事经济活动人口总数的 1.0%—1.4%。[①] 2017 年，犹太自治州失业人数为 6900 人（从事经济活动人口为 8.26 万人），失业率达到 8.3%（见表 7.1），远超远东联邦区和全俄平均水平（分别为 5.6% 和 5.2%），接近国际劳工组织定义的失业警戒线。2018 年夏季，犹太自治州在名义工资上涨背景下，失业人口总数有所下降（5600 人），全年失业率下降至 7%。

对于失业救济金发放，犹太自治州根据俄联邦相关法规明确规定失业者（失业半年）至少工作（全日制或非全日制）26 周才有可能领取失业救济金，救济金在劳动者失业的第三个月开始发放，支付对象需要满足以下任何一种条件，包括首次失业的劳动者；雇主违反集体或单独雇用合同；妨碍劳资关系延续的特殊情况（军事行动、自然灾害、流行病和其他紧急情况）；解雇的女性工作者有 14 岁以下儿童；有一级残疾者或患病家庭成员的护理需求的劳动者。失业救济金一般按 12 个月的时长进行发放，年纪大的失业者最多按 24 个月的时长进行发放。

2019 年，犹太自治州失业救济金规模大幅提升近 1 倍，失业金最低额度为 1500 卢布，最高为 8000 卢布，失业救济金获得数额取决于前一个工作地点的工资水平和服务时间。2019 年 1 月 1 日之前确认为失业的公民，福利将按照先前适用的顺序支付（联邦法律 2018 年 10 月 10 日 N350 - Φ3）。需要指出的是，犹太自治州的失业救济政策侧重于救助老年失业者，按照规定对于临近退休不足 5 年的失业者，最高可获得 11280 卢布的失业救济福利；如获得就业服务部门批准，失业的养老金领取者可以提前两年领取养老金。

除对失业者进行救济外，犹太自治州失业保障的另一个重要作用在

---

① 犹太自治州失业状况，https://studbooks.net/1774167/ekonomika/zaklyuchenie。

于促进就业,为此自治州设立了各种技能培训机构,规定不参加培训不能获取就业补贴。这主要是让失业者尽快适应市场环境,学会谋生技能,推动失业人口尽快再就业,杜绝"养懒汉"情况的发生。政府也会向部分失业者以助学金的名义发放失业救济金,以便于失业者参与专业技能培训,推动其再就业。

2. 养老保险制度

犹太自治州的养老保险金来源主要依靠联邦财政预算和养老保险缴费。俄罗斯于1990年和1991年通过了《国家养老金法案》和《俄罗斯联邦退休养老基金法》,这些法律法规的颁布为俄罗斯养老保险制度改革启动奠定了法律基础。养老保险基金来源由苏联时期完全依赖国家和企业模式逐步过渡到与市场经济原则相适应,由国家、企业和个人共同负担的养老保险制度,各自的责任主体按比例上缴保险费用。2002年1月1日,俄罗斯开始在全国实施新的养老制度改革,从以前的养老社会统筹过渡到社会统筹和养老保险相结合。依据《2010年前俄罗斯联邦国家发展战略》,俄罗斯将养老金分割为3个"支柱"组成部分,即基本养老金、养老保险金和养老储蓄金。基本养老金由联邦预算承担并统一发放给退休人员,使其免于贫困。基本养老金与工龄及退休前的工资收入无关。养老保险金来源于企业的养老保险缴费,养老保险缴费存入每位职工在国家预算外养老基金的个人账户,职工退休后领取的养老金总额取决于个人账户上资金的多少。养老储蓄金同样来源于企业的养老保险缴费,但养老储蓄金可以进行投资,以扩大基金收益,实现保值增值。①

为进一步促进保险事业的发展,2010年俄罗斯采取了一系列促进养老保险制度完善的措施:取消统一社会税,重新开征社会保障税;提高养老保险费率,减少养老保险赤字;将基本养老金并入养老保险金,并与工作年限挂钩;取消不同类型投保人之间不公平的差别保险费率;取消累退税率,确定最高收费限额;给未达到地区最低生活保障水平的贫困老龄人口提供额外物质补助;重新核算养老金,弥补2002年前退休,

---

① 俄罗斯养老保障制度,http://news.ifeng.com/shendu/xxsb/detail_2013_07/01/26964323_0.shtml。

特别是1991年苏联时期退休人员因市场经济改革遭受的损失；提高养老金发放标准。

通过上述改革，2010年后的俄罗斯养老金发放金额得以大幅度提高，比2007年提高了2.4倍，平均养老金与平均工资间的比率则由2007年的22.9%提高到2010年的35.4%。同样，犹太自治州养老金发放金额也大幅提高，2010年自治州平均养老金为7325卢布，比2007年提高2.06倍，但仍然明显低于全俄平均指数，2018年犹太自治州居民平均养老金达到13729卢布（2018年，州平均工资约为39000卢布）（见表7.1）。

表7.1　　　　　　　　犹太自治州养老及失业数据

	2006年	2007年	2010年	2015年	2016年	2017年	2018年
失业率（%）	9.2	9.0	9.4	7.9	8.2	8.3	7.0
失业人数（千人）	8.6	8.5	8.2	6.7	6.9	6.9	5.6
养老金领取者人数（千人）	44366	44406	46579	47418	47417	47252	47028
平均月养老金（卢布）	2716	3549	7325	11757	12109	12967	13729

资料来源：根据犹太自治州官方网站数据整理。

2019年，为进一步提高退休居民的养老福利，犹太自治州制定并审议通过新的养老保障办法，该办法根据俄联邦养老金最新计算方法提升了2020年自治州养老金领取者的社会保障水平，最低养老金达到11709卢布，比2019年增加2543卢布（27.7%）。根据犹太自治州政府劳动行政管理部门数据，到2020年，犹太自治州将有9485名居民获得养老金补助，自治州将从地区预算中拨款近8500万卢布。

3. 医疗保险（保健）制度

俄罗斯医疗保险具有社会保险的强制性、互济性、社会性等基本特征，医疗保险资金由用人单位和个人共同缴纳，医疗保险费由医疗保险机构支付，以解决劳动者因患病或受伤害带来的医疗负担，与养老保险的社会经济意义相同，具体做法相似。在转轨时期俄罗斯基本上形成了以国营为基础、私人为辅，以创办强制型医保为最终目标的制度。1993年，俄罗斯通过法案设立强制医疗保险基金和医疗保险公司，向符合要求的单位和个人发放强制性医疗保险卡。强制医疗保险基金由国家、企业及个人三方共同缴纳，所缴纳的基金主要由各地的非营利自治机构——强制医疗保险基金会管理，并负责收集、支付患者的相关费用；医疗保险公司主要负责承接医疗保险业务，且不受政府部门权力制约；强制性医保卡由医保基金会和相关医保机构颁发，患者可携本人医保卡就医。① 俄罗斯医保资金由强制缴费和自愿缴费组成，在强制医疗保险范围内享受无条件的免费医疗服务。国家会定期发布免费医疗规划，对免费治疗的病症、医疗服务标准、类型和服务方式都进行详细规定。免费医疗规划所产生的费用全部由政府负担，每年政府医疗支出约占全部支出的10%，该项数字还在逐年增长。②

犹太自治州医疗保健资金来源包括该地区的综合预算、强制性医疗保险资金、联邦预算分配资金、有偿服务等资金来源。2017年，联邦预算资金在该地区医疗保健支出结构中所占份额为1.8%（2016年，4.6%），区域强制健康保险基金占57.6%（2016年，56%），区域综合预算资金占40.6%（2016年，39.4%）。犹太自治州每年都制定并批准一项为当地公民提供免费医疗服务的社会医疗保障方案。根据"2017年犹太自治州居民免费医疗服务保障方案"（2017，№531-ПП），2017年犹太自治州社会免费医疗核定支出为28.27685亿卢布，与2016年相比增加了1226.37万卢布（4.5%），其中强制医疗保险资金份额为78.9%，而地区预算拨款份额为21.1%。与2016年相比，2017年自治州社会医疗保障方案人均筹资标准增加了432.5卢布（2.5%），总计达到18051卢布，其中包括12898.34卢布的强制性医疗保险和5152.66卢布区域预算账户。犹太自治州已确立的强制性医疗保险基金的人均筹资准则包括医疗机构的劳动报酬支出、应计劳动报酬支出、公用事业及维修服务支出、增加固定资产成本和库存支出。

4. 住房保障制度

住房保障制度在苏联解体之前的政治与社会发展语境中是不存在的，

---

① 童伟、庄岩：《俄罗斯医疗保障制度的启示与借鉴》，《中央财经大学学报》2014年第10期。
② 丁奕宁、魏云娜：《俄罗斯社会保障体系发展的研究与启示》，《当代经济》2019年第2期。

因为城市居民住房基本是由政府或单位解决的，当时采取的是全民福利住房制度，往往根据家庭结构、年龄、工龄、职位、已占用住房状况等因素进行分配，多数民众居住公有住房只需缴纳少量租金。苏联解体后，俄罗斯实行住房无偿私有化政策，房地产市场逐渐形成，居民住房社会保障制度随之完善。犹太自治州是俄罗斯联邦居民收入最低地区之一，低收入居民占比较大（2017年，26%），而住房保障资金又相对有限，因此自治州政府将矛盾突出的城市作为主要保障对象，同时对符合条件的青年家庭、残疾军人和从事特殊工作的公务员给予补助。从保障措施看，主要有货币补贴、利率优惠和发放住房券等。

2018年，犹太自治州住房总面积约为2931321平方米，楼房数量总计1711栋（40550套公寓），其中40年以上房龄的楼房1071栋，占总数的62.5%（见表7.2），相当一部分房屋亟待维修或已经不适合长期居住。2017年，犹太自治州申请住房贷款或住房条件改善的家庭数量为2950户，有371户家庭改善了住房条件，仅占有需家庭的12.5%。

表7.2 犹太自治州住房数据 单位：平方米

建设年份	总面积	楼房数量（栋）	公寓数量（套）	生活区	非生活区
2010—2019年	318349.90	111	4515	228540.61	42150.20
2000—2009年	179152.92	52	1598	133273.02	26332.60
1990—1999年	318431.02	154	3299	257158.90	17250.62
1980—1989年	774661.54	323	11143	610045.76	50496.95
1970—1979年	753688.13	323	11842	583294.11	55968.16
1960—1969年	422206.53	347	6016	325616.16	46556.07
1950—1959年	75857.60	175	781	58591.90	11160.90
1940—1949年	9256.30	20	139	8017.10	221.20
1930—1939年	69999.40	153	1123	61490.50	1572.30
1920—1929年	2557.00	13	41	2501.50	—
1910—1919年	7160.60	40	53	7077.60	
合计	2931320.94	1711	40550	2275607.16	251709

资料来源：http://dom.mingkh.ru/evreyskaya-avtonomnaya-oblast/。

俄罗斯在制定住房保障制度时首先强调加强对青年家庭等特殊群体的住房保障。① "青年家庭住房保障计划"为青年家庭提供住房按揭贷款首付款或者自建住房费用等。犹太自治州的住房保障计划主要目标是改善青年家庭的生活水平,保障青年家庭基本住房条件,促进该地区的生育,为本地区年轻人创造更具吸引力的生活条件(以减少人口向外迁移)。补助金额根据住房面积、家庭成员人数以及市政机构确定的每平方米住房标准价格等确定。补助方式包括货币补贴和优惠利率贷款等。政府尤其是地方政府参与程度较高。对于没有孩子的家庭,政府补助不低于住房均价的35%,金融机构提供资金近45%,家庭出资20%。对于有孩子的家庭,政府补助不低于住房均价的40%。在小孩出生时,青年家庭可另外获得不少于5%的附加补助。政府补助通过银行转账抵扣家庭购买或建设住房的费用以及住房债务,该项补助不得用于其他领域。同时,各地在总体框架下根据地区特点制定实施细则。2006年以来,犹太自治州一直在积极实施"青年家庭住房保障计划"。目前,自治州的"青年家庭住房保障计划"是根据2006年11月9日颁布的《关于资助青年家庭在犹太自治州境内购买住房》的第7-OZ号法令实施的。根据犹太自治州确定的方式和条件,参与向青年家庭提供住房福利的城市(地区)负责提供补助的5%,其余95%从自治州地区预算中拨款。2017年,地区联邦预算用于向青年家庭提供的住房社会补助达到174万卢布。

二是通过农村社会发展专项规划解决农村住房问题。自2003年以来,俄罗斯政府开始实施农村社会发展专项规划。俄罗斯联邦总统弗拉基米尔·普京曾在联邦议会讲话中指出,俄罗斯的农工综合体已经成为具有全球竞争力的产业,随着农工综合体的发展,农村地区的居民生活和基础设施也应有所改善。作为犹太自治州农村地区可持续发展子计划的一部分,犹太自治州政府向需要改善住房条件的村民提供社会援助,其中包括联邦和自治州提供的资金。2019年,俄罗斯联邦和自治州地区预算为改善农村家庭住房拨款910万卢布,同比增长11%(2018年,820万

---

① 犹太自治州政府将"青年家庭"定义为夫妻双方至少有1人年龄小于35岁以及家长不超过35岁的单亲家庭。

卢布）。2006—2018 年，根据俄罗斯农村社会发展专项规划和犹太自治州农村地区可持续发展规划，犹太自治州政府为当地农村家庭提供了 177 份住房改善补助。

三是为特殊照顾人群提供社会住房或优先改善住房条件。这类人是为国家承担法定义务的特定人群，包括从危房和从 20 世纪五六十年代建造的预制板结构五层楼（俗称"赫鲁晓夫式筒子楼"）中搬迁出来的居民；在自然灾害、技术和其他事故中丧失居所的居民；法律规定有权获得住房补贴的公民，如现职军人和退役军人，在特定强力部门和护法部门工作的人员及退役人员；从北极地区或者类似地区迁移出来的居民；核辐射事故及灾害救援人员及受害者，卫国战争参战人员，孤儿院中的孤儿等。政府通常给这类人群提供记名有价的《国家住房证书》，持证者可在常住地获得一套标准住房或相当于标准住房成本的购房补贴。房款或补贴由联邦预算支付，房价以当地市场平均价计，住房标准或补贴面积为每一家庭成员 18 平方米。①

5. 母婴福利及救济制度

除了失业、养老、医疗保险制度之外，为保障人民的基本生存权益，维护社会稳定和谐发展，犹太自治州政府为经济条件差及行动不便者组成的弱势群体建立了各种福利设施和免费性质的地区性服务机构，主要包括专为老年人、残疾人及孤儿建立的各种类型的福利院，专为孤寡老人建立的住房等。政府还为母婴专门发放各种形式的救济费及补助费，如困难家庭子女补助费、生育补助费、儿童津贴等。

为鼓励生育和补贴多子女家庭生活，犹太自治州设有俄罗斯联邦和自治州孕产妇（家庭）生育补助制度，其经济援助的主要目标是提高犹太自治州出生率以及儿童、父母或监护人的可持续福利。有儿童的家庭可以获得联邦财政和地区财政支持。因此，该类型社会福利分为两种类型：联邦儿童抚育津贴是国家预算分配给俄罗斯联邦所有儿童的定额财政援助；区域儿童抚育津贴是从地方预算中支出的财政援助款，其数额取决于地方政府政策及税收状况。

---

① 高际香：《俄罗斯住房保障的政策与措施》，《国际资料信息》2011 年第 8 期。

1. 婴儿抚育补助

根据俄罗斯联邦法律，生育头胎新生儿的家庭每月将获得育儿津贴直至婴儿1.5岁。截至2019年11月1日，犹太自治州自2018年1月1日起生下首个孩子的689个家庭每月得到的育儿津贴为13593.51卢布。2019年犹太自治州为此措施分配的联邦预算资金总额超过7150万卢布。这笔款项是根据2017年12月28日联邦法律第418-ФЗ号"关于每月向有子女家庭支付款项"规划法令提供的。首个孩子的出生（领养）家庭领取每月育儿津贴是有限制规定的，其家庭人均收入不超过该地区健全人口生活费用的1.5倍（20374.08卢布）。① 根据联邦法律，公民有权在孩子出生后至1.5岁的任何时间申请该项补助。此外，如果该家庭生育二胎，则每月可以从生育基金继续获得补助。援助金额将在每年2月1日根据年度福利指数进行计算，并考虑前一年的实际通货膨胀，补助包括一次性补助和月度补助（见表7.3、7.4）。犹太自治州的补助对象涉及各类型婴儿、孕妇，补助金额参考了全俄相关补助金额，考虑到犹太自治州所处地理位置气候的特殊性，在计算该州社会救助金额时系数提升为1.2，适用于犹太自治州整个地区。

表7.3　　　　居民育儿社会补助（一次性补助）　　　　单位：卢布

社会救助对象	补助金额	
	俄罗斯联邦	全俄系数1.2
生育补助	453026	
12周内登记的孕妇	655	786
生育（领养）后的家庭	17479	20975
应征士兵配偶	27680	33217
1.5岁以下儿童	4512（头胎，失业）	5414.4
	6554.89（二、三胎）	7865.86

---

① Информация о предоставлении на территории области о предоставлении на территории области единовременной денежной выплаты в связи с рождением (усыновлением) первого ребенка за 10 месяцев 2019 года, http://www.eao.ru/press-tsentr/sotsialnaya-zashchita/informatsiya-o-predostavlenii-na-territorii-oblasti-o-predostavlenii-na-territorii-oblasti-102019/.

续表

社会救助对象	补助金额	
	俄罗斯联邦	全俄系数1.2
2018年起，头胎或二胎婴儿出生后1.5年的财政援助	儿童最低生活保障指标	14369.66
3岁以下儿童（父母服兵役）	11863.27	14235.92

资料来源：Льготы и выплаты семьям с детьми в Еврейской АО。

表7.4　　　月度育儿社会补助数额　　　单位：卢布

社会救助对象类别	补助金额	
	俄罗斯联邦	全俄系数1.2
1.5岁以下儿童	4512（头胎，失业）	5414.4
	6554.89（二、三胎）	7865.86
2018年起，头胎或二胎婴儿出生后1.5年的财政援助金额	儿童最低保障标准	14369.66
3岁以下儿童（父亲服兵役）	11863.27	14235.92

资料来源：Льготы и выплаты семьям с детьми в Еврейской АО。

需要指出的是，犹太自治州居民的育儿补助金额是随着经济形势不断变化的。2019年9月，犹太自治州通过了对相关区域立法的重大修改，涉及自治州居民首个孩子出生（领养）的一次性现金补助金额。根据修正案，现在不仅在犹太自治州永久注册的公民有权获得补助，而且在该地区临时注册的公民也有权获得一次性育儿补助。修正案还更改申请付款的期限，较早的申请补助期限为6个月，现在公民有权在1年内提出申请。在犹太自治州境内，自2019年1月1日后生下首个孩子的316个家庭获得了这笔一次性补助。2019年一次性现金支付额为27187卢布，犹太自治州为此分配的联邦预算资金总额超过850万卢布，共有418个家庭申请了这项抚养补助，占第一个孩子出生总数（440人）的95%。

2. 母亲基金补助

犹太自治州对生育第二个及第三个孩子的家庭提供资金支持的俄联邦社会项目称为母亲基金。自2007年以来犹太自治州一直提供这种联邦援助,2007—2017年间犹太自治州总计有11000多个家庭申请了联邦母亲基金补助,仅在2017年犹太自治州就提供了848份联邦生育基金补助款。

该项补助款不仅父母可以领取,领养第二个及第三个孩子的监护人也可以领取。特殊情况下(妇女死亡或被依法剥夺抚养权利等),该项权利可以转移给婴幼儿父亲或收养者。按照相关法律规定,不论此前孩子何时出生(此时可能已经成年),后续生育(收养)第三个孩子的女性都能够获得家庭生育抚养基金;补助只针对俄罗斯公民婴幼儿;自治州生育补助证书持有者可以在儿童出生或领养满三年后使用该资金。孕产妇(家庭)需要提供以下文件和信息:

——申请人身份证明文件,居住地(逗留)或实际居住地;

——确认授权法定代表人的文件(在委托法定代表人申请的情况下);

——确认儿童俄罗斯联邦公民身份的文件,其中涉及出生(领养)证明;

——如父亲(收养人)提出申请,提供妇女死亡或其父母被剥夺权利的文件;

——为有效监管基金使用,需向管理中心提交资金支出明细。

根据第965-O3号法令第5、6、7条规定,生育补助基金使用范围包括改善生活条件(住房);儿童教育支出;儿童医疗支出;个人康复计划,残疾儿童用于社会适应和融入社会所需的商品和服务;最受欢迎的使用领域是改善住房条件,每年有超过80%的相关申请。

3. 儿童津贴

这种类型的社会救助分配给特定类别的16岁以下儿童,如果青少年继续在学校学习直至18岁,津贴补助将持续到教育过程结束,津贴对象是低收入的犹太自治州家庭。儿童津贴补助对象包括按规定月收入低于最低工资标准(14369.66卢布/月)的公民家庭(不包括大家庭);多子女居民月收入低于两人最低工资总和(27553.54卢布/月),具体救助金额及救助期限规定涉及不同的补助系数及权益变化(见表7.5)。

表 7.5　　　　　　　　　　犹太自治州儿童津贴规定

补助金额（最低工作标准×系数，卢布）	1. 8 系数——适用于无父母支付抚养费儿童； 2. 4 系数——适用于服兵役的单亲或配偶； 2. 4 系数——适用于未上普通学校或在家中接受教育的儿童
提供证明文件	收入来源证明（工资，退休金，就业中心补贴，奖学金）； 工作记录或其副本； 学校提供的证明资料（适用于 16—18 岁青少年）
补助提供期限	随着权益变化，需要每年重新注册

资料来源：根据犹太自治州母婴社会福利网站 MATKAPITAL 相关资料整理。

4. 就读父母补助

犹太自治州为双亲就读的家庭提供区域性资金援助，此规定由 2004 年的第 419 号犹太自治州法规确定，该计划对象包括就读的单亲。符合条件的父母可以通过犹太自治州全日制职业学校或高等教育机构获得经济援助。就读生家庭中每个孩子有两种获得津贴的方式，一次性津贴（10000 卢布）给予出生（收养）后的儿童，不考虑其他经济支持；月度津贴（1500 卢布）在头胎和后续孩子出生后支付，直到父亲或母亲完成学业为止。就读父母需要提供的证明文件包括教育机构颁发的有关全日制学习证明；申请人身份证明；奖学金金额证明；孩子出生证明。犹太自治州相关福利领取期限为一次性津贴在孩子出生后 6 个月内；月度津贴为父母就读学习期间。

5. 寄养家庭补助

寄养家庭以及法定监护人有权获得犹太自治州区域预算的财政补助，用于补贴未满 18 岁的孤儿（父母死亡或丧失父母权利）。2004 年 4 月 20 日 920 - OZ 号法规以及 2010 年 12 月 22 日的 876 - OZ 号法规规定了相关内容，其中补助金额取决于地域系数；如果监护人是根据父母的意愿选择的，则不支付津贴；如果孤儿需要全日制学习，则其支付期限可延长至 23 岁；由托管服务机构审议决定为每个符合规定的孩子提供经济援助。月度补助金额为 4959 卢布，收养子女的家庭以及法定监护人需要提供一揽子必要文件，包括护照、监护或寄养证明文件、教育机构的证明、父母死亡证明或剥夺父母权利判决，领取期限是养父母/监护人获得合法权利后。除此之外，监护人或养父母还可获得一次性补助（3482卢布），对于第二个及以后收养的孩子，该补助金额减少15%—20%；收养家庭购买住房和支付住房贷款时获得部分退款；每5年购买家具获得津贴10000卢布；领养3个或3个以上孩子时，自治州将根据大家庭计划提供福利。

6. 居民免费医疗保障

俄罗斯现有的免费医疗体系是沿袭苏联时期的做法。苏联时期，免费医疗服务主要是国家预算拨款；苏联解体后，俄罗斯沿袭了免费医疗的传统，2013年俄罗斯联邦政府制定政策保证俄罗斯公民在俄罗斯联邦境内能够享受免费医疗服务（不包括购药费用），而且医疗服务项目每年都会增加，不过由于经济实力有限，资金主要来源改为医疗保险基金。根据2005年12月修订税典，自2006年1月1日起，在职人员法定医疗保险费率为工资总额的3.1%，其中1.1%纳入法定医疗保险联邦基金，2.0%纳入法定医疗保险地区基金。《俄联邦2020年前医疗体系发展构想草案》指出，未来俄罗斯医疗体系的发展方向包括使国家免费医疗服务落到实处、提高居民药品保障水平、提高医疗工作者技能水平等。

目前，犹太自治州正在执行的是2018—2020年犹太自治州境内俄罗斯联邦公民免费医疗保障方案（以下简称自治州保障方案），该方案是根据俄罗斯联邦政府2017年12月8日第1492号决议《关于2018—2020年国家免费医疗保障方案》规划的。①根据犹太自治州人口性别和年龄构成特征、人口发病水平和结构，考虑到犹太自治州的气候和地理特征、医疗机构的交通便利性、医疗服务程序及医疗标准，自治州保障方案制定免费医疗服务的疾病状况清单；免费医疗服务的公民类别；医疗保健财务费用的地域标准；医疗费率结构以及支付方式。主要内容如下：

（1）免费医疗保障的种类、形式和条件

在自治州保障方案的框架内，犹太自治州居民除享受临床治疗提供

---

① Программа государственных гарантий бесплатного оказания гражданам медицинской помощи. http://www.eao.ru/isp-vlast/upravlenie-zdravookhraneniya-pravitelstva/programma-gosudarstvennykh-garantiy-besplatnogo-okazaniya-grazhdanam-meditsinskoy-pomoshchi/。

的免费医疗援助外,还可以获得以下免费医疗保障:①

——初级保健,主要是预防、早期诊断和治疗常见疾病,包括初级产前保健;

——专业保健(二级保健),包括高科技医疗保健;

——救护车,包括救护车、二级和三级医院医疗援助;

——医疗机构提供的姑息医疗(缓和医疗、保守治疗)援助。

在自治州保障方案中,"医疗机构"所提供的是俄罗斯联邦法律规定的"俄罗斯联邦公民健康基础保障"和"俄罗斯联邦强制性健康保险"中的内容。

初级卫生保健是免费医疗体系的基础,包括预防和诊断疾病,医疗康复,孕检监测,健康生活方式和健康教育。在门诊和住院情况下,以计划内和紧急方式提供免费初级卫生保健,初级产前保健由受过中等医疗教育的医护人员、助产士和其他保健人员提供;初级保健由内科医生、儿科医生、全科医生和社区医生(家庭医生)负责提供。初级专业医疗机构援助由专业医生负责,提供专门的医疗服务,包括高科技医疗服务。

二级保健由专业医生免费提供,包括预防性住院、日间护理、诊断治疗(包括分娩和产后护理),在这方面,自治州保障方案建议采取一切必要措施,包括采取特别措施和先进医疗技术以及医疗补救措施进行专业保健。

高科技医疗保健是专业医疗保健的一部分,包括采用新的复杂和(或)独特的治疗方法,以及已证明具有有效性的资源密集型治疗方法,包括细胞技术、机器人技术、遗传工程治疗技术和方法。根据《2018—2020年国家免费医疗保障方案》批准的高科技医疗援助计划,作为专业医疗保健一部分的高科技医疗援助由医疗机构根据高科技医疗清单提供,清单包括治疗方法和资金来源,计划经俄罗斯联邦政府第1492号决议批准实施。

在需紧急治疗、事故、伤害、中毒和其他情况下,救护车以紧急形

---

① Территориальная программа государственных гарантий бесплатного оказания гражданам Российской Федерации в Еврейской автономной области медицинской помощи на 2018 год и на плановый период 2019 и 2020 годов, 2017, С3.

式向市民提供在医疗机构之外的紧急医疗服务；紧急救护用车由国家医疗保健系统免费专门提供，包括专门的救护车。提供紧急医疗护理时，如有必要将进行送院治疗，妇女怀孕、分娩和新生儿以及居民在危及生命的紧急情况和自然灾害中都有权得到紧急医疗服务。

截至2019年10月，在犹太自治州境内参与《2018—2020年国家免费医疗保障方案》的医疗机构有44家，其中有权在强制性医疗保险领域开展业务的医疗机构35家（见表7.6）。参与方案中的44家医疗机构覆盖全部免费医疗保险范围，包括一级医疗机构21家、二级医疗机构13家、三级医疗机构5家、特殊医疗部门5家。①

表7.6　参与实施犹太自治州保障方案和强制医疗保险的医疗机构

医疗机构名称	是否参与强制医疗保险	医疗等级
州立国家卫生预算机构"犹太自治州医院"	+	二级
州立国家卫生预算机构"犹太自治州儿童医院"	+	二级
州立国家卫生预算机构"牙科诊所"	+	一级
州立国家卫生预算机构"传染病医院"	+	二级
州立国家卫生预算机构"皮肤性病防治所"	+	二级
州立国家卫生预算机构"列宁区中心医院"	+	一级
州立国家卫生预算机构"十月区中心医院"	+	一级
州立国家卫生预算机构"热湖中心地区医院"	+	一级
州立国家卫生预算机构"尼古拉耶夫地区医院"	+	一级
州立国家卫生预算机构"斯米多维奇区中心医院"	+	一级
州立国家卫生预算机构"瓦尔德海姆地区中心医院"	+	一级
州立国家卫生预算机构"奥布卢奇耶区中心医院"	+	一级
妇产、微创手术和医疗康复区际中心（萨普斯有限公司）	+	二级
联邦公共卫生机构"俄罗斯联邦内政部犹太自治州医疗分部"	+	一级
州立国家卫生预算机构"肿瘤中心医院"	+	二级
教会医院"圣彼得医院"	+	一级

---

① 医院等级通用分类共有三级，分别为一级医院、二级医院和三级医院，医院的等级划分中数字级别越大，代表医院等级水平越高。

续表

医疗机构名称	是否参与强制医疗保险	医疗等级
医疗中心"塔菲诊断"（有限责任公司）	＋	一级
医疗诊断中心"塔菲诊断"（有限责任公司）	＋	一级
州立国家卫生预算机构"医疗急救站"	＋	一级
全俄卫生医疗组织"俄罗斯红十字会犹太自治州分院"	＋	一级
有限责任公司"肾病医学透析中心"	＋	二级
联邦国家预算科学机构哈巴罗夫斯克分院"远东呼吸生理学和病理学科学中心"——保护母亲和儿童研究所	＋	二级
"哈巴罗夫斯克医用X射线设备"有限责任公司	＋	一级
"哈巴罗夫斯克联合实验"有限责任公司比罗比詹分公司	＋	一级
联邦国家预算高等教育机构"远东国立医科大学"	＋	一级
联邦国家预算机构"联邦医疗生物署耳鼻喉临床中心"	＋	三级
俄罗斯铁路股份公司"道路临床医院"	＋	三级
莫斯科生态中心有限责任公司	＋	二级
州立国家卫生机构关"结核病诊所"	—	二级
州立国家预算卫生机构"精神病医院"	—	二级
州立国家卫生机构"艾滋病预防控制中心"	—	二级
州立国家预算卫生机构"法医检验局"	—	—
州立国家卫生机构"州动员储备医疗中心"	—	—
州立国家卫生机构"医疗信息和分析中心"	—	—
州立国家预算卫生机构"输血站"	—	—
州立国家卫生机构"专门孤儿院"	—	—
股份有限公司"乌苏里疗养院"	＋	二级
哈巴罗夫斯克地区国家医疗保健预算机构"哈巴罗夫斯克第10城市临床医院"	＋	三级
有限责任公司"医学诊断中心"	＋	一级
非政府医疗机构"俄罗斯铁路开放股份公司符拉迪沃斯托克站外科临床医院"	＋	三级
私人医疗机构"А. Я. 韦尔吉列斯"	＋	一级
有限责任公司"医生诊断中心"	＋	一级
有限责任公司"超级医生诊断中心"	＋	一级

资料来源：犹太自治州政府卫生部资料，Переченьмедицинских организаций, участвующих в реализации Территориальной программы, в том числе территориальной Программы ОМС。

(2) 免费医疗保障适用疾病

为居民可以明确了解可享受的免费医疗福利内容，保障方案列出了免费医疗的疾病和状况清单，犹太自治州居民主要可以享受 21 类疾病或状况的免费医疗服务，具体内容如下：

——传染病和寄生虫病；

——肿瘤；

——内分泌系统疾病；

——饮食失调和代谢失调；

——神经系统疾病；

——血液疾病，造血系统疾病；

——涉及免疫机制的疾病；

——眼科疾病；

——耳朵和乳突疾病；

——循环系统疾病；

——呼吸系统疾病；

——消化系统疾病，包括口腔、唾液腺和颌骨疾病（假牙除外）；

——泌尿生殖系统疾病；

——皮肤和皮下组织疾病；

——肌肉骨骼系统和结缔组织疾病；

——外伤、中毒和其他相关疾病；

——先天性畸形；

——染色体异常；

——孕娩、产后和流产；

——围产期胎儿中出现的个别情况；

——精神和行为障碍。

除上述疾病或状况外，根据俄罗斯联邦法律，某些类别的犹太自治州居民有权享受如下免费医疗服务：

——获得免费药品及特殊治疗，伟大卫国战争的参与者等功勋群体；

——预防性体检，某些成年人群体（18 岁及以上），包括在全日制教育机构学习的在职和非在职公民；

——与体育有关的体格检查，包括预防性未成年人体格检查；

——体检，生活困难的孤儿和儿童，以及在寄养家庭中监护（监护）的没有父母照管的孤儿和儿童，包括收养儿童；

——药房观察，患有社会重大疾病和对他人构成威胁的病患，以及患有慢性疾病、功能障碍和其他疾病的人；

——儿童发育障碍（产前）诊断，孕妇；

——新生儿筛查5种遗传和先天性疾病；

——听觉检查，周岁内新生婴儿。

（3）免费医疗保障资金

自治州保障方案的财政支持源自区域预算资金和强制性医疗保险资金。根据俄罗斯联邦医疗规划，犹太自治州国家免费医疗保障方案人均筹资标准（不包括联邦预算支出[①]）中的区域预算分配（每名居民）2018年为3435.09卢布，2019年为2909.32卢布，2020年为2909.32卢布；为免费医疗保障提供资金的强制医疗保险预算补助（每名被保险人）2018年为15599.47卢布，2019年为16169.65卢布，2020年为16815.59卢布，2019年同比增长3.65%。总体看，犹太自治州《国家免费医疗保障方案》年度总支出呈逐年上升趋势，2020年资金为33.50147亿卢布，比2018年增加1.213922亿卢布，增长3.76%。居民人均年度医疗筹资标准同样呈上升趋势，2020年人均年度医疗筹资标准为19724.91卢布，同2018年相比增长3.63%。

表7.7　　　　《2018—2020年国家免费医疗保障方案》费用

	区域预算资金	强制性医疗保险资金	资金总计
2018年			
合计（千卢布）	564099.5	2664655.3	3228754.8
人均（卢布）	3435.09	15599.47	19034.56
2019年			
合计（千卢布）	477759.2	2762051.60	3239810.8
人均（卢布）	2909.32	16169.65	19078.97

---

① 联邦预算拨款用于为某些特定类别的公民提供社会医疗援助，包括提供药品。

续表

	区域预算资金	强制性医疗保险资金	资金总计
2020 年			
合计（千卢布）	477759.2	2872387.80	3350147.0
人均（卢布）	2909.32	16815.59	19724.91

资料来源：Территориальная программа государственных гарантий бесплатного оказания гражданам Российской Федерации в Еврейской автономной области медицинской помощи на 2018 год и на плановый период 2019 и 2020 годов, 2017, С47。

在俄罗斯联邦其他联邦主体获得强制医疗保险的俄罗斯联邦公民在犹太自治州同样可以获得免费医疗救助，但医疗金额要根据俄罗斯联邦政府《2018—2020年国家免费医疗保障方案》（2017年12月8日第1492号决议）所规定的标准确定。

6. 社会保障规划总体指标

根据犹太自治州《2030年前社会经济发展战略》（以下简称《发展战略》），居民社会福利方面将实现的指标包括到2020年各种社会保障福利普及率提升至总人口的30%；自治州居民能够按时享受到社会保障服务，无须排队等候；2020年，残疾人社会公共设施可用性达到90%，2025年可用性达到100%。主要战略目标是减少贫困和社会不平等；提高社会福利，保障公民生活质量；提高社会援助和社会服务的实效性。社会保障体系在实施中必须满足现代社会生活需求，具有社会发展功能，为所有类别的居民建立负担得起的自我保障机制。为了实现居民社会保障战略目标，发展战略提出应该完成4项主要任务。首先是确保对自治州居民提供有针对性的社会保障，使处于困境的公民能够维持生活水平；为残疾人及获得俄联邦（犹太自治州）荣誉称号的居民提供适当救济，以消除他们所遭受的贫困。对低收入公民的社会保障救助主要通过提供其住房和公共事业服务费、国家儿童津贴、区域社会补助养恤金等方式实现，具体内容包括：

第一，通过提供补贴，改善对国家有贡献的公民的生活质量，提高文艺工作者、农业功勋劳动者中的低收入群体补贴；以现金形式以及住房和公用事业补助为老年居民提供服务；为生活和工作在农村地区的专业人员提供社会保障措施；为需要改善住房条件的卫国战争退伍军人提供住房。

第二，提高生活贫困线以下公民和残疾人的生活质量；为重新获得社会公民权利的居民提供社会援助；向被列入联邦登记册的卫国战争的参与者、残疾人和有残疾儿童的家庭、受战争影响的居民提供专项补贴。

第三，提高多子女家庭和生活困难家庭的社会服务质量。

第四，提高老年及生活困难公民的社会服务质量，包括采用新的社会服务形式（如老年寄养公寓）。

二是继续扩大和加强社会服务机构的物质及技术基础，包括完善"犹太自治州综合社会服务中心"的社会保健部门，其工作重心放在老年医学领域；完善"青年残疾人社会服务中心"。

三是提高社会保障体系的运作效率，包括建立流动社会保障服务系统；发展新的社会保障形式和技术，包括远程护理；加强国家、企业、非营利组织和社会保障机构及有关社会组织之间的伙伴关系；在提供社会保障服务方面鼓励非国有企业和组织参与。

四是通过提供便捷的辅助基础设施，为残疾人及其他行动不便居民创造"无障碍"生活环境，特别是在主要社会场所。

二 公共卫生配备

初级医疗保健系统是犹太自治州公共卫生的基础，包括预防、诊断、疾病治疗、医疗康复、生育监测、健康生活方式和卫生保健公共教育。犹太自治州的初级保健是在门诊和日间住院的情况下，以有计划和紧急的方式免费提供的。在犹太自治州境内，居民初级保健由2个市属和7个地区医疗机构提供，基层医疗服务由全科医生、地区全科医生、儿科医生和全科医生（家庭医生）提供。初级产前保健由受过中等保健教育的医护人员、助产士和其他保健人员提供。2018年，该地区居民的门诊服务由32个医疗机构的门诊单位提供，门诊设施总接诊能力为每天3678人次。

自治州在比罗比詹市设有紧急救护中心，该中心的9个分支部门位于自治州人口最为稠密地区，21个医疗小组24小时不间断提供医疗援助，其中包括1个普通医疗组、1个专科医疗组和19个辅助医疗组。救护车呼叫救助由辅助医疗组（90.9%）和普通及专科医生团队（9.1%）提供。2018年，救护人员为57270名患者提供了紧急医疗服务，其中成年人（18岁及以上）占81.7%，儿童（17岁及以下）占18.3%，就诊57215次。在61.6%的病例中提供了与突发疾病相关的医疗服务，7.6%的紧急救治与事故有关。

1. 医疗系统人员配置

居民医疗保健的普惠性直接取决于医疗人员配备指标。截至2018年1月1日，犹太自治州境内有458名各类专科医生在相关国家医疗机构工作，其中包括292名临床专科医生（63.8%），36岁以下的医生人数占总数的23.1%（2016年为23.5%），年龄在36—45岁之间占12.9%（2016年为12.1%），年龄46—50岁占9.2%（2016年为8.8%），年龄51—55岁占16.4%（2016年为17.4%），年龄56—60岁占13.3%（2016年为16.5%），61岁及以上占25.1%（2016年为21.8%），根据俄最新退休方案，即将退休的医生占总数的48.0%（220人）。[①]

犹太自治州的医生保障率为每万人拥有27.9名医生，最急需的医生包括儿科医生、神经科医生、外科医生、全科医生、心理治疗师和麻醉师。需要指出的是，犹太自治州各地医生保障率相差较大，比罗比詹市为每万人48.3名，其他地区的医生配备指数为每万人8—13名不等。犹太自治州各级医疗机构中有1497名辅助医护人员（护士），自治州总体每万人医护工作者的提供指标为91.1（俄联邦，88.2），其中比罗比詹市的医护工作者提供指标最高，超过该地区的平均指标，指标最低的比罗比詹区仅为每万人40.4名。截至2018年1月1日，在犹太自治州初级卫生保健部门工作的219人中包括118位医生（41位医师、40位儿科医生和8位全科医生）和101位护士、147名救护人员、48名助产站员工。

2. 医疗设施配置

医疗设备是医院重要的资产组成。医疗器械、医院硬件条件等基础

---

① 2018年7月，俄罗斯联邦国家杜马通过退休年龄改革方案，规定俄罗斯男性退休年龄从60岁推迟至65岁，延长5年；女性从55岁推迟至63岁，延长8年。

设施因素对于医疗质量及医院发展起到了极为重要的制约作用。2019年，在卫生部门的支持下，犹太自治州医院临床诊断实验室配备了用于各种诊断的现代化设备，医疗投入超过1800万卢布。在临床诊断实验室完善设备之前，必须将需要使用大型诊断设备的患者转院到其他联邦主体医院，这不仅增加了成本，而且延缓了治愈时间。建立这样一个机构已经成为提高犹太自治州居民生活质量的因素之一。随着临床诊断实验室的启动，该地区医院的诊断费用几乎减少了一半，能够进一步扩大优质医疗服务的范围。

除临床诊断实验室外，犹太自治州正在逐步推进为地区医院配备现代化设备的规划。2019年，州立医院先后完成重症监护室大修以及为医院麻醉师进行高级培训；从联邦预算中拨款5400万卢布购买用于监视患者状况的床头监视器和中央控制台，患者的血氧饱和度、无创血压、心脏功能、呼吸频率以及体温都在这些监视器的监测下，此外还购买了多功能床、机械换气设备、复杂插管设备、输液管和注射泵用以进行重症监护。

为提高自治州居民肿瘤检测率，预防恶性肿瘤，作为国家公共卫生项目的一部分，2019年联邦和自治州预算共向州立肿瘤治疗机构拨款6350万卢布购买现代化设备，用于诊断分析和患者术后护理。与此同时，2020年底计划建成1所肿瘤专科医院，三层楼房可容纳60张普通病床和8张日间病床，门诊部日接纳220人次就诊。联邦和地区预算已拨款近2000万卢布用于设计和估算。

3. 母婴保健配置

犹太自治州的产科护理由6个助产机构和产科分支机构提供，部署了9张产床、22张妊娠病理床、45张妇科床和6张日间病床，采用新的医疗技术对高龄孕妇和新生儿进行例行远程监测和每日监测。俄国家卫生和社会福利部在进行产前诊断培训方面为自治州医疗机构提供了医疗协助，自治州国立医疗机构购买了用于产前筛查的超声设备，培训相关专家利用产前诊断设施排除先天性胎儿病理；犹太自治州州立医院的产科专家与莫斯科国立产科研究机构进行了密切合作，与"阿斯特拉亚"计划相关的基因生化分析仪已投入实际使用，可以确定怀孕初期的胎儿畸形。2017 年有 2054 名孕妇接受孕期监测（2016 年为 2173 人），早期孕检率达到 76.5%（2016 年为 74.1%），接受超声波胎儿检查的妇女所占比例为 92.2%。自治州孕妇群体患病种类主要包括贫血、泌尿系统疾病、水肿、蛋白尿和高血压疾病，其中 42.6% 的孕妇患有贫血（2016 年为 34.4%）；28.5% 患有泌尿生殖系统疾病（2016 年为 23.3%）；21.4% 患有水肿、蛋白尿及高血压疾病（2016 年为 17.4%）。

在儿童保健方面，自治州的 64 个助产师中心、1 个儿童诊所、4 个中心医院以及 3 个区医院为该地区儿童提供初级医疗保健服务。州立医疗机构为儿童提供了 62 张全天候床位（包括用于新生儿第二阶段护理的 17 张病床、6 张复苏床）和日间医院的 20 张病床。2017 年，自治州相关医疗机构为 1799 名儿童进行了半乳糖血症、囊性纤维化、肾上腺综合征、苯丙酮尿症以及先天性甲状腺功能减退症检查。为提高儿童尤其是幼儿的免疫能力，犹太自治州加强普查工作以保持对幼儿的高接种率。在该地区，针对白喉、百日咳、小儿麻痹症、麻疹、腮腺炎、风疹、乙型肝炎、结核病的幼儿疫苗接种覆盖率均超过了 95% 的标准指标。2017 年，自治州境内儿童白喉、百日咳和破伤风的疫苗接种率达到 96.0%（2016 年为 96.7%），1 岁以下儿童麻疹和腮腺炎疫苗接种率为 97.3%（2016 年为 98.4%），儿童风疹疫苗接种率为 97.8%（2016 年为 98.2%）。

第二节　生活质量及健康生活

犹太自治州居民整体生活质量水平在全俄联邦主体中靠后，根据评级机构 RIA 的全俄城市生活质量评级数据，2018 年，犹太自治州综合评级指数为 29.923 分，在俄罗斯联邦 85 个实体中排名第 78 位（2017 年为第 80 位），同比略有上升。RIA 评级选择 72 项指标，这些指标被分为 11 组，涉及地区生活条件的所有主要方面，包括经济发展水平、人口收入水平、为居民提供各种服务的水平、人口和劳动力市场就业、居民住房条件、环境和气候条件、公共卫生和教育水平、社会基础设施、中小企业发展水平、开发和交通基础设施发展等各个方面。评级数据参考了俄罗斯卫生部、俄罗斯财政部、俄罗斯联邦中央银行和其他开放资源。在远东联邦区，犹太自治州是远东最差的地区，评级指数最高的哈巴罗夫斯克边疆区排名全俄第 26 位。

犹太自治州居民生活质量综合指数低的原因是收入低于生活保障水平线的居民比例高（分别为 26% 和第 81 位）；劳动力市场紧张系数高；每万人中的犯罪率和交通事故率高（评级排名分别为第 80 位和第 79 位）；预期寿命和劳动年龄人口的死亡率水平低，比犹太自治州还糟的仅有楚科奇共和国和图瓦共和国。

一 居民消费结构及收入

犹太自治州居民社会消费结构主要由公用事业消费（30.2%）、运输服务消费（17.4%）、电信消费（11.3%）、家庭日常消费（10.9%）和住房消费（8.5%）决定。2018 年，犹太自治州居民社会有偿服务消费总额为 89.295 亿卢布。按可比价格计算，2017 年同期下降 2.9%（2017 年为 86.682 亿卢布），其中教育系统服务消费减少 10%，运输服务支出减少 4.6%，公共服务支出减少 4.4%，住房服务支出减少 1.2%；体育休闲消费增长明显（25.7%），文化消费增长 3.1%，电信消费增长 2.9%，医疗消费增长 1.4%。[①] 除此之外，自治州居民消费结构中，购买食品的费用所占份额继续增加，在零售贸易营业额中，食品消费份额为 52.4%，非食品份额为 47.6%。

犹太自治州居民平均收入为俄联邦主体中等水平（2017 年为第 35 位），但在居民收入水平结构中，高收入群体比例较少，自治州劳动力中月薪超过 10 万卢布的群体所占的比例很低（1.8%），月薪低于 1 万卢布的雇员人数比例为 8.6%。犹太自治州居民收入相对较低是影响当地社会发展的严重问题之一，贫困人口数量居高不下，2001 年收入低于生活水平线的居民比例高达 51.1%，随后因俄罗斯整体经济好转，该指标大幅下降，但该地区有近 25% 的居民长期属于低收入人口（见表 7.8），这不仅阻碍了该地区内需增长（这对刺激中小企业是必不可少的），而且也削

---

① 2018 年犹太自治州消费市场状况，http://www.eao.ru/isp‐vlast/upravlenie‐ekonomiki‐pravitelstvapravitelstva/potrebitelskiy‐rynok/。

弱了犹太自治州的移民吸引力、居民生活质量和人口健康发展（包括生育率、预期寿命、死亡率）。

表7.8　　　　　　犹太自治州低于生活水平线的人口数据

年度（年）	百分比（%）	年度（年）	百分比（%）
2001	51.1	2010	19.5
2002	38.4	2011	20.1
2003	32.8	2012	18.8
2004	29.8	2013	20.9
2005	27.6	2014	21.4
2006	25.2	2015	24.4
2007	25.4	2016	24.8
2008	22.3	2017	24.9
2009	21.0	2018	24.6

资料来源：俄罗斯联邦统计局，https：//gks.ru/region/ind1199/IssWWW.exe/Stg/d10/i010540r.htm。

为提高居民生活质量，2018年，犹太自治州颁布条例，规定从2018年1月1日起，该地区劳动力最低工资为15182卢布。最低工资的提升使居民薪金和福利增加，2018年自治州雇员平均月名义工资39002卢布，退休者月养老金为13086卢布，接近于全俄平均水平（43445卢布和13360卢布）。①

犹太自治州各行业从业者收入有所差异，根据俄罗斯联邦统计局数据（见表7.9），2019年1—8月各行业人员平均工资（不包括社会福利津贴）为41106.3卢布，同比增长8%。其中金融和保险业、采掘业、运输和存储业、公共行政和军事安全社会保障、电力，燃气及供热、机械设备维修和安装等行业属于高收入行业，平均工资超过全俄平均工资水平，平均收入在5万卢布左右，金融和保险业从业人员则高达6万多卢布。与上年同期相比，服装生产、机械设备维修和安装业从业人员平均工资增幅明显，分别上涨55%和64.6%。在各行业中，旅馆与餐饮业、

---

① 犹太自治州官方网站资料，http：//www.eao.ru/o－eao/eao－v－tsifrakh－/。

食品与饮料生产、房地产业等行业从业人员工资属于最底层，远低于自治州平均工资水平，略高于该地区劳动力最低工资（15182卢布），平均在2万卢布左右，仅为州平均工资的50%左右。

表7.9 犹太自治州各行业从业人员平均工资①（2019年1—8月） 单位：卢布

行业分类	平均工资	与上年同期比（%）	与州平均工资比（%）
各行业人员平均工资（不包括社会福利津贴）	41106.3	108.0	100
农业、林业、狩猎、渔业和养鱼业	25735.6	118.1	62.6
采掘业	51352.7	111.4	124.9
食品生产	21526.6	117.0	52.4
饮料生产	18340.5	106.8	44.6
服装生产	20488.1	155.0	49.8
非金属矿物产品制造	41482.8	110.9	100.9
冶金生产	23575.8	123.0	57.4
金属制品制造、机械和设备除外	30697.9	120.3	74.7
电气设备制造	20890.5	125.3	50.8
车辆和设备制造	37899.8	111.9	92.2
家具制造	20327.3	109.3	49.5
机械设备维修和安装	47653.1	164.6	115.9
电力、燃气及供热	48203.9	110.8	117.3
供水、水处理、废物收集处理	29219.9	107.3	71.1
建筑业	46776.5	108.4	113.8
批发和零售、汽配修理	22945.1	115.6	55.8
运输和存储业	56668.2	106.4	137.9
旅馆和餐饮业	19043.9	110.2	46.3
电讯及IT业	44023.2	105.5	107.1
金融和保险业	64956.8	102.8	158.0
房地产业	24710.9	106.8	60.1
科学与技术	31134.3	107.7	75.7
科技中从事研发的薪酬	43549.2	90.6	105.9

① 统计数据中犹太自治州的各行业从业人员平均工资不包括社会福利津贴。

续表

行业分类	平均工资	与上年同期比（%）	与州平均工资比（%）
行政事业及相关服务	32867.1	105.8	80.0
公共行政和军事安全、社会保障	51372.8	104.9	125.0
教育	32245.4	107.3	78.4
医疗卫生及社会服务	37760.6	106.3	91.9
文化、体育、休闲和娱乐活动	33981.7	107.6	82.7

资料来源：根据俄罗斯联邦统计局数据整理，https：//gks.ru/region/docl1199/Main.htm。

受价格因素影响，截至 2019 年 8 月，犹太自治州食品价格上涨了 3.67%，非食品增长 4.26%，向居民提供社会服务的成本增长 3.97%，自治州居民消费价格指数为 103.96%。由于消费价格指数的变化，这一时期犹太自治州从业人员的实际工资比上年增长了 2.6%。

值得注意的是，在远东地区，高收入在许多方面都是补偿性的，不仅因为这里的物价水平较高，而且需要补偿高昂的电力及供热消耗成本，还需要补偿因恶劣天气条件和远离中心区造成的舒适度和生活质量损失。从这方面看，犹太自治州居民虽然收入水平接近于全俄平均水平，但消费支出远大于俄罗斯其他地区。

作为低收入群体，犹太自治州的失业群体规模较大。根据就业人口调查结果，截至 2019 年 9 月，该地区的劳动力人数为 80100 人。在劳动力群体中，从事经济活动的人口为 7.52 万人，占 93.9%，根据国际劳工组织的方法，有 4900 人被列为失业，失业率（劳动力失业率）为 6.1%（俄罗斯平均指标，4.4%），劳动力市场就业状况远非理想。

二 健康生活方式推广

健康生活方式是指有益于健康的习惯化的行为方式，健康生活方式的管理核心是养成良好的生活习惯，世界卫生组织对于影响健康因素的分析指出，个人健康有 60% 因素取决于生活方式。为保障居民生活健康发展，自 2012 年 9 月 1 日起，根据自治州政府第 235-PP 号法令（2012 年 5 月 28 日颁布）对医疗预防中心进行重组，增设物理治疗和运动医学中心分支机构，中心设有健康监控预防部门，负责组织该地区的健康预防工作，通过行为纠正和健康教育，来保护居民远离不良行为，减少健康危险因素对健康的损害，预防疾病，改善生活质量。预防是健康生活方式的核心，其含义不仅仅是预防疾病的发生，还在于逆转或延缓疾病的发展历程，与危害健康严重性相对应，不良膳食、吸烟、酗酒、药物毒瘾、精神压力等是犹太自治州相关机构进行居民健康预防管理的重点。

1. 健康生活方式宣传

为提高居民健康意识，倡导和传播健康生活理念，深入推进全民健康生活方式，犹太自治州先后制定实施的区域规划和项目主要包括《2016—2020年犹太自治州健康国家规划》（2013年第482-PP号政府令）、《2016—2018年自治州预防少年犯罪方案》（2017年第348-PP号案修正）、《犹太自治州儿童暑假组织计划》（2017年第155-PP号修正案）、《关于自治州某些公共场所禁止吸烟的规定》（2017年第151-PP号政府令）。

在上述规划及项目中，犹太自治州医疗预防中心起到不可替代的作用，实施系统的医疗预防措施，包括向该地区医疗机构的医务人员提供专业援助；制作和散发关于疾病预防和控制的宣传材料、传单和录像剪辑；组织和参加各种促进健康生活方式的群众活动；在所有医疗预防领域提高公众认识；就医疗工作者、医学教育工作者、志愿者的各种课题提出建议；与媒体进行互动，宣传健康保健常识。

通过媒体（自治州地区报纸、电视、广播）提供在区域一级实施预防方案的信息支持，并在其中发送专题内容和其他类型的信息支持。2017年，犹太自治州传媒系统进行了194次专题广播（2016年95次），包括医疗预防中心专家的26场健康预防演讲（2016年20场），电视播出专题节目261次（2016年203次），其中包括64次预防中心专题节目（2016年58次）。

目前，比拉广播电视公司的《健康之道》电视专题节目、电视节目《通往健康之路》和比罗比詹STS电视台《祝你健康》栏目每周定期播出，这些节目都属于公益性质节目。2018年，为宣传健康生活方式，自治州健康保障相关机构以公众告知方式制作了5种不良习惯主题海报

（关于吸烟、饮酒、能量饮料危害，怀孕期间酗酒危害，儿童吸烟危害），关于急性冠状动脉综合征和适当营养原则的主题海报 2 种，关于疾病防治和蜱传脑炎招贴画 4 种，时事健康宣传报道 14 种，总计投入 31 种类型的公益广告。

为开展健康医学预防工作，自治州相关机构与普通（特殊）高等教育系统、文化机构（艺术院校及工作室、博物馆、图书馆）以及企事业单位劳资部门紧密互动，针对预防活动的时间和主题制订联合计划，定期与犹太自治州内部事务办公室、州市级未成年人委员会、青年政策委员会、地区社会福利机构、市政机构以及公共福利组织共同组建综合团队，为自治州居民提供全面健康信息。目前，犹太自治州在促进健康生活方式方面呈现积极趋势，犹太自治州医学院学生和其他教育机构的志愿者不断开展活动，每年有针对性地举行各种大规模活动（结核病控制日、烟草控制日、老年日、艾滋病防治日）。2017 年，自治州联合宣讲团队（医学预防专家、内政部、体育委员会）为比罗比詹市学校举行了 2 次健康日活动，为世界日举办了预防结核病、吸烟和吸毒活动。

与志愿组织合作的一个积极因素是能够利用其潜力开展大型娱乐活动。该地区教育组织的活动旨在塑造一种健康的生活方式，消除负面环境影响。2017 年，犹太自治州境内有 179 个各种类型的儿童和青少年协会，总覆盖人数为 29656 人。"21 世纪志愿者"的 53 个志愿团体近 2500 人参加志愿项目，在青少年和青年中宣传健康生活方式，预防酗酒、吸毒和吸烟。

2. 疾病防治

成人疾病防治的目的是早期发现疾病，通过早期发现慢性非传染性疾病，消除造成居民致残及早死的主要因素，改善居民生活质量，必要时提供进一步的治疗。初级卫生保健的工作预期会降低发病率和提高公民对发病率上升的反应能力。根据俄罗斯联邦卫生部《批准关于疾病防治办法》（2012 年 12 月 3 日第 1006H 号令），自治州从 2013 年就开始为居民提供常见疾病防治。

2017 年，犹太自治州 10 个医疗机构组织参加了该州成人群体的补充疾病防治活动，这些机构包括8个州政府卫生预算机构和2个非政府卫生机构。在检查期间，内科医生、妇产科医生、神经科医生、泌尿科医生、外科医生、眼科医生、内分泌学家和其他专家参与了必要的检查；疾病防治的一个组成部分是进行实验室分析，进而确定受检者健康状况，同时规划进一步的健康和医疗措施，这些预防活动资金由强制性医疗保险基金提供。截至2018年1月1日，相关医疗机构已对6278名居民进行了体检，占疾病防治计划人数的71.2%。

在妇女生殖保健方面。犹太自治州继续开展基于现代避孕方法的预防流产工作，每1000名育龄妇女中有门诊和住院宫内节育器的女性人数为7人（2016年为10.3%）；使用激素药物的妇女人数为1791人（2016年为2228人）；每千名育龄妇女的避孕总覆盖率是108%（2016年为116.5%）；2017年的堕胎数量为1536人次，同比下降10.2%（2016年为1711人次）。每1000名育龄妇女的堕胎总数从2016年的43次下降至2017年的39.5次。

3. 预防酗酒及吸毒

预防毒瘾是犹太自治州改善居民社会生活环境的主要目标之一，近年随着该地区毒瘾蔓延，执法部门登记的吸毒人数呈上升趋势。2018年，自治州境内吸毒者登记在案641人，每万人相对指标从2016年的29.9人增加到2018年的37.3人。吸毒成瘾患者药物依赖结构中，大麻素类药物成瘾占73.6%；其次是使用阿片类药物引起毒瘾（19.85%）。吸毒成瘾者年龄结构中，年龄在20—39岁之间占66.9%，40岁及以上占31.1%；女性吸毒人数较少，不到该群体的10%。

犹太自治州预防性禁毒活动主要面向青少年群体，根据俄罗斯教育部2014年6月16日第658号命令，自治州每年对该地区的教育机构进行社会和心理测试，为及早发现麻醉药品和精神药物使用创建一个健康的社会环境，向青少年及其父母宣传健康生活方式所需的预防知识和预防措施。

为提高2018年预防性禁毒活动效率，禁毒委员会与各级教育机构合作参与禁毒工作，在该地区的每个教育机构，包括中学和中等职业教育机构，都组织了适当的预防工作，并向学生及其父母解释使用毒品的危害、遵守俄罗斯联邦法律规定以及及早发现非法使用麻醉药品和精神类药物的责任。为预防毒品泛滥并为未成年人及其父母（法定监护代表）提供及时的预防性医学及心理帮助，该地区麻醉学专家在2018年继续对该地区教育机构的学生进行预防性医学检查，共有2065名学生接受了检查，确定1名成瘾者。自治州政府认为体育是向年轻一代介绍健康生活方式的一种有效形式，2018年，该地区的市政机构开展了约150项活动，旨在促进青少年群体体育运动、健康生活方式和对吸毒及酗酒预防态度的形成，共有8778人次的未成年人参加活动（2017年为8547人次）。

酗酒具有严重危害性，其受害者人数远远超过人类历史上最致命的瘟疫，如天花、伤寒及霍乱所波及的人数。犹太自治州居民酗酒的主要原因仍然是社会因素，包括缺乏工作、住房贷款、家庭问题和未来的不确定性，还包括社会对饮酒者的宽容态度以及酒类供应控制力度不足。自治州酗酒居民人数呈上升趋势始于20世纪90年代，专家指出的不利趋势之一是年轻人和妇女酗酒，根据自治州精神成瘾部门数据统计，20世纪90年代，自治州全部酗酒者中女性比例为5%—10%，现在这一数字已接近40%。青少年酒精中毒问题在犹太自治州境内同样不容忽视，不少儿童从12岁开始喝酒。2018年，比罗比詹市有23名饮酒儿童的父母被相关部门行政问责。青少年酗酒导致酒鬼性格逐渐在青少年中形成。它的主要特征包括欺骗、缺乏进取心、心情沮丧以及兴趣圈子变小。

自治州酗酒者中一些人已经出现啤酒酒精中毒症状，实际上通常以该名称出售的某些液体并非真正意义上的啤酒（含工业酒精）。2018年，有194人经过诊断被登记在酗酒医疗档案中，其中包括40名妇女。并非所有的酗酒者都会寻求专家的医疗帮助，发生这种情况的原因有很多，其中主要原因是害怕在获得酗酒者登记后会失业。在过去的3年中，自治州居民酒类消费量增长近一倍，而醉酒导致的违法行为有所增加。2018年，俄罗斯人均总消费支出的3%用于购买酒精饮料和烟草产品。俄联邦国家统计局的数据证明，犹太自治州居民在这方面的支出达到6%，在俄联邦主体中居前列。

在犹太自治州，相关机构正在积极开展预防酒精中毒的工作，包括在青年中开展预防酒精中毒和治疗康复工作。在医疗方面，该地区医疗机构已更新配备现代医疗设备（已对相关设备进行了75%的更新）以及肾上腺紧急救治药物，免费为计划和紧急情况下入院的患者提供治疗。酒精依赖及中毒患者可以自行决定选择3种治疗方式。第一种是选择在门诊接受治疗，购买并服用由医师指定的药物；第二种是住院治疗，疗程为期20天；第三种是病人每天到医院接受治疗，治疗后回家休息。除医疗预防手段外，自治州政府认为解决该问题的最有效方法仍然是为青年群体提供丰富的休闲活动（体育、旅游活动），这种工作在自治州组织下系统地进行，并取得了积极成果。

自治州内部事务和公共组织在预防醉酒、酗酒和犯罪方面的主要工作方向，在更大程度上涉及未成年人和青年。特别令人关注的是未成年人和成年人在有儿童的情况下大量消费啤酒和其他酒精饮料的情况。这通常发生在全市庆祝活动的公共场所。需要强调的是，在俄罗斯的部分地区，已经存在建立"非酒精区"的立法做法，在公共场所以及文化活动期间，禁止饮用任何含有酒精的饮料，包括啤酒。犹太自治州正在审议类似的做法。

为进一步预防酗酒造成的危害和影响，犹太自治州制定了《关于犹太自治州境内酒精饮料零售管理规定》（2005年12月23日第617-OZ号）。稽查人员严查向未成年人出售酒精饮料案件，根据《行政犯罪法规》第14章第16条（向未成年人出售酒精饮料），处以行政罚款并撤销相关执照。2019年犹太自治州依据1995年11月22日第171-Ф3号联邦法律《关于乙醇、酒精和含酒精产品生产和营业的国家法规以及酒精产品消费（饮用）限制规定》对酒精类饮品的销售时间和规则加以完善。新法规规定禁止在22∶00到次日11∶00之间出售酒类；在特定的节假日和场所禁售酒类，包括毕业典礼日和期末考试期间。除此之外，犹太自治区的检察机关在道路安全方面对酗酒者及吸毒者的驾驶资格进行了限制。2017年自治州市区检察官调阅麻醉学家和精神病医生治疗数据时，发现24名精神疾病患者、酗酒者和吸毒者拥有驾照，由于这些疾病妨碍了车辆安全驾驶，检察官办公室根据司法法规取消了7名被告的驾驶执照并对其余行为进行处理。

第八章

文化教育与科技发展概况

文化教育与科技作为人类社会特有的社会现象，随人类社会产生、发展而产生、发展，是社会历史发展过程中物质财富和精神财富的集中体现，具有人文特色。犹太自治州的文化教育和科技发展历程与自治州的建设历程息息相关，其社会历史渊源涉及民族历史、传统习俗、国家政策定位、思维方式转变等方方面面，虽然历经波折，但最终还是取得了丰硕的成果。

第一节 文化教育事业

一 早期教育事业

犹太自治州所在区域的早期教育事业主要依靠定居点学校、铁路学校、随军学校和东正教教会学校来完成。在定居点分散且人口稀少的情况下，儿童就读覆盖率微不足道。根据1897年人口普查资料显示，当地居民人口识字率不超过10%（女性约为4%）。① 1910年，该地区共建有14所教会学校、2所韩裔民族学校（布拉戈斯洛夫村，叶卡捷琳诺—尼科利斯克村），随军学校和铁路学校（比拉车站、比拉坎车站）随着定居点规模的扩大也逐渐出现。此外，在尼古拉耶夫斯克村为锯木厂工人子弟开设有子弟学校，该校老师采别特诺夫·谢尔盖·普罗科皮耶维奇是远东地区首位教育专员（1918年）。苏维埃在该地区夺取政权后（1922

---

① 犹太自治州历史，参见：http://www.eao.ru/。

年），教育部门积极推动扫盲运动，在叶卡捷琳诺—尼科尔斯克地区建有10 所相关初级学校（招收学生超过 560 名），在兴安—阿尔哈拉区建有 7 所（超过 1500 名学生），在米哈伊洛—谢苗诺夫区建有 10 所（超过 770 名学生）；此外还设有 3 所二级学校（招收约 800 名学生）。

20 世纪 30 年代，教育事业在比罗比詹地区已具有相当的规模，在未来犹太自治州境内设有 53 所学校，学生总数为 4830 人（1928 年）；到 1934 年，该地区有 82 所学校以俄语和希伯来语进行教学；1937 年已有 117 所学校，学生超过 15000 人。扫盲教育方面，这一时期大约有 1000 人在成人学校学习，超过 1500 人在扫盲学校接受过辅导，到 30 年代末，该地区居民中的成人识字率达到 92.5%。

比罗比詹地区首所学前教育机构出现于 1927 年，当时在尹恩车站开设了第一所幼儿园。到 1934 年，该地区已有 37 所幼儿园（955 名儿童），所建立的季节性儿童游乐场包括犹太儿童游乐场 5 座、俄罗斯儿童游乐场 23 座、韩裔和赫哲族儿童游乐场 4 座。

20 世纪 30 年代，当地教育机构在比罗比詹教育技术学校开展教师培训工作，为方便教学培训，教育学院专门设有函授教学机构（1935 年）。1934 年 7 月，比罗比詹地方政府开始为新的民族区组建国民教育局，12 月 21 日，比罗比詹民族区执行委员会全体会议通过决议，任命高利德法因·韦尼阿明·门捷列耶维奇为首任国民教育局局长。

1941 年，随着苏德战争爆发，比罗比詹地区教育系统中先后有 87 名教师奔赴前线，奋战在莫斯科、斯大林格勒、白俄罗斯和乌克兰战线上，他们当中的很多人牺牲在战场上。苏联卫国战争对当地的教育体系运行影响明显，由于生源减少，许多学校不得不进行重组以适应战争带来的变化，在该地区重组后的 106 所学校中，除中学、七年制教育和小学外，还有 4 所专门教育学校（男子学校和妇女学校）、1 所犹太民族学校和 6 所青年学校。

战后国民经济的迅速恢复对犹太自治州教育体系恢复与进一步发展产生积极影响。犹太自治州教育团队积极开展工作，设置青年教师培训站点推广教学知识（1970 年），儿童业余活动不断增加，通过蔬菜采收等劳动培养儿童综合发展能力。瓦尔德海姆中学在全俄学生旅比赛中获得亚军，并在1979年获得共青团中央委员会流动奖杯。该学校的"学校与集体农场联合对学龄儿童实施劳动教育"经验被苏联教育部编制成教材进行推广，时任苏联教育部部长的丹尼洛夫曾特此到犹太自治州访问该校。该地区高年级学生的劳动和职业指导培训是在中（小）学跨校教学生产联合基地（1977年开设）的基础上进行的。20世纪80年代，犹太自治州教育的显著特点是加强了对学科的深入研究和学校数量普遍增加，但需要指出的是，只有1.05%的儿童有可能接受多层次的差异教育。

二 犹太民族教育事业

犹太文化是一种带有极强宗教色彩的文化，犹太教作为犹太人的精神内核，不仅制定了一整套必须学习并严格遵守的律法，还在历史的演变中形成了一系列礼仪和节日习俗，它们渗透着强烈的犹太精神与文化特征，是犹太文化区别于其他民族文化的主要标志，也是犹太人民族性的表征。

沙皇尼古拉一世时期（1825—1855），俄国将文化教育视为同化犹太人的重要工具，1835年，犹太学校首次被纳入国家教育体系。沙俄政府极力推进针对犹太人的教育改革，从而达到"把犹太人与原住民相融合"的最终目的。1844年俄国签署法令建立特种犹太学校，法令规定"除了允许犹太人在普通学校学习以外，另为犹太青年建立两类学校：初级犹太社区学校和实科中学，其共同科目设置参照普通中学"①。1854年俄国有5282所初等犹太宗教学校，学生数达到69454人。19世纪60年代初俄国产生了新犹太知识分子，相比较"旧式犹太知识分子"，新知识分子毕业于俄国高等教育机构或拉比学校，接受系统的俄罗斯文化教育。

20世纪20年代末，伴随着犹太自治州的创建，当地的文化教育步入快速发展阶段，尤其是犹太民族文化事业。1929—1930年，首批3所犹太学校开始招生，1929年，瓦尔德海姆地区成立犹太学校，当年招收学生12名；1930年，阿穆尔泽特地区的犹太学校招收24名学生，亚历山

---

① Желтова. В. П., Прововое положение евреев в российской империи // Проблемыдуховнойиполитической истории России. С. 85。

德罗夫卡地区的犹太学校招收30名学生。

截至1933年2月1日，在比罗比詹区有14所国立学校，包括6所犹太学校，有300名犹太学生在此学习。1934年，犹太人口已占该地区所有居民的26%。为解决犹太居民的学前教育问题，当地政府开设有17所犹太幼儿园，在园儿童479名。1935—1936学年，该地区学校设有92个犹太班。1937年，在该地区的117所学校中，犹太学校增至12所，其中约有1900名犹太学生在校学习。犹太自治州成立最初几年间，民族文化教育发展在国民教育体系中取得了显著成果。在比罗比詹民族区，国家机构的所有文件都被翻译成希伯来文。第一批建设者，包括俄罗斯人都认为自己有必要学习犹太语，并且能够流利地运用。档案资料证明，这一时期犹太教育受到国民教育的特殊保护。

在20世纪30年代末，苏联展开反对"无爱国心的世界主义者"的斗争，导致犹太自治州民族文化教育事业出现停滞倒退现象。自1937年以来，犹太学校和班级的数量有所减少，1940—1941学年，拥有犹太教班级的学校数量减少到7所，这些学校大多数学生都在俄语班学习。1949年，比罗比詹地区最后一所使用意第绪语进行教学的学校关闭，地区图书馆中的犹太资料包括学校教科书几乎被完全封存。

1988年，苏联政府要求教育工作体现国家意志和民族性，教育区域化被宣布为教育原则之一。由于教育政策引入国家性与地区性的概念，犹太民族文化和教育慢慢恢复。在犹太自治州成立50周年之际，地方出版社出版了意第绪语入门教材，并且在比罗比詹第三中学开设意第绪语选修课程。

1990年，根据苏联部长理事会决定，国家教育问题研究所犹太分支机构在比罗比詹市成立；地区教师培训机构开设犹太母语办公室；比罗比詹教育学院招收首批英语、希伯来语言与文学系学生，为学校培养未来的犹太教育工作者；犹太自治州历史上首个犹太星期天学校开放（招收160名学生），学生们学习他们的母语、历史、文学，熟悉国家假日、传统和仪式。1991年9月1日，比罗比詹第五中学和第十中学推出意第绪语教学课程。1992年，在第二中学基础上犹太自治州教育部门创办了国立犹太学校。通过上述机构，到20世纪90年代中期，该地区已经形成较为完备的犹太民族教育体系。

三 俄联邦时期的教育事业

根据《2025年前犹太自治州的经济社会发展规划》，犹太自治州政府为了普及学前教育服务，将扩大学前教育机构网络。为了扩大残障儿童受教育机会，规划在比罗比詹建立儿童康复幼儿园。学前教育发展的目标是扩大学前教育机构的入学名额，在2025年前86%的学龄前儿童能接受学前教育。扩大普通教育机构网络，包括兴建满足现代要求和教育程序组织规则的学校。犹太自治州的教育系统提供各级普通教育、中等职业教育和继续教育，该领域就业教职员工人数约为3.9万人，其中普通初级、基础和中级学校任职教师人数达到1.2万人（2017年）。

1. 学前教育机构

根据2012年5月7日俄罗斯联邦第599号总统令《关于在教育和科学领域实现国家政策的措施》，犹太自治州教育委员会制定并实施了一项教育推进计划（"路线图"计划），提高犹太自治州教育的实效性。教育推进计划于2013年由犹太自治州政府令批准，主要内容是在犹太自治州地区教育机构中实施学前教育改革方案，逐步增加1300个学前教育位置（2013年460个，2014年320个，2015年405个，2016年115个）。此外，为确保1.5—3岁儿童接受学前教育，犹太自治州还制定了2015—2017年区域教育行动计划（"路线图"），该计划于2015年9月29日获得犹太自治州教育委员会批准实施。在信息管理方面，自动化信息系统"在线幼儿园入园申请"运行良好，该系统被整合到犹太自治州及市政服务（职能）门户网站中。

截至2017年年初，犹太自治州共有84所教育机构实施学前教育计划，招收9556名1—7岁儿童入园，其中包括8124名3—7岁儿童；该地区居民对学前教育服务的普遍需求满意度达到91%，对1.5—3岁儿童学前教育满意度为65.3%。[①] 为了确保学前教育的实用性，犹太自治州在15所学校设置学前教育机构，为527名儿童组建了26个全日制学前班。

---

① 犹太自治州学前教育，http://www.eao.ru/isp-vlast/。

地方政府投资 3426.81 万卢布用于相关学校设施建设，其中，2398.77 万卢布来自联邦预算；495.81 万卢布来自地方预算；532.23 万卢布来自州预算。

目前，犹太自治州的学前教育机构已经引入了联邦州学前教育标准。在学前教育机构的教师高级培训和再培训方面，特别注意向学前教育的联邦标准过渡。因此，在区域国家自治机构再教育机构"高级教师培训班"的基础上，在引入该标准框架内开展了培训教师工作，相关教师都按照俄联邦学前教育标准接受了专业再培训。

2. 普通教育机构

俄罗斯普通教育包括从小学到中学的全部教育，是青少年形成价值观和掌握未来生活所需基本知识的最重要时期，在俄罗斯国民教育体系中处于核心位置。2006 年，俄罗斯正式批准实施《俄罗斯联邦普通教育国家教育标准》，该标准依据《俄罗斯联邦教育法》所制定，由联邦部分、地区民族部分以及教育机构部分 3 部分组成，其中联邦部分是基础教育部分，所有俄联邦的各级各地方公立及私立普通教育机构都必须严格执行。

在具体教育阶段划分上，2001 年 3 月 23 日俄罗斯联邦政府发布《关于完善普通教育结构和内容的试验》的命令，将俄罗斯普通教育分为 3 个阶段，第一阶段（1—4 年级）为初等普通教育，大体上相当于中国的小学教育；第二阶段（5—9 年级）为基础普通教育，大体上相当于中国的初中教育；第三阶段（10—11 年级）为中等普通教育，大体上相当于我国的普通高中教育。① 需要指出的是，俄罗斯教育部门现已逐步将普通教育学制由 11 年制改为 12 年制，即中等普通教育阶段由原来的 2 年增加到 3 年。

目前，犹太自治州实施普通教育的机构以公立教育机构为主。截至 2019 年，自治州拥有 65 所公立教育机构及其 12 所分支机构，私立教育机构仅有 1 所，上述教育机构具体承担的教学任务如下：

——8 所教育机构和 5 所分支机构负责实施初等普通教育；

---

① 王长纯：《比较初等教育》，首都师范大学出版社 2004 年版，第 78 页。

——11 所教育机构和 6 所分支机构负责实施基础普通教育;

——43 所教育机构和 1 所分支机构负责实施中等普通教育;

——4 所特殊教育机构负责面向残疾儿童教学。

2018—2019 学年,犹太自治州接受普通教育的在校生人数为 20217 人,比上学年有所增加(2017—2018 学年为 19913 人),其中 21 所学校和 3 个分支机构中实施长日制(学生在校时间延长至父母下班的制度)教学方案,参与学生人数到达 1099 人,占在校学生总数的 5.4%。① 从普通教学机构和学生分布来看,比罗比詹市作为犹太自治州首府为自治州培养了近半数的学生,奥布卢奇耶区和斯米多维奇区同样也是普通教育招生较多的地区(见表 8.1)。

表 8.1　　　　犹太自治州公立普通教育机构及在校生分布

	2016—2017 学年		2017—2018 学年		2018—2019 学年	
	机构数	在校生人数	机构数	在校生人数	机构数	在校生人数
比罗比詹市	13	9087	13	9355	13	9656
比罗比詹区	8	1523	8	1589	8	1621
列宁区	13	1937	13	1887	13	1873
奥布卢奇耶区	10	2888	10	2864	10	2855
十月区	4	1160	4	1163	4	1147
斯米多维奇区	13	3036	13	3055	13	3065
总计	61	19631	61	19913	61	20217

资料来源:根据俄罗斯犹太自治州教育厅数据整理,教育机构不包括分支机构、特殊教育机构和私立教育机构,https://komobr-eao.ru/。

为确保犹太自治州残疾学生和智障儿童普通教育的联邦国家教育标准顺利实施,自 2016 年 9 月 1 日起,犹太自治州的残疾学童根据国家教育标准接受专门的残疾儿童培训教程。残疾儿童培训教程信息与人员支持的组织和实质性措施被纳入该地区普通教育实践阶段。

根据《俄罗斯联邦普通教育国家教育标准》要求,9 年级是学生关键的教育转折阶段,学生面临着或是继续完成 10—11 年级中等普通教育,

---

① 根据俄罗斯犹太自治州教育厅数据整理,https://komobr-eao.ru/。

或是直接选择接受职业教育或专业教育的抉择，但不管哪种选择，9 年级学生必须参加全俄国家统一测试，测试的具体信息以及试题会在统一测试官网上发布。国家统一测试旨在检验学生的学习成果是否符合联邦国家教育标准要求，成绩决定其是否能获得基础教育毕业证书。9 年级国家统一测试科目中俄语和数学是必考科目，物理、化学、生物、文学、地理、历史、社会学、外语（英语、法语、德语和西班牙语）等为选考科目，学生需要从中选择 2 门作为选考科目。

2018 年，犹太自治州完成基础普通教育的学生中有 99.7%（2017 年为 99.8%）获得毕业证书，其中获得优异证书的 9 年级毕业生比例为 2.1%（2017 年为 2.4%，2016 年为 2.9%）；获得中等普通教育证书的毕业生比例为 96.6%（2017 年为 98.5%），以优异成绩获得证书的比例为 4.6%（2017 年为 5.8%，2016 年为 2.9%），中等普通教育毕业生国家统一测试平均分数值为数学 39 分，俄语 66 分（2017 年，数学 42 分，俄语 68 分）。[①] 在犹太自治州，国家统一测试成绩不用于评估教师的工作成绩，也不影响教师工资的调整。

对于 9 年级学生，犹太自治州所有学校都组织有针对性的前期培训，帮助学生选择继续教育课程方向创造条件。2016 年，在负责实施中等教育的 43 所学校中，有 37 所普通教育机构组织过专业选择培训，选读核心教育课程的 10 年级和 11 年级学生人数占总数的 60.5%。2018 年，实施中等普通教育的 43 所学校中，有 36 所组织了职业教育培训。10 年级和 11 年级学生参加专门培训课程的人数占年级人数的 62%，人文与社会科学类专业的培训课程最为热门。

在普通教育基础设施建设方面，2016—2017 学年，犹太自治州拥有 45 辆符合俄罗斯"R51160-98 儿童运输"要求的校车，沿 43 条路线接送学生在学校和居民点之间往返。为完善校车运输网络，在 2017/2018 学年，犹太自治州从联邦预算中拨款 1808 万卢布，购买 8 辆新巴士用于巴布斯托沃、杰日尼奥沃、比拉坎、伊兹韦斯特科维、波列沃耶等地区儿

---

① Система общего образования еврейской автономной области, https://komobr-eao.ru/sistema-obrazovaniya-evrejskoj-avtonomnoj-oblasti/obshhee-obrazovanie/sistema-obshhego-obrazovaniya-evrejskoj-avtonomnoj-oblasti.html.

童上下学使用。犹太自治州校车管理主要按照俄联邦交通运输部和教育部的相关交通规则、学童运输卫生标准以及地方市政和教育机构的规范性文件执行，建立起较为完善的联合监督和退出机制。

为学生（尤其是农村地区的学生）提供与教育标准相配套的现代化体育场馆，是犹太自治州教育部门迫切需要解决的另一个问题。根据2015年12月25日第422号犹太自治州政府令，2016年，犹太自治州先后从联邦预算拨款1486.71万卢布，从自治州预算中拨款78.99万卢布用于农村地区的4座学校体育馆和1座露天体育设施修缮。根据州政府2017年11月11日第РП-286号命令，2018年相关部门重修了2座农村地区学校体育馆，配备5处开放式体育设施场地。

在俄罗斯教育部"互联网+教育"项目推广框架内，犹太自治州所有学校都已搭建完成互联网教育学习平台。2018年，该地区有11家教育机构的互联网教育学习平台的传输速率达到10 Mbit/s；6家教育机构的互联网传输速率达到6 Mbit/s；25家教育机构的互联网传输速率达到2 Mbit/s。

社会福利方面，犹太自治州能够为该地区90%以上就读于普通教育机构的学生提供各种午餐，每年为学生配餐资金超过1200万卢布，包括免费膳食补贴。2016—2017学年，来自低收入困难家庭的4384名学童（2017年为2794名）获得免费膳食补贴（见表8.2），其中3527人来自低收入家庭；857人来自多子女家庭，补贴资金主要来自联邦和地方财政预算，包括社会团体资助。

表8.2　　　　犹太自治州获得免费膳食补贴的学生数量　　　　单位：人

地区	2016—2017学年	2017—2018学年
比罗比詹市	1504	582
比罗比詹区	519	295
列宁区	612	561
奥布卢奇耶区	692	392
十月区	606	458
斯米多维奇区	451	506
总计	4384	2794

资料来源：根据犹太自治州教育局网站资料整理，https://komobr-eao.ru/。

3. 中等职业教育

2017—2018 学年，犹太自治州实施中等职业教育学校总计有 9 所，所有学校为公立教育机构。此外，还包括高等教育机构下属实施职业教育的分支机构 5 所，专业职业教育机构的分支机构 1 所（2016—2017 学年）。上述中等职业教育机构从事 26 种职业和 18 种中级技术技能培训，其中有 5 种专业或培训领域涵盖了劳动力市场中最有前途和最受欢迎的 50 种职业。根据劳工部对 2015—2019 年技术工人和专业需求预测结果，犹太自治州最受雇主欢迎的专业是：农业生产拖拉机司机、修理设备的电动钳工、锅炉司机、电气和燃气焊机技术人员、瓦工、木匠、电工、汽车司机、泥水匠、脚手架工人、泵操作员、控制面板操作员、仪表和自动化装配工、电气设备维修和维护电工、电力工程师、铁路运输工程师等等，以上职业均被列入犹太自治州职业教育机构培训范畴。2016—2017 学年以及 2017—2018 学年，犹太自治州参加中级技术专业培训人数约为 1800 人。

犹太自治州作为俄罗斯联邦主体之一，遵循俄联邦职业教育原则，为残疾人包容性职业教育系统提供支持。建立有针对性的专业教育是在俄罗斯联邦"无障碍环境"国家方案的"残疾人综合康复改善和康复系统"子方案的实施框架内进行的。为实施残疾人职业教育培训，联邦预算向犹太自治州提供 889.2 万卢布（2016 年）。

根据俄罗斯联邦《2013—2020 教育发展国家计划》，以及 2016 年 1 月 2 日的第 ПР-15ГС 号总统令，犹太自治州与 2 所普通教育机构签订协议，实施旨在培养高素质职业技术人才的综合职业培训方案。作为该协议的一部分，40 名 10 年级专业学生在职业教育机构接受培训，其中包括裁缝、美发师、电焊技工、框架结构装配等职业。

加大职业教育投入对专业教育机构工作质量若干关键指标动态产生了积极影响。2015—2016 学年自治州职业教育机构数据表明，相关培训教育基本指标有所改善，433 名毕业生（97.75%）获得文凭和资格证书，12 名毕业生获得荣誉（2.7%），10 名毕业生（2.25%）获得证书，学生获得良/优成绩比例从 2014—2015 学年的 25.45% 增加到 2015—2016 学年的 29.8%。

截至 2016 年 10 月 1 日，职业学校毕业生总就业率为 96%。数据显示，道路维护、挖掘机驾驶员、建筑业、运输和服务业等领域的专业生占就业总人数 64.9%；84 人继续在职业教育系统接受高等教育（21.2%）；110 人被征入俄罗斯联邦武装部队行列（27.7%）；正在休假照顾孩子的为 33 人（8.3%）；未就业包括失业登记为 26 人（6%）。2016 年，犹太自治州从区域预算中拨出约 24658.35 万卢布用于维持机构运行。2016 年，犹太自治州国家预算拨款支持职业教育机构团队（技术学院和职业技术学院）参加第三届俄罗斯技能大赛专业技术区锦标赛。职业技术学院学生在"焊接技术"竞赛中排名第一。

2017—2018 学年自治州中等职业教育机构主要任务是继续推进教育改革：首先，职业教育体系面临着进一步融入"培养青年专业人才"计划的任务，有必要在该地区的专业教育机构基础上创建至少 5 个综合专业能力培训中心，考虑到教育内容与国家标准接轨要求，对课程进行实时修改。其次，有必要确保引入实践导向（双重）培训模式的要素，以及对职业教育质量进行独立评估制度。此外，根据劳动力市场中最有前途和最需要的 50 个职业（TOP-50）变化，有必要确保实施新中等职业教育联邦教育标准，旨在满足专业标准要求。到 2020 年，该地区 50% 的专业教育机构实施 TOP-50 联邦教育标准，以满足该地区相关行业需求。

四　犹太文化艺术

20 世纪 30 年代，犹太自治州的各项文化事业处于上升阶段，民族文化出版与戏剧表演开始起步。比罗比詹民族区成立伊始，报纸《比罗比詹斯特恩》和《比罗比詹之星》正式出版（1930 年 10 月）；首部犹太诗集《比罗比詹韵律》（1932 年）发行量达到 3000 份。很快犹太自治州就成为犹太民族文化传播的中心阵地，吸引不少文化精英关注犹太自治州的文化生活，其中，苏联著名作家埃马努伊尔·卡扎凯维奇受邀负责报纸《比罗比詹斯特恩》的出版工作；中国哈尔滨犹太侨民社团向《比罗比詹斯特恩》提供了印刷所急需的部分设备；1934 年，女诗人瓦谢尔曼从巴勒斯坦地区辗转来到比罗比詹，先后担任州立图书馆意第绪语文学部主任以及地区无线电委员会犹太语艺术广播编辑，她的诗歌、散文刊登在比罗比詹报纸以及《远东》《十月》和《苏维埃家园》等杂志上。

除吸引文化精英外，犹太自治州政府还制订了当地人才培养计划。1935年12月14日地区委员会拟定《关于比罗比詹年轻作家规划》的文件，提出为比罗比詹优秀年轻作家提供创作环境，包括提供资金和工作地点等。1937年，比罗比詹年轻作家工作室成立。

意第绪语杂志《前哨》在犹太自治州深受欢迎，该杂志对犹太自治州文化氛围的形成具有重要的推动作用。该杂志创刊号于1936年5月7日出版，由于犹太自治州印刷基础薄弱，首期杂志出版发行于莫斯科。直到1938年，杂志《前哨》才开始在比罗比詹出版，每年发行6期。《前哨》被公认为苏联时期最优秀的犹太艺术和社会政治类杂志，栏目撰稿人包括布奇·米勒、格里戈里·拉比克夫、萨尔瓦多·博尔德热斯、瓦谢尔曼、阿龙·韦尔格利斯、伊萨克·布隆福尔曼以及来自莫斯科和基辅的诸多学者，栏目内容包括"政论作品""文学遗产""批评与书目""戏剧与艺术""我们的自治州""文化生活纪事"等，反映出作者文学创作形式的多样性。[①]

在这个时期，犹太自治州对民族文化发展持积极态度，政府认为"有必要确保犹太语言的引入和犹太无产阶级文化的发展，在犹太国家剧院的帮助下，将所有民族的文化生活提升到更高的水平"。在这种背景下，1932年犹太自治州政府批准成立犹太自治州国家剧院，来自莫斯科国立犹太剧院戏剧学校的一群学生成为犹太自治州国家剧院的新鲜血液。才华横溢的导演马克·阿伦诺维奇·鲁宾斯坦被任命为剧院的艺术总监，剧团包括米哈伊尔·伊兹赖列维奇、萨拉·利沃夫娜·弗里德曼、雅科夫·弗拉基米尔诺维奇·阿布拉莫维奇、莫伊谢伊·叶菲莫维奇等优秀艺术工作者。国家大剧院成为犹太自治州地区文化生活的中心，通过上演《乌里艾利·阿科斯塔》《杰维耶》《盛宴》等民族艺术剧目对历史与当代民族英雄的事迹加以讴歌。

1936年8月28日苏联中央执行委员会主席团在文件《关于犹太自治

---

① Журавлева О. П. "История книжного дела в еврейской автономной области", Хабаровск，2008. с. 82。

州苏维埃经济与文化建设》中指出，犹太自治州成为整个苏维埃犹太民族的犹太文化中心。在犹太学校，技术学校和各种文化教育机构建设方面取得了重大成就，培养出大批文艺工作者。这是对当时犹太自治州文化教育事业发展的真实评价。截至1938年，国家大剧院在哈巴罗夫斯克和符拉迪沃斯托克、新西伯利亚以及伊尔库茨克等地进行过多次巡回演出，演出受到当地观众极高的评价。除此之外，有声电影在犹太自治州得到发展。1938年，比罗比詹电影院在自治州首府建成。

20世纪30年代末苏联肃反期间，犹太自治州地方报纸《比罗比詹斯特恩》逐渐失去活力，报纸编辑部流失不少编辑人员，短时间内无法填补空缺。在1937年至1938年的肃反之后，未经莫斯科相关机构审查许可，任何作家或诗人都无法出版作品，地区民族文化事业陷入停滞状态。

这种情况在二战之后逐渐得到改善，1945年，民族文化部门筹办的犹太自治州方志博物馆对外开放；在犹太自治州以外接受教育的犹太青年逐渐返回并加入当地知识分子的行列；犹太作家用他们的母语创作的国际性丛刊《比罗比詹》出版问世；犹太宗教活动以某种适度的形式重新在犹太自治州进行，比罗比詹地区建成新的犹太教堂（1947年）。1947年在全国性报纸《艾尼卡伊特》中，巴赫穆茨基建议筹备比罗比詹州立大学，并用希伯来语进行教学。① 1948—1953年，苏联国内新闻界掀起"反对世界主义斗争"风潮，犹太自治州的民族文化和语言发展陷入停滞状态。

犹太自治州的犹太文化复兴始于20世纪60年代。犹太自治州文化机构在比罗比詹机械技术学校艺术爱好者社团基础上创建"Фрэйлэхс"歌舞团。团队由 Л. С. 维什涅韦茨基负责，参与人数超过50人，在国家犹太剧院艺术家迈克尔·本格尔斯多夫帮助下，歌舞团首次正式登台演出就获得极大成功（1966年）。1964年，犹太自治州小提琴乐团成立，1976年被授予国家乐团称号。1967年，犹太民间剧院在比罗比詹创建，剧院组织者是艺术爱好者米哈伊尔·阿布拉莫维奇·本格尔斯多夫，著

---

① Вайсерман Д. "Биробиджан: мечты и трагедия", Хабаровск, издательство《РИОТИП》1999. с. 174.

名女演员哈亚·鲍里索夫娜·爱泼斯坦长期在该剧院登台演出。

1977年，犹太室内音乐剧院成立，在首席指挥、俄罗斯联邦荣誉艺术家尤里·沙尔林科的率领下，剧团先后在莫斯科、塔什干、第比利斯、巴库、维尔纽斯以及其他城市巡回演出。剧院曲目包括反映革命前生活的《白色母马的黑鬈》、现代哲学芭蕾舞剧《最后的角色》、歌剧《来自阿纳捷夫卡的捷维耶》，剧院还举办当代音乐作品表演，如《金色婚礼》《巴拉莱卡琴》等作品。此外，在这一时期，该地区由Γ.拉比克夫、Л.瓦谢尔曼、Р.绍伊赫特、В.萨罗马托夫、Б.米勒创建的文学社团也开始积极活动起来，文学联盟成员的作品定期发表在犹太自治州《远东》《比罗比詹文学》等报刊上。

该地区犹太文化教育复兴的一个重要标志是1989年12月举行的首届苏联犹太组织和社会各界（宗教、文化等）代表会议，会议标志着许多交流活动复苏，包括举办犹太传统节日，与独联体国家、以色列、美国和其他国家各种社会关系的建立。1998年犹太宗教社团"弗洛伊德"成立，犹太社团注重介绍以色列法律、习俗和文化，犹太教信徒在社团研究希伯来语、犹太文化史和古典犹太宗卷，用意第绪语和希伯来语演唱犹太歌曲。"贝塔""哈瓦""箴言""阿季科西"等犹太青年组织在20世纪90年代也开始复兴。

同时，自治州政府开始注重犹太教育问题。1990年，在自治州国立师范学院开设新的英语和意第绪语学习机构。国家教育问题研究所为学习犹太语言、文化和传统的学校准备了教科书、教具和专门文献。在比罗比詹创办了一所学习犹太语言和传统的学校，一所研究犹太文化和传统的幼儿园。在比罗比詹市，电视台每周播出《意第绪卡伊特》，该节目讲述该地区的犹太人生活，当然还有犹太人的传统和文化。2004年，在全俄犹太总拉比别尔利·拉扎尔的主持下，根据犹太教信仰的规范建造的犹太教堂在比罗比詹市落成开放。犹太自治州传统民族文化活动的出现是犹太民族认同增强的一个指标，犹太文化及节日成为比罗比詹的标志，而比罗比詹已成为俄罗斯远东乃至全俄犹太文化的主要中心之一。

五 图书馆

早在20世纪30年代，图书馆就是犹太自治州开发项目的重要组成部分。犹太土地管理委员会"通过收集所有小型图书馆藏书组建比罗比詹图书馆",该图书馆分为科技图书和民族图书两部分,为整个比罗比詹区提供书籍服务。目前,图书馆藏书主要来自莫斯科、基辅、哈尔科夫和明斯克图书馆和出版社捐赠。该地区图书馆每年读者到馆数平均指标保持在1.89万人次。读者到馆数最多的是比罗比詹图书馆,为12.4万人次(2015年为8.3万人次),几乎是全俄平均指标的4倍。

犹太自治州公共图书馆隶属于俄罗斯联邦文化部,根据州统计数据,截至2017年1月1日,犹太自治州共有87所图书馆(图书之家),包括1所州立图书馆、4所图书文化中心、3所儿童图书馆(位于比罗比詹市、十月区、斯米多维奇区),其余79所图书馆(图书之家)分布在下辖居民行政区,为犹太自治州居民提供图书阅览服务。图书馆主要集中在3个行政区,其中比罗比詹区拥有14所图书馆;奥布卢奇耶区拥有隶属于国家文化信息中心的12所图书馆分支机构和综合服务机构"文化体育和图书服务中心"的分支机构;斯米多维奇区拥有14所图书馆。该地区视力、听力以及肌肉骨骼系统受损居民尚难以获得图书馆服务,该地区没有专门的图书馆为这类人提供服务。

截至2017年1月1日,犹太自治州各种图书馆文献藏书总量为138.4万份,包括村镇地区图书之家藏书67.89万份,自治州总藏书量与上年同期相比减少7700册,其中,十月区图书馆图书减少2200册(1.6%),列宁中央图书馆减少1800册。受财政投入规模限制,截至2017年1月1日,除比罗比詹市立图书馆外,该地区图书馆财政资金均有所下降,图书馆数量逐渐减少和重组(各种组织和法律形式以及图书馆类型变更)。2016年,列宁区儿童图书馆关闭并将其资金及图书转移到州立中心图书馆,犹太自治州儿童图书馆总藏书由11.498万册下降到9.017万册(2016)。

多年来,该地区图书馆网点服务覆盖率的下降证实了该地区图书馆服务能力的下降。2016年,犹太自治州图书馆网点服务覆盖率为40.7%,与上年同期(41.5%)相比整体有所下降。犹太自治州各行政区的图书馆网点服务覆盖率相差较为明显,十月区覆盖率呈上升趋势达到90.5%(2015年为90%),农村居民点居民在该地区占多数,在其中部分偏远村庄甚至没有完善的移动通信系统，图书馆作为文化服务系统在居民生活中还有着不可替代的作用。另一个乡村居民点占多数的比罗比詹区的相关指标也略有增加，从 2015 年的 56.9% 增加到 2016 年的 58%。在列宁区和斯米多维奇区的图书馆服务覆盖率与上年度相比再次下降，列宁区图书馆服务覆盖率从 2015 年的 38.6% 降至 2016 年的 36.4%，这对农村图书馆而言较低；斯米多维奇区服务覆盖率也从 2015 年的 33.7% 下降到 2016 年的 31.2%。比罗比詹市和奥布卢耶维奇区该指标仍然处于较低水平，该指标在比罗比詹市立图书馆（2016 年为 30.9%）和奥布卢耶维奇区（2016 年为 28.1%）有所增加，但后者指标仍然是该地区最低的。

第二节　科技发展

高等院校、科研院所等科研单位是犹太自治州科技成果的供给主体。1933 年，比罗比詹综合农业研究所的创建标志着犹太自治州科研活动的系统展开，该研究所当时是苏联列宁农业科学院的一部分。20 世纪 90 年代前，自治州国家专业设计局同样为远东地区农业机械设计以及教育系统的科研工作提供了富有成效的协助。除比罗比詹综合农业研究所外，犹太自治州的研究所还包括区域问题综合分析研究所，该所主要承担区域社会经济问题研究。高等职业教育机构在犹太自治州设有 5 所高等职业教育学校，其中包括犹太自治州州立大学、阿穆尔国立大学、哈巴罗夫斯克国立经济法学院比罗比詹分校、公共农业大学、犹太自治州文化专科大学。特殊民族文化教育方面，1990 年，俄罗斯联邦教育科学部民族教育问题研究所犹太分所在比罗比詹成立，这是研究俄罗斯犹太教育内容和方法的领先科学机构。肖洛姆·阿列伊赫姆职业教育学院（受以色列巴尔—伊兰斯基大学意第绪语中心资助建立）从事意第绪语语言和文化研究。除高等院校外，犹太自治州还设有俄罗斯哲学学会比罗比詹分会、亚太俄罗斯语言和文学教师协会比罗比詹分会，为俄罗斯文化传播与发展做了大量工作；比罗比詹农业实验站为该地区的农业提供科学服务。

高等院校、科研院所等科研单位是犹太自治州科技成果的供给主体。

目前，犹太自治州的科研院所与高校已经成为基础研究、应用研究以及高新技术产业化的生力军，成为科技创新体系的重要组成部分，阿穆尔州立大学与区域问题综合分析研究所是该科研领域的佼佼者。2017年，犹太自治州的研发人员总数为127人，其中91名科研人员拥有副博士学位；15名拥有博士学位。2017年，自治州科研机构获得20项知识专利权。

一 俄罗斯联邦科学院远东分院区域问题综合分析研究所

为更好地进行区域社会经济调查研究，向社会各界提供科研成果，1990年3月1日，苏联科学院主席团通过《关于组建区域研究所》的第423号决议，准备在远东地区建立具有权威性的区域经济研究机构。1990年5月26日苏联部长理事会通过《2000年前犹太自治州社会经济和民族文化发展》报告，苏共书记雷日科夫赋予正在创建的研究所新的名称，"苏联科学院远东分院区域问题综合分析研究所"在犹太自治州首府比罗比詹成立。苏联解体后，该研究所更名为俄罗斯联邦科学院远东分院区域问题综合分析研究所。

在隶属关系方面，2013年，根据俄罗斯联邦政府《关于俄罗斯科学院、国家科学院重组和俄罗斯联邦某些立法行为的修订》（俄联邦第253 – Φ3号法令），研究所划归联邦科学组织署管辖。2018年5月15日，俄罗斯联邦总统批准第215号《关于联邦行政机构结构》的法令以及第1293 – P号命令（2018年6月27日），该研究所划归俄罗斯联邦科技与高等教育部管辖。

区域问题综合分析研究所下属主要研究机构包括区域系统动力学数学建模研究室、区域社会和人文研究室、区域地质生态学研究室、区域生物学研究室、地质构造模拟研究室、犹太移民运动研究室、社会经济系统动力学研究室等机构。研究所主要研究领域包括对地理信息、环境科学与技术、自然区域经济进行全面分析并建立数据模型；研究本区域自然与社会的相互作用规律。在基础研究领域，研究所主要对以下课题进行广泛的研究：

—阿穆尔河流域中部生物与生物资源多样性、空间分布以及最佳利用和保护；

——远东地区地质和地质系统地综合分析和数据模型建立；

——在大型区域项目实施期间，对所涉及问题进行全面分析和建模；

——生物多样性的时空动态和机制研究（黑龙江中部地区的生态系统）；

——动物物种（阿穆尔河流域中部）的时空分布定量分析和建模；

——通过概况与统计数据，对俄罗斯远东人口的社会结构进行研究。

近10年来，区域问题综合分析研究所先后承担俄罗斯科学主席团学院课题、俄罗斯科学院生物学学部和地球学学部项目、俄罗斯科学院远东分院项目、俄罗斯基础研究基金会、俄罗斯人文科学基金以及区域研究项目，出版专著35本（2008—2017年）。在应用创新领域，区域问题综合分析研究所承担应用研究48项（2011—2017年），课题涉及研究所下属8个研究室，其中应用和创新项目具体内容如下：

（一）2017年应用创新项目

1. "比罗比詹休闲公园绿化区改善报告"。分析比罗比詹休闲公园巷道树木当前生态状况，以及需要改善的植被和整个绿地生态状况。标明为消除安全隐患必须清理的退化（损毁）树木和灌木，提交报告给比罗比詹市文化和休闲中心，形成2017年7月7日第1号法令。（社会经济系统动力学研究室）

2. "犹太自治州国家森林资源地图"。该地图以1∶150000的比例编制，并提交到犹太自治州林业管理局。该地图直观地反映了犹太自治州国家森林基本资源分布，包括所有当前的变化。（区域地质生态学研究室）

3. "犹太自治州境内河床演变及表现形式"。该地图以1∶20的线性比例编制，反映了决定犹太自治州境内河床演变进程及其定位的自然条件。（区域地质生态学研究室）

4. "阿穆尔中下游流域四区商业鱼类监测"。收集春秋季样本，对商业鱼类的成熟个体进行分析。监测样本来自黑龙江流域的四个地点，每个季节中每个点采集6个物种，样本分析报告被转移到哈巴罗夫斯克地区环境控制服务处。（区域生物学研究室）

5. "犹太自治州燕尾沟矿床深层（距地表1公里）大型铀资源测定"。对犹太自治州燕尾沟矿床铀矿区的地质数据进行分析，得出测定报告。（地质构造模拟研究室）

6. "评估科马罗莲花种群的生态状况"。在湖中进行实地研究，测定莲花微种群面积，研究莲花生存的自然环境和人为因素影响，制定了改进水库莲花监测的建议。研究结果转交给犹太自治州政府动物保护与利用管理局。（区域生物学研究室）

7. "犹太自治州'横跨兴安山脉'的生态旅游路线开发"。确定并描述了10个生态旅游景点，标明自然保护区在路线形成中的位置。指出生态路线运行所需的基本条件（基础设施可用性，旅游和生态领域信息支持和投资），该报告被提交到犹太自治州政府。（区域生物学研究室，区域地质生态学研究室）

8. "犹太自治州历史与发展现状材料汇编"。收集分析和整理了一系列关于犹太自治州形成和发展的历史档案，包括科普和文学资料，涉及自然资源、社会经济、文化等内容。该报告被提交到"犹太自治州犹太组织联合会"和"犹太自治州遗产"2个社会公益机构。（犹太移民运动研究室）

（二）2016年应用创新项目

1. "犹太自治州红皮书中维管植物物种清单（2016年）"。报告建议将15种物种从保护名单中排除。根据收集的材料，区域生物学研究室向犹太自治州政府自然资源管理局提交信息和分析报告。（区域生物学研究室）

2. "犹太自治州社会潜力：犹太自治州人口状况和经济行为"。分析了犹太自治州的现状和形成过程，展示了移民在该地区社会经济发展中的地位，考虑到犹太人因素在该地区生活中的作用。报告提交给犹太文化、传统、教育和科学基金会。（区域系统动力学数学建模研究室）

（三）2015年应用创新项目

1. "犹太自治州境内植被火灾清单"。对犹太自治州境内植被过火数量和蔓延程度进行评估。编制出"犹太自治州境内年度森林资源"地图。（区域地质生态学研究室）

2. "比罗比詹文化娱乐公园树木生态状况评估"。评估文化公园和比罗比詹其余地区（公民大型娱乐设施用地）树木生态状况。（区域地质生态学研究室）

（四）2014 年应用创新项目

1. "犹太自治州红皮书（脊椎动物分布）"。规划关于犹太自治州红皮书工作指南，这是评估红皮书中包含动物物种状况的前提。审查需要保护动物名单，确定并论证物种保护状况类别。准备好犹太自治州红皮书（脊椎动物）提交给犹太自治州政府出版，新版犹太自治州红皮书包括 6 种鱼类、5 种爬行动物、63 种鸟类和 11 种哺乳动物。（区域生物学研究室）

2. 社会学调查"犹太自治州居民对内政机构活动的态度"。根据犹太自治州内政部要求进行相关社会学调查，并将其分析作为区域人口对内部事务机构活动态度的年度监测的一部分。该地区居民对禁止安非他明类兴奋剂及其工作人员在维护公共秩序，促进警察职业方面的活动感到满意，但对破案工作和地区专员活动持批评态度。（区域社会和人道主义研究室）

3. "对犹太自治州普通教育机构的教育工作者进行社会学调查"。在与地区教师高级培训学院合作框架内，对犹太自治州普通教育机构的教师进行了社会学调查，以研究他们与教育改革及其结果的关系。报告显示，大多数教育工作者注意到教育改革进程的条件有所改善，并认为有必要继续这样做，重点是提高教育过程的质量及其结果。（区域社会和人道主义研究室）

4. "2010—2013 年犹太自治州主要地下水化学成分变化调查"。在与国家水文监测中心远东地区比罗比詹分支机构合作框架内，调查了 2010—2013 年犹太自治州主要水文结构地下水化学成分的变化。结果表明，库尔洛夫山间自流盆地的地下水最适合家庭使用。（区域地质生态学研究室）

5. "比罗比詹境内各种自然组成部分的人为转变程度评估"。在生物地球化学指标的基础上，揭示了土壤和植被中铅迁移化学特征。编制出比罗比詹境内自然组分中的铅积累水平分级图。（区域地质生态学研究

室)

6."犹太自治州执行协助俄联邦重新安置国外侨民的国家方案情况"。通过分析稳定俄罗斯远东地区人口状况的可能途径,考虑吸引自愿重新安置居住在该地区的侨民同胞的条件和结果。犹太自治州案例显示出国家方案执行问题,涉及其参与者住房安排缺乏或水平低,同胞对俄语了解不足,伪造文件,继续保留原籍国护照等。针对这些问题提出的建议已被用于犹太自治州相关工作中。(区域系统动力学数学建模研究室)

7."火灾危险季节强度复杂指数的地理信息研究"。开发出地理信息系统用于计算火灾危险季节的复杂张力指数。编制哈巴罗夫斯克州和犹太自治州行政区的季节火情强度图。确定出犹太自治州植被易燃性的区域,以及最可能发生低水平火灾的时期。(区域地质生态学研究室)

8."人体呼吸系统功能开发与改善校正"。为了预防呼吸系统疾病,已开发出教育娱乐和培训方案,旨在开发和改善呼吸系统功能,并以秋季学期学生为例进行测试,该计划在阿穆尔州立大学实施。(区域动态数学模拟研究室)

9."对东北亚构造圈剖面中密度非均匀性奇异点分布进行建模"。研究地壳结晶层的偏转和隆起、拉伸、压缩结构的岩浆结构。(地质构造模拟研究室)

10."滨海边疆区南部区域构造和成矿构造综合分析"。报告得出的结论是,在锡涅戈尔斯克矿区,铀矿主要集中在东北走向的锡涅戈尔斯克断层上。(地质构造模拟研究室)

11."通过经济和数学模型分析和预测犹太自治州就业人数动态"。制定经济活动和年龄组在该地区就业人口中的经济数学模型。这些模型用于分析和预测犹太自治州就业人数动态。结果表明,目前自治州工人数量的动态具有阻尼振荡的特征。(区域系统动力学数学建模研究室)

12."巴斯塔克国家自然保护区鱼类数据分析"。报告确定出保护区共有35种鱼类和鱼类物种,根据地理来源不同分为5种类型,有23种,其中古北区鱼类群占主导地位。研究材料被转交到巴斯塔克保护区,将用于保护区的自然保护事宜。(区域生物学研究室)

(五) 2013 年应用创新项目

1. "2020 年前犹太自治州产业发展概念"。报告分析犹太自治州产业发展动态，确定限制其发展的主要因素，考虑了包括地区当局积极支持在内的工业发展的可能性，确定区域产业政策的主要方向。报告被移交犹太自治州政府工业和消费者市场管理部门以及犹太自治州立法议会。（区域动态数学模拟研究室）

2. "石墨矿床上的木本、非木本稀有和特有植物特征"。对犹太自治州十月区石墨矿床植被进行调查，确定对植被生存的人为影响类型，包括稀有和受保护植物物种种群，拟议的保护植物的措施。（区域生物学研究室）

3. 比罗比詹土壤生态区划图。通过对比罗比詹地区演变的分析，制定土壤生态区划图，反映了土壤和非土壤形态的多样性，确定了 4 个生态土壤和非土壤基质。结果表明，具有保留生态功能的土壤占据了犹太自治州领土的 54%，主要局限于比罗比詹周围，属于潜在的生态规划保护区。（区域地质生态学研究室）

4. 国家自然保护区"巴斯塔克"鱼类学研究。通过对数据实地收集和分析，在巴斯塔克保护区确定主要鱼类群落，研究其在分类学、动物地理学、生态系统特征以及保护区生态系统中的作用。（区域生物学研究室）

5. "犹太自治州居民对社会和政治倾向的民意调查"。调查犹太自治州公民对国家有关部门和地方政府、行政立法机构和政党领导水平的态度，涉及与市区人口有关的重要的社会和政治问题。调查报告已被移交给犹太自治州政府内政部以及犹太自治州立法议会。（区域系统动态数学模型研究室）

6. 犹太自治州渔业受比拉河工程损害评估。评估紧急修复过河水墩期间，工程造成犹太自治州渔业环境和收入的损失。确定在工作期间和恢复底层生态系统期间对河流底栖生物所产生的负面影响。报告提交给犹太自治州比罗比詹市政府。（区域生物学研究室）

7. 评估犹太自治州渔业在清理威尔普拉希哈河床过程中造成的损害。计算犹太自治州渔业损失，确定恢复底层生态系统期间对河底栖息

地的负面影响。（区域生物学研究室）

（六）2012年应用创新项目

1. 火灾季节强度地理信息评估系统。评估自然和人为因素造成火灾的季节强度变化，使消防机构及时布置在高发地带以保护森林资源，特别是在欠发达地区尤为重要。（研究室区域环境地质）

2. "在基姆坎—苏塔拉采矿和加工第一阶段（2012—2014年）建设期间，监测基姆坎和苏塔拉铁质石英岩矿床的植被覆盖"。对铁矿床及邻近地区植被覆盖的长期环境监测，包括森林植被和稀有维管植物物种位置，确定人为因素对植被的影响类型，并提出植被保护的建议。（区域生物学研究室）

3. 比罗比詹市绿化现代化。研究了俄罗斯远东地区自然环境和苗圃中树木和灌木品种生态和功能意义。选择用于比罗比詹市景观的树木种类和品种，建议用12种树木和5种野生植物灌木在比罗比詹市进行景观美化。（区域生物学研究室、区域地质生态学研究室）

4. 比罗比詹市文化宫绿化区改善报告。对首批建设者广场的树木生态状况进行评估和分析，建立树木和灌木生态状况的汇总表和地图。（区域地质生态学研究室）

5. 修订犹太自治州珍稀濒危动物物种清单和状况。对犹太自治州珍稀濒危鱼类和鸟类的生态状况清单和评估进行审计。确定40种鱼类和鸟类栖息地的现状，为新版《犹太自治州红皮书》编写提供基本信息，并提出保护珍稀鱼类和鸟类建议。（区域生物学研究室）

6. 评估犹太自治州和地方政府的有效性。通过社会调查评估犹太自治州社会重要活动领域的状况（医疗保健、参与体育教育、普通教育质量、犯罪水平），该地区州长活动以及该地区执行机构的信息公开程度。确定居民对医疗保健、学前教育质量、儿童额外教育、普通教育、住房和社区服务领域的服务质量的满意度。确定犹太自治州居民所关注的社会问题。通过调查获得的指标用于监测区域执行当局施政的有效性。（区域系统动态数学模型研究室）

7. 评估公众对犹太自治州政府机构活动的信心程度及其反腐败措施力度。评估公众对犹太自治州执行机构工作以及反腐败措施有效性方面的信心水平。对犹太自治州所有社会群体进行社会学调查，确定腐败行为的某些特征（腐败覆盖面，堕入腐败的风险，贿赂意愿，贿赂平均规模）。描述贿赂者的腐败行为，包括拒绝行贿的动机，该地区居民对腐败和反腐败的认识程度。（区域系统动态数学模型研究室）

8. 评估民众对内政部及其雇员态度。确定对内务部员工的现有民意，并公布一系列针对其员工投诉，为可能改进该地区内政机构的工作制定提案。该报告已提交给犹太自治州内政部办公室。（区域社会和人道主义研究室）

9. 初级预防药物使用教育方案。调查犹太自治州的年轻人精神类药物上瘾状态，提出志愿监督员组织和缓解青少年心理压力的基本方法。提交给犹太自治州"家庭和青年社会和心理援助中心"。（区域社会和人道主义研究室）

（七）2011 年应用创新项目

1. 东西伯利亚—太平洋管道设施建设期间环境监测报告。监测涉及东西伯利亚—太平洋 2 号输油管道、输油站及光纤通信线路周边区域植被，确定管道建设和运行过程中对植被的影响，建议管道运行阶段继续对植被状况进行工业环境监测，形成管道建设区植物保护措施。（区域生物学研究室）

2. 清理河道对犹太自治州渔业的损失评估。评估清理大比拉河河道对犹太自治州渔业经济活动可能造成的损害。（区域生物学研究室）

3. "犹太自治州国家森林资源汇编"。制定"犹太自治州国家森林资源地图"，提交给犹太自治州政府森林管理局。（区域地质生态学研究室）

4. 制订商业计划"建立捕捉和保护无家可归宠物企业"。计算建立捕捉和保护无家可归宠物企业所需投资及社会效益，包括管理此类活动的监管框架描述，项目投资需求，其实施时的社会和预算效率。报告交给犹太自治州政府兽医管理局。（区域系统动态数学模型研究室）

5. "关于犹太自治州宗教状况"的社会学研究结果的分析报告。该报告分析了宗教组织在传播教条方面的活动；使用宗教信仰指标和人口的忏悔识别来评估宗教情况的群众意识水平；各种教派宗教协会的领土分布图。该报告已提交总督办公室和犹太自治州政府。（区域社会和人道

主义研究室）

6. 2020年前犹太自治州十月区经济社会发展战略。该战略属于市政府措施系统，基于地方政府的长期优先事项，以改善居民生活质量。（区域系统动力学数学建模研究室）

7. "市区内小企业的发展状况综合研究"。对小企业发展状况研究包括以下几个阶段：对犹太自治州和远东联邦区个别主体的小企业发展进行定量分析。对市区小企业的定性分析（专家访谈结果）。确定市政当局刺激小企业的主要方向和可行方法。该报告提交给州长。（区域系统动力学数学建模研究室）

8. "比罗比詹区居民对社会服务质量满意度分析报告"。该报告反映出农村居民对医疗保健机构、教育、文化、社会保障以及住房和公用事业企业服务质量满意度的社会调查结果。该报告已提交给比罗比詹区政府。（区域社会和人道主义研究室）

在国际学术交流方面，2018年，区域问题综合分析研究所科研人员先后参与多场相关国际学术会议：

1. 生物数学新趋势研讨会，西班牙巴塞罗那；
2. 第六届"国际野生动物管理"研讨会，保加利亚；
3. 第五届"气候、旅游与休闲"国际会议，瑞典；
4. 湿地与生态文明，中国长春；
5. 第六届"啮齿动物生物学与管理"国际会议，德国波茨坦；
6. 第二届"防灾减灾服务"国际会议，中国北京；
7. 第四届"HGT与LUCA"，希腊雅典；
8. 新丝绸之路国际科技组织联盟（ANSO）第一届大会，中国；
9. 亚洲生物多样性信息传播研讨会，中国上海。

二 阿穆尔国立大学

以阿列伊赫姆命名的阿穆尔国立大学是一座现代化教育综合体，拥有完善的基础设施，可以为该地区培养出各经济部门和社会文化领域所需的专业人才。根据俄罗斯联邦劳动力市场研究中心的"俄罗斯联邦2016年需求评级"，阿穆尔大学在综合性大学中排名第33位。

阿穆尔国立大学成立于1989年，初创时期是所教育学院。2005年，鉴于犹太自治州对经济、管理、社会服务、技术工程等领域高素质人员的需求不断增长，比罗比詹国立学院被重组为远东国立社会与人文学院。2011年，根据俄罗斯联邦教育与科技部2011年6月23日高等职业教育第2051号命令，联邦国立教育机构"远东国立社会与人文学院"与中等职业教育机构"比罗比詹工业与人文学院""比罗比詹轻工机械技术学院"合并重组。根据俄罗斯联邦教育和科技部2011年11月24日第2746号命令，重组后的教育机构更名为以阿列伊赫姆命名的俄罗斯联邦阿穆尔国立大学。

目前，阿穆尔国立大学是所公认的地区性大学，能够培养教育、科学和社会经济各领域人才，是犹太自治州区唯一一所提供多层次、多学科教育的大学，有超过3000名本科生和研究生在8个学院就读，学院包括数学、信息技术与技术、公共服务、广告和社会工作、语言学、历史与新闻、文学、地质环境、教育与心理学、经济、管理与法律，工业与经济中等职业教育、信息与工业技术中等职业教育。该大学招收有近百名国外留学生，主要来自中国、塔吉克斯坦、乌克兰、阿塞拜疆、乌兹别克斯坦和哈萨克斯坦。大学实施高等教育课程，包括20门教师培训课程，16门研究生课程，28门本科课程；10门中等职业教育培训课程，10门普通教育课程（普通基础教育和中等教育课程）。该大学还实施再教育计划（高级培训，专业再培训），每年为200多人提供各种高级培训课程。自成立以来，该大学培养了近16000名接受过高等教育的人才。

为提高教育质量和打造国家一流大学，阿穆尔国立大学积极与该国其他高等教育机构以及外国院校开展学术与科研创新合作，先后与中国哈尔滨、日本新潟、以色列巴尔—巴伊兰和耶路撒冷、美国波士顿和哥伦比亚等地高校开展信息交流，举办国际科学会议，互派学生和教师进行培训与实践。阿穆尔国立大学拥有高素质教学人员，拥有高学位和（或）学历的教师比例为81%，其中博士和（或）教授占14%，在Scopus、WOS等国际引文数据库杂志上发表的学术论文数量逐年增加。阿穆尔国立大学拥有现代化的教学和研究基地，包括10栋教学楼和2栋教学实践楼、6个体育馆、3个开放式运动场、4所旅馆，后勤硬件支持使该校能够达到俄罗斯联邦教育要求的水平。

2018年，阿穆尔国立大学学者参与18次大型国际学术交流会议：

1. 第三届"21世纪多极世界形态：生态、经济、地缘政治、文化和教育"国际科学和实践会议，俄罗斯；
2. 国际科学实践会议"咸海地区及邻近地区综合地理研究的问题和前景"，乌兹别克斯坦努库斯；
3. 第十二届国际生态论坛"自然无国界"，远东联邦大学；
4. 第七届国际科学和实践会议"系统结构和人类学方面的世界图景"；
5. 国际科学与实践会议"教育与科学问题：理论与实践"；
6. 国际艺术与设计会议"日本秋天的色彩"，日本横滨；
7. 第六届国际大学生艺术虚拟展"亚洲文化"，共青城；
8. 第十二届国际技术、教育与发展会议，西班牙巴伦西亚；
9. 国际会议"现代社会人格形成理论与实践"，俄罗斯尤尔加；
10. "大地测量与土地管理：科学与生产"，鄂木斯克州农业大学；
11. 第一届人工智能、医学工程和教育国际会议，俄罗斯；
12. 国际计算机技术与应用会议，符拉迪沃斯托克；
13. 国际机械科学和技术更新，鄂木斯克国立技术大学；
14. 第九届国际科技创新技术实践会议，托木斯克理工大学；
15. 工商业信息技术国际会议，托木斯克理工大学；
16. 国际建筑与建筑会议：产业发展理论与实践，俄罗斯；
17. 国际科学实践会议"现代青年价值世界的特征"，莫斯科。

三　科技综合创新指数

从整体来看，犹太自治州科研发展的客观水平体现在俄罗斯联邦主体创新评价指标体系当中。俄罗斯联邦主体创新评价指标体系由创新活动的社会经济条件、科学技术潜力、创新活动、创新政策质量4个一级指标；基本宏观经济、人口教育潜力、信息社会发展程度、科研经费、科研人才、科研成果、机构创新积极性、小企业创新情况、技术创新经费、创新活动成果、创新政策法律基础、创新政策组织保障、科学及创新预算经费13个二级指标；人均地区生产总值、高技术制造产业就业人口数量占总就业人口数量比例、技术密集型服务业就业人口数量占总就业人口数量比例、25—64岁高学历人口数量占相应年龄层人口数量比例、内部科研经费占地区生产总值比例、研究人员人均内部科研经费、取得学位的研究人员占研究人员总数的比例、科研人员平均月工资与地区平均月工资的比例、科研人才数量占地区就业人口总数的比例、39周岁及以下研究人员占研究人员总数的比例、企业科研经费占内部科研经费的比例、俄科学引文索引收录期刊发表论文数量、技术出口值占地区生产总值比例、先进技术数量、俄籍专利申请人向俄罗斯专利局提交专利申请数量、拥有自主研发创新技术的机构数量占工业生产机构总量的比例、参与联合研发项目的机构数量占工业生产机构总量的比例、联邦主体预算经费占技术创新总经费的比例等37个三级指标构成。[1] 综合创新指数可以全面、系统地反映俄各联邦主体创新发展现状及趋势。

根据俄罗斯联邦主体创新指数排名（85个联邦主体排名），2015年犹太自治州综合区域创新指数为0.1637，远低于全国平均水平，排在第四梯队，在俄罗斯联邦主体中排名85位。[2] 可以说，创新指数低受犹太自治州经济发展缓慢直接影响，不利的信贷条件和缺乏足够的营运资金阻碍了现有企业的技术改造，当地科研经费投入远远低于俄罗斯科技投入平均水平，只有4140万卢布，仅占远东联邦区科技投入的0.3%，在远东9个联邦主体中排名最后（见表8.3）；2017年，犹太自治州科研机构仅有2所，为远东联邦区科研机构的1%（2017年远东联邦区科研机构182所）；犹太自治州综合创新指数为0.1911（2017年），同样远低于全国平均水平排在末尾（77位）。在其余各项综合指数中，自治州只有"科技潜力""创新活动"指数相对表现较好，分别为0.211和0.134，在俄罗斯联邦主体中排名76位和72位。为提高犹太自治州的科技创新能力，2019年自治州政府拨款超过1.5亿卢布用于对犹太自治州境内中小

---

① 黎思佳：《俄罗斯联邦主体创新评价指标体系研究》，《中国科技信息》2018年第10期，第105页。

② 2017年俄罗斯区域创新报告，https://www.hse.ru/org/hse/primarydata/。

企业实施技术扶持,这些措施包括科技咨询、信息交流、财务(提供担保和保证、小额信贷)、专业技能培训等。

表8.3　　　　　2017年远东联邦区各主体科研经费投入　　　　单位:百万卢布

主体	经费
萨哈(雅库特)共和国	5250.3
堪察加边疆区	2486.2
滨海边疆区	2109.2
哈巴罗夫斯克边疆区	1548.9
萨哈林州	935.6
楚科奇民族自治区	801.3
阿穆尔州	185.2
马加丹州	169.4
犹太自治州	41.4

资料来源:根据2018年俄罗斯区域经济与社会统计年鉴数据整理,РегионыРоссии. Социально-экономические показатели,2018。

第九章

法律法规与政府机构体系

犹太自治州政府属于俄罗斯行政机关,负责制定地方法律法规,依法对本行政区域内的地方性公共事务进行管理,根据地方经济社会发展规划以及地方政府发展目标,运用国家行政权力指导所属各部门、下级国家行政机关、企事业单位、社会团体的行政活动。犹太自治州政府机构职能的基本内容包括政治职能、经济职能、文化职能及社会保障职能。政府政治职能主要体现在维持政治秩序和社会秩序,作为社会利益的调节者以及作为政治一体化的工具等方面。经济职能主要体现为宏观经济调控职能,提供公共产品和服务职能、市场监管职能。文化职能体现在作为社会意识形态的倡导者以及社会科技、文化、教育等领域的公共政策的制定者。社会保障职能主要体现在制定社会保障的法律、制度,建立完善的社会福利和社会保障体系。犹太自治州实现政府职能的主要手段包括行政手段、经济手段、法律手段等,其中法律手段具有严肃性、权威性、规范性的特点,使行政管理统一化和稳定化,但其只能在有限范围内发生作用,涉及诸多经济关系、社会关系,需结合其他手段才能发挥作用。

第一节 政府机构体系

根据俄罗斯联邦宪法规定,犹太自治州属于俄罗斯联邦的权力主体,自治州立法会议、州长及其领导的州政府、州法院在自治州范围内行使国家权力。州长是自治州最高行政官员,同时也是主要政府权力执行者,由俄罗斯联邦总统推荐并经州立法会议选举产生，任期5年。根据自治州宪章规定，州长拥有一系列与重新分配预算内资金、监督法律执行情况有关的附加职权。州政府作为集体职权机构，制定并执行预算，支配及管理州财产，并负责向州长汇报工作。

州立法会议是自治州最高常设立法权力机构，它由19名任期5年的代表组成，并由立法会议主席主持。立法会议负责审批标准法律法规、严格监督州行政机关事务互动，其中包括调控预算制度、税收、税费及各领域的经济活动。自治州联邦法院（由5位法官组成，任期10年）、民事法官依照法定职权和程序实施司法权力，通过审判的形式将相关法律适用于具体案件。

一 自治州州长机构设置

州长直属机构由州政府新闻中心、州长办公厅礼宾部门、行政改革部门、财政部门、地方自治问题部门、审计部门、职业安全健康部门、数据安全保护部门以及相关顾问及首席技术专家组成。自治州州长办公机构职权范围由犹太自治州宪章（2014年12月24日颁布，第626—03号文件）以及自治州州长办公机构条例（2015年第37号文件）赋予实施。办公机构直接受州长领导管理，具体办公事宜由副州长负责，主要为州长和地方政府活动提供法律、财务、组织、后勤及文件资料支持；确保州长及政府办公机构与其他政府机构互动协调运作；监督联邦和地区立法、政府决定与法令执行和遵守情况。自治州州长直属办公机构基本职能如下[①]：

1. 在管理权限范围内制定地区监管法律法规草案；
2. 形成政府会议议程草案，并以规定方式进行协调；
3. 接受以规定方式提交的自治州政府决议草案，供地方政府会议审议；
4. 监督州政府决议草案提交的最后期限；
5. 组织筹备会议，初步审议政府会议议程草案中的议题；

---

① 犹太自治州政府门户网站，参见：http://www.eao.ru/gubernator/polnomochiya/。

6. 在政府官方门户网站上发布政府会议议程、决议草案以及其他法律信息；

7. 保存和登记自治州政府会议记录；

8. 向执行单位（个人）传达自治州政府会议指示；

9. 编制犹太自治州政府月度主要活动计划；

10. 准备并更新由州长及政府主导的地区行政综合工作计划；

11. 了解相关机构所需州长参与事务，制定并提交月度州长日程安排；

12. 代表自治州州长参与组织权限范围内的社会周年庆典及其他庆祝活动；

13. 制定州长办公室和地区政府部门期刊订阅清单，监督订阅收取情况；

14. 更新有关部门及负责人联络资料并将其发送给有关各方；

15. 登记（传达）自治州州长与地方政府签署的法令和协议；

16. 向俄罗斯联邦司法部驻本地机构转发州长法令和命令副本；

17. 协调州长办公室和地区政府常设专家委员会工作；

18. 代表州长向俄罗斯联邦总统、联邦各部负责人、各联邦主体就国家公众节日、专门纪念日以及其他必要的庆典活动表示祝贺。

二 自治州州长职责与权限

1997年10月8日颁布的第40－OZ号犹太自治州章程（2016年N 895－O3号文件修订）构成了犹太自治州州长行政职能的法律监管依据，州长行政权力包括：

1. 代表自治州与俄罗斯联邦各国家权力机构、各联邦主体国家机构以及对外经济文化实施有关方签署协议；

2. 根据自治州宪章确定所辖行政区的国家权力执行结构；

3. 根据该自治州立法，组成该地区（地方政府）国家权力的最高执行机构，并对其成员辞职作出决定；

4. 领导自治州政府并主持政府会议；

5. 在自治州预算规定拨款范围内批准州长机构及政府办公机构支出；

6. 有权任命和解职自治州副州长职务；

7. 有权任命和解职自治州政府第一副主席、自治州副主席、政府执行机构负责人以及相关第一副职与副职；

8. 根据联邦法律参与协调联邦执行机构驻本地负责人的人选事宜；

9. 向立法议会提交审计委员会正副主席候选人选、儿童事务专员人选；

10. 根据该地区法律提名本地区企业家权益保障专员人选；

11. 依据俄罗斯联邦宪法和联邦法律关于"俄罗斯联邦检察机构"的相关规定，同意任命自治州检察官候选人；

12. 有权任命地区选举委员会的半数成员；

13. 有权依据联邦立法规定的方式将市政当局负责人撤职；

14. 签署并颁布或拒绝立自治州法议会根据联邦和地区法律通过的法律；

15. 在其权限范围内发布自治州州长法令，签署地方政府法令与命令；

16. 向立法议会提交自治州政府工作年度报告，包括接受立法议会质询；

17. 在自治州立法议会中拥有立法倡议权力；

18. 有权要求召开本地区立法议会特别会议，在州宪章规定日期之前召开新一届地区立法会议；

19. 有权参与该地区立法议会工作，并有权进行咨询投票；

20. 确保自治州行政当局与其他联邦主体政府机构的工作协调，并根据联邦立法组织自治州行政当局与联邦行政当局及其驻本地机构、本地市政当局、社会团体进行互动；

21. 有权废止本地区国家权力执行机构违反俄罗斯联邦宪法、联邦法律、自治州法律以及州长和政府监管的行为；

22. 有权对本行政区相关官员采取奖励和纪律措施；

23. 审议授予俄罗斯联邦荣誉称号事宜，并向俄联邦相关部门提交申请；

24. 确定该地区公务员职级薪金和薪金规模；

25. 确定本地区政府机构雇员商务旅行相关费用报销程序和数额；

26. 根据联邦和地区法律行使其他权力。

三 自治州行政部门

犹太自治州政府是犹太自治州的最高国家权力执行机构。犹太自治州政府负责编制和执行预算，支配和管理犹太自治州经济，与其他组织机构协调一致。自治州政府行政职能主要分执行与管理两个方面：在执行方面，自治州行政机关执行代议机关制定的法律和决定，地方行政机关除执行上述法律和决定外，还要执行上级行政机关的命令和本级代议机关的决议；在管理方面，自治州行政机关管理行政区域内的内政外交等方面的行政事务。行政机关在执行和管理的过程中，有权作出行政决策，发布行政命令和行政决定，并采取必要的行政措施，犹太自治州各级行政机关都实行首长负责制。

（一）犹太自治州行政机构

犹太自治州行政执行机关由28个政府行政部门组成，负责执行上级行政机关命令和本级代议机关决议，组织和管理所属各部门及下级行政机关、企事业单位及社会团体的行政事宜。具体行政执行部门如下：

1. 犹太自治州财政局

财政局是犹太自治州负责地方财政工作，贯彻执行财务制度的行政部门。犹太自治州政府财政局按照政策条例管理财政收支，促进社会各项事业发展，主要管理职责是贯彻执行联邦及自治州财政税收政策、财务会计方面法令、条例及其他有关政策；根据地方经济发展计划，制定地方财政发展规划，制定年度预算和编制年度决算，执行地方立法议会批准的年度预算；管理地方各行政部门经费支出，监督和检查各单位执行财务制度的情况；管理社会救灾，救济、医疗保险等财务资金，加强对社会保障资金使用的宏观调控和监督。自治州财政局办公地址位于犹太自治州比罗比詹市苏维埃60周年大街18号。

2. 犹太自治州经济局

经济局是犹太自治州负责预测本地区社会经济发展，制定社会经济政策的行政部门。经济局主要管理职能是制定和协调实施国家社会经济发展政策措施，在该地区创造有利的投资环境；编写关于经济监管和协调市场和生产基础设施发展的提案；全面分析和预测区域经济发展趋势、社会经济发展目标和优先事项；参与监测区域经济中具有社会意义的企业财务状况；制定与其他俄罗斯联邦主体经济合同草案和协议；确保在提高经济活动效率和结构性投资基础上协调行政当局的活动；参与制定该区域自然资源合理利用和再生方案研究；监测该区域的社会经济发展。自治州政府经济局办公地址位于犹太自治州比罗比詹市苏维埃 60 周年大街 18 号。

3. 犹太自治州道路运输管理局

道路运输管理局是由自治州地方政府组建的道路运输管理行政机关。管理局主要职责是监督完善该地区道路部门和运输部门立法工作，监督相关法规执行；实施道路运输投资计划，发展和改善自治州道路运输网；履行国家监督职能，确保区域预算资金中关于自治州道路及运输发展资金的有效利用；完善自治州道路网络和运输服务，旨在满足社会各方面客货运输的需求；对交通运输车辆与驾驶人员进行不定期现场检查，预防道路交通事故。自治州道路运输管理局办公地址位于犹太自治州比罗比詹市魔术师路 3A 号。

4. 犹太自治州农业管理局

根据犹太自治州法律决议（2000 年 5 月 31 日第 185 – OZ 号和 2010 年 9 月 14 日第 330 – PP 号决议），犹太自治州农业管理局是犹太自治州政府的行政机关，负责实施该地区农工综合体领域国家政策。农业管理局主要职责是监管和协调农工综合体分支机构发展，提高其生产效率、产品质量和竞争力；在财政可持续性和农业现代化基础上提高农村社会发展水平以及农产品竞争力；合理利用和管理农业生产土壤资源；创造有利的投资环境，增加对农工综合体投资。自治州农业管理局办公地址位于犹太自治州比罗比詹市魔术师路 3A 号。

5. 犹太自治州畜牧兽医局

畜牧兽医局主要职责是执行联邦和自治州有关畜牧业发展的方针政策；收集整理自治州畜牧经济数据，研究制定畜牧业、饲料工业发展规划；监督管理本地区的动物防疫检疫工作，拟定动物疫病防控政策、应急预案；负责兽医医政管理、畜禽饲料药物管理、动物产品质量安全监督管理及相关许可证发放；组织实施动物卫生科技工作。自治州畜牧兽医局办公地址位于犹太自治州比罗比詹市魔术师路3A号。

6. 犹太自治州国家技术监察局

犹太自治州国家技术督察局负责监察本地区自行式设备和其他类型机械技术状况。国家技术监察局根据法律赋予的职责行使下列权力：对使用过程中的拖拉机、自行式筑路机及其他机器技术状况进行区域监督，不论其隶属关系和所有权形式（俄罗斯联邦武装部队和其他部队的机器除外），按照标准确保生命和财产安全；对排量超过50CC或者最大电动机功率超过4千瓦的拖拉机、自行式筑路机和其他内燃机车辆，以及包括最高设计速度低于50公里/小时，而且不是用于公路上行驶的拖车进行登记（武装部队和其他俄罗斯军事车辆除外）；定期对车辆机械进行技术检查，为参加考试获得驾驶自行式车辆权利的驾驶员颁发证书。国家技术督察局办公地址位于犹太自治州比罗比詹市魔术师路3A号。

7. 犹太自治州自然资源管理局

自然资源管理局的行政职能由犹太自治州政府第304－PP号决议（2017年7月25日）批准的自治州自然资源管理条例确定，主要包括开展矿产储量、水体等自然资源的地质及经济环境信息监测，对环境负面影响事物进行环境监督及评估；授予私人或法人实体开发利用地下资源的权利；对区域一级生活和生产设施进行环境影响评估；有害（污染）物质的大气排放许可证审核。自然资源管理局办公地址位于犹太自治州比罗比詹市苏维埃路111号。

8. 犹太自治州林业管理局

林业管理局是犹太自治州政府管理林业资源的行政权力部。林业管理局的主要职责是拟订林业及其生态建设的方针政策，起草相关法律法规并监督实施；承担森林资源保护发展监督管理的责任；组织编制并监督执行自治州森林采伐限额，监督检查林木凭证采伐及运输；组织实施林权登记管理工作；组织、监督野生动植物资源的保护和合理开发利用；在犹太自治州国家森林监测区域实施森林火灾监督。林业管理局办公地址位于犹太自治州比罗比詹市苏维埃路111号。

9. 犹太自治州野生动物保护与利用管理局

野生动物保护与利用管理局主要负责保护有益的或者有重要经济、科学研究价值的陆生野生动物，编写、调整其保护名录；在地方珍稀野生动物主要繁衍地划定自然保护区，加强对野生动物及其生存环境的保护管理；加强与海关、工商行政、运输等部门协调行动，对非法偷运珍稀野生动物及其产品行为进行调查处理；对重点保护野生动物生存环境产生不利影响的建设项目提出主管部门意见。野生动物保护与利用管理局办公地址位于犹太自治州比罗比詹市苏维埃路111号。

10. 犹太自治州建筑与建设管理局

建筑与建设管理局主要负责起草该城市建筑规划、住房政策法律法规草案，提交供犹太自治州政府审议，并参与审查相关法律草案以及协调和监管行业活动；在其职权范围内就住房政策、城市规划、建筑等问题为公民和组织提供信息支持；组织协调建筑技术人员培训、再培训和高级培训工作。建筑与建设管理局办公地址位于犹太自治州比罗比詹市苏维埃60周年大街18号。

11. 犹太自治州施工监理与检验局

施工监理与检验局的主要职责是对由联邦或州预算供资的项目文件实施政府审查，对工程施工进行监督，评估项目文件是否符合技术法规要求，包括卫生流行病学、环境要求、国家文化遗产保护要求、消防、工业和其他安全要求以及工程测量结果，并评估工程测量结果是否符合技术法规要求；以适用法律规定的方式，在公寓楼和（或）其他房地产工程领域进行政府管控和监督，核实政府在基本建设项目建造、翻新或大修方面决策和建议的执行情况；受理公民相关提案、申请和投诉，并以规定方式采取必要的措施；指导和组织工程质量等级核定；以规定的方式开展和提交犹太自治州施工监理管理法律法规草案，交由州长和犹太自治州政府审议。施工监理与检验局办公地址位于犹太自治州比罗比詹市魔术师路3A号。

12. 犹太自治州就业管理局

就业管理局是犹太自治州负责促进劳动力就业的行政部门，主要职责包括帮助自治州公民寻找适合工作，协助用工单位挑选必要的劳动力；

了解俄罗斯联邦各个主体劳动力市场情况；组织公民职业选择指导、职业培训以及再就业职业教育；失业公民心理救助，提升其在劳动力市场的社会适应能力；协助失业公民自主创业，并从区域预算中获取自主创业一次性财政援助；协助产假期间妇女进行职业培训和额外职业教育；对用人单位依照联邦法律法规进行工作条件审查；在劳动仲裁审议阶段协助相关部门解决集体劳动争议。就业管理局办公地址位于犹太自治州比罗比詹市苏维埃60周年大街24号。

13. 犹太自治州卫生管理局

卫生管理局是犹太自治州政府在公共卫生保障领域实施国家政策和管理本地卫生系统的行政部门，部门活动以俄罗斯联邦宪法、联邦和地区法律以及本行业法规为指导。卫生管理局主要职能是编制区域卫生规划并负责组织实施；负责传染病和慢性非传染性疾病的防治规划，依法监测传染病，建立预警机制；负责建立医疗救治系统，开展应急医疗救护管理工作；审定各级医疗卫生机构的医疗护理及相关服务质量标准、技术规范，并实施监督管理；组织开展全民社会健康教育与促进工作。卫生管理局办公地址位于犹太自治州比罗比詹市绍洛姆·阿列赫姆大街21号。

14. 犹太自治州公共住房事业和能源管理局

公共住房事业和能源管理局是负责犹太自治州公共住房与能源利用的行政部门，主要负责全面分析并预测该地区住房和社区服务发展的趋势；制定和提交本区域相关规范性法律草案，供州长和地区政府审议；制定提高生活保障工程系统可靠性和环境安全性建议，确保犹太自治州消费者的权益得到保护；批准供热、供水、污水处理、供气及电力等公用事业消费标准；制定本地区政府关于住房建设、社区服务及能源供应建议；制定发展该区域燃料和能源综合体、节能和能源效率计划，并监督其实施；制定和批准该地区电力工业发展规划和方案，向电力工业授权机构提交电力设施总体布局方案所需信息，并协调该地区电力设施清单和位置；批准城市固体废物处理经营者的投资、生产计划，在城市固体废物管理领域开展监督活动。公共住房事业和能源管理局办公地址位于犹太自治州比罗比詹市魔术师路3A号。

15. 犹太自治州国家住房监察局

住房监察局是犹太自治州实施区域性国家住房监管的行政部门，主要任务是包括根据俄罗斯联邦住房立法、节能立法和提高住房使用安全要求在住宅房屋管理和维护领域对地方当局以及法人实体、个体企业和公民进行监督管理，遏制或消除所发现的侵权行为。住房监察局办公地址位于犹太自治州比罗比詹市魔术师路3A号。

16. 犹太自治州通信信息技术委员会

犹太自治州通信信息技术委员会是犹太自治州的行政权力机关。委员会与自治州政府其他机构共同制定信息社会发展计划，确保自治州信息社会、电子政务的有效创建与发展，利用通信技术保护信息免受未经授权的访问和通过技术渠道泄露；制定和实施公共政策领域相关提案，旨在提高电信企业效率，确保通信信息技术可持续运作和稳定发展，满足居民与法律实体在广播、邮政和电子通信方面的需求；协调自治州政府日常工作中信息通信技术使用、信息系统运行以及电信基础设施维护活动。犹太自治州政府通信信息技术委员会办公地址位于犹太自治州比罗比詹市苏维埃60周年大街18号。

17. 犹太自治州文化局

文化局是犹太自治州政府主管文化艺术事业的行政部门。文化局主要职责是执行俄罗斯联邦与自治州的文化政策和法规；研究制定自治州文化事业发展规划、规章和管理办法；综合管理当地社会文化事业（团体）、图书馆事业、文物事业、影视节目发行放映、对外文化艺术交流；执行国家及地方新闻出版管理规章和管理措施，组织实施和监督检查。文化局办公地址位于犹太自治州比罗比詹市魔术师路3A号。

18. 犹太自治州户籍登记局

户籍登记局是犹太自治州为保障公民合法权益，根据俄罗斯联邦国家户籍登记法律法规设立的行政机关。户籍登记局主要职责包括公民出生登记；公民婚姻登记、离婚登记；收养登记；注册确立父子关系；名称变更注册；公民死亡登记；恢复和取消民事登记；对公民身份记录进行更正或更改。户籍登记局办公地址位于犹太自治州比罗比詹市苏维埃60周年大街26号。

19. 犹太自治州档案局

档案局是犹太自治州的档案行政管理部门，负责对犹太自治州档案保管调阅实行统筹规划、组织协调。主要职责包括制定档案工作的规章制度并组织实施；监督所属各级行政机关、企业事业单位和其他组织的档案工作；负责接收、保管所属范围内的各门类档案及有关资料，维护档案完整与安全；负责档案统计、分析、综合开发利用档案信息资源。档案局办公地址位于犹太自治州比罗比詹市魔术师路3A号。

20. 犹太自治州托管监护管理局

托管监护管理局主要职责是确保及时识别需要建立监护权的人及其家庭；保护需要对其进行监护的公民的权利和合法利益，以及受监护的公民；监督监护人和受托人以及无能力或不完全能力的公民所在机构的活动；监督受监护或监护公民的财产和财产管理安全，包括对孤儿和无父母照顾儿童提供教育、医疗等组织的监督；在法律规定的情况下终止监护权；为所有被剥夺父母照顾的儿童安置支付一次性福利资金；为养育3个或以上寄养子女的家庭支付购买儿童家具款项。托管监护管理局办公地址位于犹太自治州比罗比詹市绍洛姆·阿列赫马大街21号。

21. 犹太自治州内政管理局

内政管理局主要职责是协助自治州政府首脑与地区政党、宗教协会、国家文化自治团体、侨民社团及其他非营利组织之间交流互动；在其职权范围内组织开展公民爱国主义教育、民族关系及宗教关系改善工作；监测和分析该地区公众舆论状况、社会政治进程，针对该地区热点问题，进行社会公众舆论状况调查，为州长和地方各级政府准备信息和分析材料；履行该区域授权执行机构的职能，为犹太自治州社会公共活动提供信息分析技术支持；组织俄联邦、自治州和市政大众媒体对自治州政府执行机构的活动进行及时报道；对自治州社会导向型非营利组织登记注册管理。内政管理局办公地址位于犹太自治州比罗比詹市苏维埃60周年大街18号。

22. 犹太自治州执法保障与执法机关协作管理局

执法保障与执法机关协作管理局主要职责是根据既定程序制定法院、检察官、内政机构、安全机构、药物管制机构、监狱系统、移民监督等行政部门的协调行动措施，起草相关法律和其他监管法规，以解决其职权范围内的问题；为该地区治安法官的活动提供组织支持，包括后勤和人员支持；为在该地区偏远和人口稀少地区的俄罗斯联邦公民提供律师援助和后勤支持；参与执行该区域反恐事宜；向公民提供现金支付，鼓励其自愿交出非法枪支弹药和爆炸装置；进行公民接待，审核公民和法律实体在其职权范围内的上诉事宜。执法保障与执法机关协作管理局办公地址位于犹太自治州比罗比詹市苏维埃60周年大街18号。

23. 犹太自治州国有财产管理委员会

犹太自治州国有财产管理委员会于1991年8月根据犹太自治州人民代表委员会会议决议成立，其职权范围内通过的委员会命令对自治州行政事业单位、国有企业具有约束力。财产管理委员会主要职责是依照法律、行政法规制定国有资产管理规章制度，对执行情况进行监督检查，维护国有资产安全和完整，提高国有资产使用效益；负责组织国有资产产权登记、产权界定、产权纠纷调处、资产评估、资产清查、资产统计报告等工作；向市政府和上级财政部门报告有关国有资产管理工作。国有财产管理委员办公地址位于犹太自治州比罗比詹市苏维埃60周年大街18号。

24. 犹太自治州教育委员会

教育委员会作为犹太自治州的行政权力机关，优先任务是组织实施犹太自治州教育体系发展国家计划，根据需求和现实条件在犹太自治州教育机构中设置新的教学目标；提高教育活动有效针对性以及学生心理教育水平；建立学前教育机构网络，同时考虑学前教育替代形式的多样性；在普通教育领域继续完善教学方式信息化，提升师资环境；在职业教育领域完善中等职业教育机构的专业培训水平，使其符合联邦国家教育标准要求。教育委员会办公地址位于犹太自治州比罗比詹市卡里宁路19号。

25. 犹太自治州居民社会保障委员会

犹太自治州居民社会保障委员会是犹太自治州的行政机关，负责在居民社会保障和社会服务领域实施国家政策，履行相应行政职能。主要职责是拟定区域劳动和社会保险相应标准、管理规则、实施办法，依法行使国家劳动和社会保险的监查职权，制定劳动和社会保险的监督检查规范。参与组织实施养老、医疗、失业、工伤、生育社会保障的基本政策和标准；对社会保险基金收缴、支付、管理运营实施行政监督。居民社会保障委员会办公地址位于犹太自治州比罗比詹市捷尔任斯金路16号。

26. 犹太自治州税率与价格委员会

税率与价格委员会是犹太自治州关税管理行政部门，主要职责是审议自治州税率与价格工作规划，主要包括对犹太自治州境内价格（税率）调整和实施进行区域控制（监督）；就犹太自治州境内法人实体和个体企业家关于价格（税率）咨询给予专业解读；参与犹太自治州在俄罗斯统一能源系统框架内电能（电力）生产和供应综合预测；制定公共事业服务消费价格标准；监测公用事业综合体生产计划实施情况；以法律规定方式实施国家对自然垄断主体活动的监管和控制；确定犹太自治州供热和货物价格（税率）；确定犹太自治州社区综合体商品和服务价格（税率）；确定犹太自治州电力行业商品和服务价格（税率）等等。税率与价格委员会办公地址位于犹太自治州比罗比詹市魔术师路3A号。

27. 犹太自治州体育运动委员会

体育运动委员会是犹太自治州体育主管行政部门，负责统一领导、协调、监督自治州体育工作。主要职责是管理所属各级体育部门的工作；配合有关部门在体育方面的工作；负责检查自治州关于体育运动问题决定的执行情况；推行俄罗斯联邦国家体育锻炼标准，开展群众性体育活动，组织实施提高运动技术水平的训练；制定体育总体发展规划、制定和批准各项运动竞赛规划、举办全州性运动竞赛、负责与国际体育组织的交流等。体育运动委员会办公地址位于犹太自治州比罗比詹市魔术师路3A号。

28. 犹太自治州国家文化遗产管理局

国家文化遗产管理局是犹太自治州负责保护文化遗产的行政部门。该部门与联邦政府和其他国家机构、犹太自治州地方自治机构、法律实体和个人开展合作，其活动准则以俄罗斯联邦宪法、联邦法和犹太自治州法以及本部门条例为指导。国家文化遗产管理局主要职责是确保犹太自治州文化遗产保护领域中的联邦政策实施；对犹太自治州境内已确定的文化遗产进行名录编制与维护；根据联邦法 N73 - Ф3 第 3 条，组织专家对文化遗产进行识别和国家登记工作；对犹太自治州拥有的文化遗产进行保护、利用和推广；批准关于保护文化遗产对象的文件。国家文化遗产管理局办公地址位于犹太自治州比罗比詹市魔术师大街 3A 号。

四 犹太自治州立法机构

自治州立法议会是犹太自治州最高常设立法权力机构，该机构由 19 名立法议会成员组成，每届任期为 5 年，立法会代表自当选之日起，即取得该地区立法会所赋予的权力，代表权力在新一届代表选举投票之日结束的第二天终止。立法议会主席由议员以无记名投票方式选举产生，在其主席主持下，犹太自治州立法会依据俄罗斯联邦宪法、联邦法律以及本地区法律执行规则制定（立法）、审批预算、监督职能以及其他行为（上诉、申请等）。

立法会各项决定是否通过是以当选代表多数票决定的（如果赞成和反对的票数相同，立法会主席的投票具有决定性，除非联邦法律、地区法律或本条例规定采用不同程序）。立法议会举行会议必须至少有 50% 的当选代表在场，则会议决议有效，如议员出席会议人数少于 50% 当选人数，则根据立法议会主席命令推迟会议。

目前犹太自治州立法议会为第六届立法议会（2017—2021 年），立法议员除无党派议员外，其余绝大多数来自统一俄罗斯党、俄罗斯自由民主党、俄罗斯共产党、公正俄罗斯党，其中统一俄罗斯党是俄罗斯境内最大的政党，也是俄罗斯杜马第一大党（由统一党、祖国运动和全俄罗斯运动合并而成，属于中派资产阶级政党）；公正俄罗斯党属于旨在推动解决众多社会问题的中左翼政治力量（由俄罗斯生活党、退休者党和祖国党 3 个中左翼党派合并而成）；俄罗斯自由民主党自称中派民主反对党，但实际上该党属于右翼政党。犹太自治州第六届立法议会主要常设机构包括：

（一）立法议会常设委员会

犹太自治州立法议会根据修订决议（2016 年 10 月 3 日第 11 号文件）

设有常设委员会，常委会是立法议会的工作合议机构，由委员会主席、副主席、具有投票权的委员以及具有咨询投票权的委员组成。犹太自治州立法议会现有如下6个常设委员会：

1. 法律政策、立法和地方政府问题委员会；
2. 财税预算、经济政策和企业经营委员会；
3. 社会政策与卫生委员会；
4. 土地政策与环境管理委员会；
5. 教育、青年政策与文体委员会；
6. 法规、议员道德与媒体关系委员会。

（二）立法议会理事会

为确保及时商议立法议会紧急问题，犹太自治州立法议会设有常设咨询机构——立法议会理事会。理事会由立法议会主席、副主席、委员会主席和立法议会各党派领导人组成；在立法议会主席缺席情况下，立法议会副主席有权主持理事会会议。

（三）社会组织关系委员会

犹太自治州存在退伍军人、残疾人、养老金领取者或全俄类似社会团体的分支机构。这些组织都代表了需要额外社会资助的某些公民群体利益，享有特殊的政府政策支持。为此，犹太自治州立法会议成立社会组织关系委员会，通过委员会上述组织代表能够与议员代表共同讨论其涉及的紧迫问题，有机会提出立法活动的优先领域，对法律草案进行公开审查，并参与其准备和定稿。

（四）犹太自治州审计局

犹太自治州2011年7月20日第988号法案（"犹太自治州审计法"）确定了犹太自治州审计局的地位并规范其职能。根据自治州地方立法，犹太自治州审计部门隶属于犹太自治州立法议会并向其报告的国家财政审计的常设机构。犹太自治州审计局秉承合法性、客观性、独立性和公开性原则开展活动，具有组织和职能独立性。审计局的主要任务包括评估地方预算收入和支出项目的可行性及合理性，监督其及时执行情况，监督分配给地方政府、社会机构、企业和组织的预算资金有效使用情况。在其活动中，犹太自治州审计部门的工作受俄罗斯联邦宪法、俄罗斯联邦预算法、犹太自治州宪章、犹太自治州审计法以及俄罗斯联邦和犹太自治州其他相关法律法规的管辖。

五 犹太自治州司法机构

犹太自治州法院是犹太自治州国家审判机关，其任务是审判刑事案件、民事案件和行政案件。20世纪90年代初，犹太自治州司法制度开始改革，其目的是提高办案的效率和质量，确保司法制度的独立性。2005年，自治州法院引入陪审团审判制，首个由陪审团介入裁定的案件于2005年9月在地区法院审理。2011年前，犹太自治州设有5个地区法院，包括比罗比詹区法院、列宁区法院、奥布卢奇耶区法院、十月区法院、斯米多维奇斯基区法院，市属法院为比罗比詹区市法院。在地区法院行政结构中设有两个委员会，即刑事和民事案件委员会，上述部门构成了拥有一般管辖权的俄联邦法院系统。

2011年，犹太自治州司法系统发生了变化。2010年6月29日，俄罗斯总统签署了第127－Φ3号"关于建立犹太自治州比罗比詹地区法院和废除犹太自治州某些法院"的联邦命令。根据这项监管法案，比罗比詹市和比罗比詹区法院被废除，在它们的基础上建立犹太自治州比罗比詹地区法院。自2011年12月28日起，十月区被撤销合并。从职能来看，目前犹太自治州设有俄罗斯联邦主体仲裁法院、军事法庭、地区法院、区段民事法院等各级司法机构。具体如下：

1. 犹太自治州法院，属于俄罗斯联邦主体仲裁院，上级法院为俄联邦最高法院。

2. 犹太自治州军事法院，主要职能是审判现役军人、军队在编人员刑事案件和依照法律、法令规定由其管辖案件。

3. 地区法院包括比罗比詹区法院、列宁区法院、奥布卢奇耶区法院、斯米多维奇区法院。

4. 区段民事法院包括比罗比詹司法区东部司法区、比罗比詹司法区西部司法区、比罗比詹司法区左岸司法区、比罗比詹司法区右岸司法区、比罗比詹司法区中央司法区等12所区段法院。

六　俄联邦政府部门驻犹太自治州机构

俄罗斯联邦政府于 1997 年 5 月 27 日第 491 号法令规范性地规定了政府驻联邦主体机构设立及活动程序，明确规定俄罗斯联邦政府驻联邦主体机构是中央政府派驻外地行使政府职权、职能和职责的办事机构，是代表中央派出机构在驻地开展工作，为派出机构服务的一级行政组织，联邦主体行政当局需为驻联邦主体机构提供必要的办公场所，并为它们工作以及社会活动创造必要的条件。俄罗斯联邦政府驻联邦主体机构承担着与驻地政府的政务联络、经济协作、信息传递等多种职能职责，是沟通中央政府与驻地政府的"桥梁"和"纽带"，基本职责是保证其辖区内宪法赋予本部门的权限得以实施，其中包括：

——有权代表俄罗斯联邦有关部委与俄罗斯联邦各主体行政当局进行联络；

——监督国家相关机构决议在各个联邦主体的实施；

——系统地向俄罗斯联邦各部、联邦主体行政当局通报其在各地区的工作情况，以规定的方式提供信息和分析材料以及统计数据；

——根据其职能活动参与制定联邦主体社会经济发展，制定区域间合作方案以及在有关部委职权范围内编制其他问题；

——向联邦的相关联邦行政当局和行政当局提出建议。

俄罗斯联邦政府部门驻犹太自治州机构主要包括驻犹太自治州联邦首席检察官；俄罗斯联邦外交部驻哈巴罗夫斯克代表处；犹太自治州兵役局；比罗比詹海关；俄罗斯联邦移民局哈巴罗夫斯克边疆区及犹太自治州分局；俄罗斯联邦司法部哈巴罗夫斯科边疆区与犹太自治州司法局驻犹太自治州分局；俄罗斯联邦法警局驻犹太自治州分局；俄罗斯联邦资源利用监督局驻犹太自治州管理局等 31 个联邦部门（见表 9.1）。

表 9.1　　俄罗斯联邦驻自治州联邦行政机关（代表）

序号	驻州联邦行政机关/官员	办公地址
1	俄联邦驻犹太自治州首席检察官	比罗比詹市绍洛姆—阿列赫姆大街 21 号
2	俄罗斯联邦民防、紧急情况与减灾部驻犹太自治州总局	比罗比詹市列宁大街 34A 号

续表

序号	驻州联邦行政机关/官员	办公地址
3	俄联邦外交部驻哈巴罗夫斯克代表	比罗比詹市列宁大街15号
4	犹太自治州兵役局	比罗比詹市马克思大街27号3楼
5	俄罗斯内务部犹太自治州分局	比罗比詹市列宁大街4号
6	俄罗斯联邦移民局犹太自治州分局	比罗比詹市希洛卡娅大街6A号
7	俄罗斯联邦司法部哈巴罗夫斯克边疆区与犹太自治州司法局驻犹太自治州分局	比罗比詹市绍洛姆—阿列赫姆大街55号
8	俄罗斯联邦处罚执行局驻犹太自治州分局	比罗比詹市卡尔·马克思大街8A号
9	俄联邦法警局驻犹太自治州分局	比罗比詹市魔术师路1D号
10	俄罗斯联邦国家信使总局驻比罗比詹市办事处	比罗比詹市普希金街5B号
11	俄联邦安全总局驻犹太自治州分局	比罗比詹市十月大街11号
12	俄罗斯联邦安全总局哈巴罗夫斯科边疆区与犹太自治州驻比罗比詹市边境管理处	比罗比詹市斯特列利尼科夫大街10号
13	俄罗斯联邦警卫总局驻犹太自治州特种通信与信息中心	比罗比詹市十月大街11A号
14	俄罗斯联邦消费者权益保护与公益监督局犹太自治州管理局	比罗比詹市绍洛姆—阿列赫姆大街17号
15	俄罗斯联邦卫生与社会发展监督局驻犹太自治州区域机构	比罗比詹市公园街4号
16	犹太自治州国家劳动监察局	比罗比詹市十月大街15号
17	俄罗斯联邦自然资源利用监督局驻犹太自治州管理局	比罗比詹市苏维埃大街111号
18	俄罗斯联邦水资源部犹太自治州阿穆尔河水资源处	比罗比詹市列宁大街16号
19	俄罗斯联邦通讯与传媒管理局哈巴罗夫斯克边疆区与犹太自治州分局驻比罗比詹管理处	比罗比詹市苏维埃60周年大街16号
20	俄罗斯联邦公路工程监督远东局驻犹太自治州办事处	比罗比詹市捷尔任斯基大街20号
21	俄联邦税务局犹太自治州管理局	比罗比詹市苏维埃60周年大街24号
22	俄罗斯中央银行远东地区总局驻犹太自治州办事处	比罗比詹市苏维埃60周年大街5号

续表

	驻州联邦行政机关/官员	办公地址
23	俄罗斯联邦财政预算监督局哈巴罗夫斯科边疆区局犹太自治州管理处	比罗比詹市皮奥涅尔斯卡娅大街41号
24	俄联邦国库局犹太自治州管理局	比罗比詹市米勒大街1号
25	俄罗斯联邦国家统计局驻哈巴罗斯克边疆区、马加丹州、犹太自治州以及楚科奇自治区机构	比罗比詹市绍洛姆—阿列赫姆大街55号
26	俄罗斯联邦资产管理部犹太自治州管理局	比罗比詹市普希金大街5B号
27	俄罗斯联邦地籍与绘图注册登记局驻犹太自治州管理局	比罗比詹市苏维埃60周年大街22号
28	俄联邦反垄断局犹太自治州管理局	比罗比詹市泼斯特舍夫大街3号
29	比罗比詹海关	比罗比詹市共青团大街3A号
30	俄联邦环境、技术与核能监督管理局驻比罗比詹工业能源安全监督处	比罗比詹市少先队大街41号
31	俄联邦动植物卫生监督局哈巴罗夫斯科边疆区与犹太自治州管理局	比罗比詹市少先队大街41号

资料来源：根据犹太自治州政府门户网资料整理，参见：http://www.eao.ru/。

根据与俄罗斯联邦主体行政当局的协同关系，俄罗斯联邦政府部门驻犹太自治州机构分为受俄联邦主体行政当局监督机构和协作机构两种类型，其中协作机构包括俄罗斯联邦民防部、紧急情况和自然灾害部的机构，俄罗斯联邦内政部、联邦税务局、联邦海关总署、联邦安全局等；监督机构主要包括行政监督和司法监督，负责监督国家行政命令及宪法和法律的实施，包括俄罗斯联邦司法部哈巴罗夫斯科边疆区与犹太自治州司法局驻犹太自治州分局、俄罗斯联邦法警局驻犹太自治州分局、俄罗斯联邦卫生与社会发展监督局驻犹太自治州区域机构、俄罗斯联邦资源利用监督局驻犹太自治州管理局等。

七　政党组织及社会团体

直到1993年12月通过《俄罗斯联邦宪法》之前，俄罗斯远东地区的政党体制极其混乱，在这一阶段，俄罗斯远东地区出现了成百个不同类别的政党和政治组织，它们的政治纲领和主张不一，组织情况也差别很大。为有序地向西方式的政治多元化和多党制转变，俄罗斯政府在1995年颁布了《俄罗斯联邦社会联合组织法》，但没有制定出规范政党活动的政党法。2000年普京入主克里姆林宫之后对政党制度进行了一系列改革，国家杜马在2001年6月21日通过了《俄罗斯联邦政党法》（以下简称《政党法》），对俄罗斯政党成立、登记和撤销、党员人数和地区组的数量、政党的宗旨和活动形式、政党的权利和义务等问题都作了详细规定，其中规定政党必须拥有1万名以上成员，并且至少在一半以上联邦主体内建有人员不少于100名的地区组织，在其他联邦主体的地区组织成员不少于50名；政党必须推举候选人参加全国立法、权力机构和地方各级自治代表机构选举；不允许按职业、种族或宗教属性建立政党；成立政党必须先组成发起委员会，举行成立大会，然后召开代表大会，通过党的纲领和章程，并把这些文件提交负责政党登记的部门审核；凡在杜马选举中得票超过3%而组成议会党团，或通过单席位选举制在议会中拥有12名议员的政党都可以获得国家的财政资助。

　　《政党法》的制定和实施，使俄罗斯政党活动逐步走上正常的法治化轨道，政党在国家政治生活中的作用也有所提高，各类政党和政治组织经过重新组合，初步形成左、中、右三派政党组成的多党制格局。21世纪初，俄罗斯虽然政党很多，但除少数政党有明确的纲领、严密的组织和广泛的群众基础外，大多数政党和运动都没有形成自己的组织体系。有的党只是为了参加杜马选举而临时拼凑起来的，成立时间很短。有的政党只有一些领导人和积极分子，没有自己的基层组织。有的党不是严格意义上的政党，而只是群众组织，例如"俄罗斯妇女""俄罗斯退休者"等。① 国家还没有形成一个能够发挥作用的政党体系，俄罗斯的"寡头"对各政党有重要影响。②

　　为此普京对政党的发展采取了更严格的限制，把原先规定的每个政党至少要拥有1万名党员提高到5万人；把原先规定的在半数以上俄罗斯联邦主体内所建地方分部的党员人数由100名的下限提高到500人。显

---

① 根据2006年远东联邦区登记数据，在远东联邦主体中（不包括楚科奇民族自治区），都有政党"俄罗斯退休者"的分支机构。
② 李兴耕：《俄罗斯的政党现状及其发展趋势》，《今日东欧中亚》2000年第3期。

然，这样做的目的是进一步限制小党的活动，鼓励、支持联邦性大党的发展。同时，俄罗斯政府还制定了涉及政党的其他法律，颁布制定了新的《俄罗斯联邦国家杜马选举法》（2002年）。新选举法对国家杜马选举制度做出了很多调整和改革，俄罗斯议会选举将完全转到按政党名单进行表决的比例代表制；从2007年第五届国家杜马选举开始，得票超过7%的政党才可以参加杜马席位分配。统一俄罗斯党、俄罗斯共产党、公正俄罗斯党和自由民主党成为俄罗斯杜马主要政党。

根据远东联邦区2006年注册登记统计，在联邦区内注册的法人社会政治团体6927家，其中176家属于政治团体的分支机构。[①] 犹太自治州拥有社会团体和政党组织177家，占当时远东社会政治团体的2.6%，其中相当一部分社会组织类似于苏联时期的工会组织，包括一些专业性组织，主要是体育运动组织、环保组织、残疾人组织、退伍军人组织等，许多协会申报的目的是保护某个社会团体的社会利益。另外一种类型的社会组织就是政党组织。2005年远东地区很多政党被解散，停止社会活动，主要有俄罗斯联邦全国爱国力量党、劳动者自我管理党、欧亚党—俄罗斯爱国者联盟政党等，其中部分原因是政党法修改，有一些政党由于人数的限制，已经转变为从事社会活动的社团组织，很多小党或自行解散，或是纷纷并入统一俄罗斯党、公正俄罗斯党，从而大大增强了俄罗斯政党结构的稳定性。

截至2018年2月28日，根据俄罗斯联邦司法部哈巴罗夫斯克边疆区和犹太自治州分局数据（见表9.2，表9.3），犹太自治州登记注册政党和社会团体26个，犹太自治州的社会团体是由犹太自治州公民自愿组成、按章程开展活动的社会组织，10家团体包括行业性社团、学术性社团、专业性社团和联合性社团类型；自治州的16个政党按意识形态分类，主要涉及资本主义政党、民主社会主义政党、共产主义政党和民族主义政党4类，还包括君主主义、生态主义等类政党。16个政党组织中最早在犹太自治州登记注册的是统一俄罗斯党和俄罗斯共产党（2002年），最近注册的是政党"慈善、保护妇女儿童、维护自由、自然和养老

---

① Много партий - хороших и разных. http://debri-dv.com/article/247.

金领取者"（2015 年）。统一俄罗斯党、俄罗斯共产党、公正俄罗斯党和自由民主党属于犹太自治州议会和犹太自治州市政代表机构中的主要执政党，上述政党在所有俄罗斯联邦区都有分支机构，其中包括远东联邦区。

表 9.2　　　　　　　　犹太自治州登记注册的社会团体

序号	社会团体名称	法人代表
1	全俄退伍军人社会团体"战斗兄弟会"犹太自治州分部	С. Т. 明科
2	全俄社会团体"俄罗斯养老金领取者"犹太自治州分支机构	Е. В. 布贝洛
3	犹太自治州工会联合会	А. В. 阿基缅科
4	全俄社会团体"俄罗斯联邦三军志愿者协会"犹太自治州分会	С. А. 韦克斯勒
5	全俄残疾人社会团体"全俄聋人协会"地区分部	И. В. 希波娃
6	青年公益运动团体"21 世纪志愿者"犹太自治州分会	Т. А. 马尔季诺娃
7	全俄社会团体"俄罗斯急救协会"犹太自治州分部	Л. П. 古列诺克
8	全俄社会团体"俄罗斯火灾志愿者协会"犹太自治州分部	К. А. 阿列克谢延科
9	"俄罗斯联邦卫生工作者工会"犹太自治州分会	Л. М. 雅科夫列娃
10	犹太自治州汽车运输和道路工人工会	С. М. 布朗斯坦

资料来源：犹太自治州政府网站，犹太自治州政党及社会团队登记资料，Региональные отделения политических партий, общественных объединений, зарегистрированных на территорииЕврейской автономной области。

表 9.3　　　　　　　　犹太自治州登记注册的政党分支机构

序号	政党名称	登记时间	代表法人	地址
1	"俄罗斯爱国者"	2007 年 10 月 23 日	О. Д. 拉什娜	比罗比詹市米勒街 8 号
2	政党"俄罗斯共产党"	2002 年 11 月 18 日	В. Е. 菲什曼	比罗比詹市捷尔任斯基大街 20A
3	政党"自由民主党"	2003 年 8 月 12 日	Г. Л. 季姆琴科	比罗比詹市少先队大街 69 号
4	政党"公正俄罗斯"	2005 年 6 月 27 日	В. Н. 杜金	比罗比詹市苏维埃 60 周年街 3 号
5	政党"统一俄罗斯党"	2002 年 11 月 11 日	Н. Г. 巴热诺娃	比罗比詹市剧院路 4 号
6	俄罗斯生态政党"绿党"	2012 年 7 月 3 日	А. П. 彼得罗夫	比罗比詹市共青团大街 6 号

续表

序号	政党名称	登记时间	代表法人	地址
7	政党"俄罗斯退休者"	2012年7月3日	Т. А. 贝卢季娜	比罗比詹市绍罗姆—阿莱赫马街22—10号
8	政党"事业党"	2013年2月21日	Н. В. 普罗塔索夫	比罗比詹市绍罗姆—阿莱赫马街49—56号
9	政党"君主党"	2012年9月25日	О. В. 古德科娃	比罗比詹市共青团大街21А
10	政党"俄罗斯民族联盟"	2012年11月6日	Е. Д. 科洛夫	比罗比詹市少先队大街70号
11	政党"俄罗斯劳动者联盟"	2013年4月29日	А. В. 阿基缅科	比罗比詹市恰帕耶夫大街1号
12	政党"保卫祖国"	2013年5月27日	В. И. 切尔诺夫	比罗比詹市绍罗姆—阿莱赫马街30—5号
13	政党"大祖国党"	2013年6月18日	С. В. 戈斯廷奇科夫	比罗比詹市苏维埃大街60—Б号
14	政党"公民倡议党"	2013年6月27日	Г. М. 韦特卢季娜	比罗比詹市苏维埃大街72—32号
15	"健康力量"	2014年4月30日	Е. А. 瓦西连科	奥布卢奇区杰尼索夫街19—8号
16	政党"慈善、保护妇女儿童、维护自由、自然和养老金领取者"	2015年4月13日	В. М. 邦达连科	比罗比詹市普希金大街3—41号

资料来源：犹太自治州政府网站，犹太自治州政党及社会团队登记资料，Региональные отделения политических партий, общественных объединений, зарегистрированных на территорииЕврейской автономной области。

第二节 犹太自治州法律法规

俄罗斯法律是由享有立法权的立法机关（俄罗斯联邦议会）行使国家立法权，依照法定程序制定、修改并颁布，由国家强制保证实施的基本法律和普通法律总称。犹太自治州所执行的法律法规包括宪法、法律、行政法规、地方性法规、自治条例和单行条例，其中法律可划分为基本法律（如刑法、刑事诉讼法、民法通则、民事诉讼法、行政诉讼法、行政法、商法、国际法等）和普通法律（如商标法、文物保护法等）。为适应社会经济发展，犹太自治州近年来出台（修订）一系列法律法规，其中商业投资、劳动力就业以及税收等领域的法律法规所占比例尤为突出。

犹太自治州实施的与投资合作相关的主要法律包括《俄罗斯联邦外国投资法》《俄罗斯联邦海关法典》《俄罗斯联邦劳动法典》《俄罗斯联邦税务法典》《俄罗斯联邦民事法典》《俄罗斯联邦建筑法典》《俄罗斯联邦证券市场法》《俄罗斯联邦环境保护法》《俄罗斯联邦租赁法》《俄罗斯联邦矿产资源法》以及《俄罗斯联邦产品分成协议法》。除了上述联邦法律外，为自治州行政区域内外投资流入与分配创造良好环境，促进自治州经济社会发展，自治州已审批通过一系列标准法令，颁布《关于为犹太自治州吸引投资创造条件》的自治州法规、《关于在犹太自治州范围内投资活动的国家支持标准》文件，为犹太自治州境内财产转让抵押、提供信贷国家保证、在自治州内引进和使用外国劳务人员及外资企业的创办程序、登记、经营等问题建立了法律基础。

一　税务制度和征税程序

俄罗斯的税务制度正在不断完善之中，迄今为止，俄罗斯已基本完成税收领域的改革，调整和废除大量旧有法规文件。现行的《俄罗斯联邦税法典》《俄罗斯联邦税法典》构建了联邦税、联邦主体税和地方税三级税收体制，规定了履行纳税义务的方式和纳税人与税务机关的权利与义务，还确定了税收监督的形式和方法，规定了税收违法所应负的责任。犹太自治州政府根据俄罗斯联邦税法典原则制定地方性法规法令，并为上级法院提供若干方法来防止偷税漏税，包括不合理税务利益概念，税务机关采用这些方法积极打击逃税。依照俄罗斯联邦税务法，自治州实施的税费类别包括联邦税、地区税、地方税以及特种税，其中地区税和地方税依照俄罗斯联邦主体法律（犹太自治州法）、法令及市政标准法令所规定的税种，包括企业财产税、赌博生意税、交通税、土地税和自然人财产税等。

依照俄联邦民法规定，在俄罗斯联邦境内外国投资者可以通过多种形式在俄罗斯进行企业经营，包括创建股份公司、有限责任公司、无限公司、信用合作社或者合资公司等。外国投资者参与股份公司或是经济公司的资本可以为现金、有价证券、产权或是其他有价资产。

外国公司能够在不组建新法人的条件下通过代表处或分公司在俄罗斯进行经营活动。代表处所具有的优点包括拥有相对较少的行政、税务、会计义务；在外汇管理中被视为非常驻居民；在运用通用的免双重征税国际合同的交易中享有特权。总体来说，代表处是外国法人的分支机构，在国外代表本公司的利益。尽管大多数国家不允许外国代表处进行商务活动，但实际上在俄罗斯它们可以进行此活动。外国公司代表处应在有关国家部门获得营业权，并在各级国家机关登记。总之，即使经营活动不涉及征税或是不带来利润，也都需要编制工作文件。

（一）企业所得税

俄罗斯联邦纳税人的最高所得税税率为20%（其中2%支付给联邦预算，18%支付给地方预算），地方预算的税费可由地方下级机关根据实际情况确定，最低税率为15.5%。俄罗斯法人必须缴纳境外收入的个人所得税（可抵扣在外国缴纳的税金，但前提条件是两国所征收的税是相同的，金额不超过最大可能值）。外国法人在驻俄罗斯常设代表机构的活动中所得收入应缴纳所得税税率为20%，如果外国法人在俄罗斯获得的收入不属于在俄罗斯常设代表机构的活动中所得，则按10%—20%的税率缴纳。

（二）增值税

增值税在俄罗斯属于支付给联邦预算的联邦税。对于缴纳增值税，需要单独申请账户。税务登记的一般要求适用于所有税收，包括增值税。纳税人按照"标准"系统输入和输出的增值税，支付地方增值税。根据交易总价值，支付人有权扣除有关采购及其他相关业务费用的进项增值税。尽管俄罗斯联邦增值税征收体制有别于欧洲联盟（欧盟）所采用的模式，但是已较为接近。

1. 销项增值税（销项税额）

俄罗斯标准的增值税税率为18%（对主要食品、童装、药品和医疗产品、印刷机等按10%的税率征缴）。对若干种业务活动免征增值税，包括银行和保险的主要服务，教育服务豁免，挂牌机构提供的教育劳务，销售某些类型的医疗设备，交通运输，公共客运交通和公共性质的其他服务等。若租赁房屋，支付租金的外资法人（以及这些法律实体的雇员）也可免征增值税。法律规定免征增值税服务不提供相应进项税额抵销权，而且与不应抵消进项税额有关的费用在大多数情况下以缴纳所得税为目的被扣除。

2. 抵销购物和服务费的增值税（进项税额）

在通常情况下，纳税人有权抵扣进项税额。纳税人抵消的进项税额涉及商品、工程、服务和财产权利，在须遵守有关抵消进项税的俄罗斯法律要求的情况下，这些要求包括进项税额应适用于在采购活动中缴纳的增值税；相关的商品、工程和服务应该体现在纳税人的财务报表中；必须以正确的方式提供全套文件（如发票、证明缴纳增值税的文件、海关证明等）。如果纳税人从事各种免征增值税的活动，必须对其采购活动单设立账目进行核算，并确定进项增值税的进项税额的正确分配方法。

3. 对缴纳增值税的要求

从事商品销售、工程、服务或产权活动的纳税人必须向其客户开具发票。发票在销售后五天内开出，发票标准格式由政府审批，遵守开具发票的要求是抵消进项税额的必要条件。根据《俄罗斯联邦税法典》，企业被允许开具电子发票。电子发票必须经过电子签名认证，并且只能通过电子文档由双方协议的运营商提交，运营商必须是通过电信渠道提供服务和机密信息的公开运营公司。传入和传出的发票必须由纳税人在购买和出售记录及传入和传出发票的存储器中进行登记，增值税由税务机关按季由俄罗斯预算支付退税。

4. 进口增值税

进口商品增值税在商品进口时由海关收取关税时代缴。增值税的税基通常取决于进口商品的海关价值，包括消费支出。俄罗斯的进口税率取决于商品种类，通常为10%或18%。某些商品免征进口增值税，该条款特别适用于某些医疗产品和俄罗斯境内不生产的技术设备（包括设备组件和零配件）。

（三）单一农业税

单一农业税是针对农业产品生产的专门税收系统（本税收系统被规

定应用与整体的农户农场经济一样的税收制度）。企业改为缴纳单一农业税，允许代替缴纳包括企业利润税、增值税（依照俄罗斯联邦税务法和海关法，当进口货物入俄罗斯联邦海关时应缴纳的增值税除外）、企业财产税。税收期间缴纳根据企业经营活动结果计算出的统一农业税来代替统一社会税。在这些企业和个体业主销售产品（工作、服务）所得总产值中，销售其生产的农业产品包括销售用自身生产的农产品原料进行初加工产品的收入份额不应低于70%。

（四）个人所得税

纳税人（自然人）作为俄罗斯联邦税收常住居民（每个公历年周期，在俄罗斯境内实际逗留不少于183天），要按照在俄罗斯境内和（或）境外获得的收入纳税。非税收常住居民的自然人要按照在俄罗斯境内当地获得的收入纳税，结算与缴纳税金的程序则根据获得收入的种类（征税对象）来确定，其中根据《俄罗斯联邦税法》第23条款确定的中彩、中奖征收税率为35%；非俄罗斯联邦税收常住居民其他收入最低税率为13%。

（五）运输税

按照规定程序登记的交通工具主人是缴纳运输税义务人。征税对象是汽车、摩托车、轻便摩托车、客车、货车、飞机、直升机、内燃机船、快艇、汽艇及其他交通工具。税收基数的确定与征税的对象有关，例如涉及功率或是发动机牵引力、总吨位或是交通工具单位。联邦及自治州税收条例详细规定了每一个等级的交通工具具体的税率、缴纳税金的程序与期限。

二 会计和审计制度

俄罗斯联邦法律402-ФЗ《关于会计》和208-ФЗ《关于综合财务报表》规定了对会计的要求。财政部批准了俄罗斯会计准则。会计按照财政部批准的账目计划及其应用条例进行工作。单独的指令性财务报表包括：财务平衡表、资产负债表、损益表、资本变动表、现金流量表以及对财务报表的解释。会计报表年度为历年1月1日至12月31日。每年要向法人所有者、联邦国家统计局和税务机关提交年度会计财务报表。

年度会计财务报表必须在年度结束后的 3 个月内报给联邦国家统计局和税务机关。根据俄罗斯法律，可能需要向其他国家机关呈报。

中期财务报表应及时编制并根据国家法律的规定提交给国家主管部门（特别是关于保险公司和证券发行人的财务报表）。此外，该单位可以确定中期财务报表提供给业主以便裁量。综合财务报表应按照国际财务报表的准则进行编制，证券发行单位必须公布独立的财务报表，综合财务报表必须向社会公布。

对审计的要求依照联邦法律 307 - Ф3《关于审计活动》执行。财政部通过了如下审计准则：在俄罗斯联邦注册公司的单独财务报表以及综合财务报表必须进行审计。必须接受审计的单位包括纯利润超过 4 亿卢布（约合 1300 万美元）的公司；总资产超过 6000 万卢布（约合 200 万美元）的公司；股份获准证券交易的公司；证券市场的专业交易单位；资产清算机构；私营养老基金会；股权投资基金会；共同基金资产管理公司；互惠保险公司；国有股份不低于 25% 的公司；国有集团等。对在俄罗斯联邦经营的外国公司的代表机构和分支机构不进行财务报表审计，但其纯利润指标和总资产均应符合上一年度的财务报表，如果超过阈值，下年度必须进行审计。

三 劳动法律法规

俄罗斯劳动法规规定劳动者拥有一系列保障，如加班费、社会津贴和福利、退职补助金等。俄罗斯劳动法规规定劳动者的固定保障，其中包括正常连续工作时间每周不得超过 40 个小时；特殊情况下允许个别劳动者加班，一般情况下每个工人在连续两天内的连续加班时间不得超过 4 小时，每年不得超过 120 小时。加班工作的报酬计算如下：对最初两个小时的加班工作应付给高于原工资 1.5 倍的工资，对此后的几个小时、休息日和节假日应支付高于两倍的工资。

禁止要求劳动者完成劳务合同中未规定的工作，除了生产需要的情况。在这种情况下，劳动者可以临时调职到同一用工单位的其他工作岗位，期限为 1 个月。只有在具有劳动者书面同意的情况下，才可调职到低技能工作岗位。只有在具有劳动者书面同意的情况下，才允许执行附加职能，这种情况下需要出具相应文件。为评价劳动者是否适应具体职位，允许在招聘时规定试用期（通常为3个月以内）。特殊劳动者群体（例如孕妇、未成年人和工作调动人员）不规定试用期。

劳动者有权拥有每年12天的带薪假日以及每年持续时间为28个自然日的带薪休假。对于某些劳动者而言，法律规定的每年最短休假持续时间为28个自然日。在患病情况下，劳动者可从用人单位或者俄罗斯联邦社会保险基金获得临时丧失劳动能力补贴；补贴额度取决于劳动薪酬水平，为工资的60%—100%。女性有权享有70个自然日（生育二胎及以上孩子时为84天）的带薪妊娠假和产假，以及70个自然日的带薪哺乳假（在难产的情况下为86天，生育二胎及以上孩子时为110天）。该种休假在社会保险框架下提供，并且按照法律规定的数额兑现。

四　外国公民入境及就业制度

为了规范签证和外国人在犹太自治州境内停留、居留以及就业的服务和管理，自治州海关、司法机构、税收机构、社会保障机构、卫生机构和其他有关机构根据《俄罗斯联邦外国公民法律地位法》《海关出入境条例》办理外国公民入境及入境后的各项相应登记手续。内务机构对获得居住证及就业许可的人员进行登记，并按规定的程序，将有关资料、被拒发居住证人员以及被注销居住证人员相关资料提交给记录在俄境内外国公民资料的中央数据库。

（一）进出犹太自治州制度

出入犹太自治州（包括经过犹太自治州中转）将根据俄联邦宪法及法律、俄联邦签署的国际条约以及根据以上法律制定的俄联邦政府法规来调控。外国公民在经过国家边境，通过海关出入俄联邦时，应当出具能够证明身份并被俄联邦认可的有效证件，其中包括签证或是其他国际条约规定不需要签证的证件。

根据外国公民来俄联邦目的的不同，签证可分为外交签证、公务签证、普通签证、中转签证和临时居住签证。普通签证可分为因私签证、商务签证、旅游签证、学习签证、人道签证（来俄联邦避难）。签证有一次性的、二次性的和多次往返的。犹太自治州内务部护照签证服务处根据外国公民、国家权力机关、地方管理机关、法人的书面申请，每次申请签证日期延长不超过10日，并不超过2次。

（二）犹太自治州就业制度

俄罗斯政府对外国人在自治州就业实行许可制度。即用人单位聘用外国人，必须为外国人申请就业许可，通常所有在俄罗斯工作的外国公民都应持有工作许可证。其中有一些例外情况，主要是独联体公民以及持有俄罗斯联邦居住证的其他外国公民。对于进口设备的公司——供货商和生产商的工作人员，他们抵达俄罗斯负责安装、监督安装作业或者维修该设备，对其不要求工作许可证。办理工作许可证的标准程序是一个长期复杂的过程，该过程由几个阶段组成，每个阶段都要求递交含有一系列附件的申请书。这些阶段包括：

1. 在地方职业介绍所登记；
2. 向职业介绍所递交关于机构中现存空缺职位的通知；
3. 关于吸引外国公民到指定空缺职位就职可能性的审议；
4. 向联邦移民局申请签发吸收外国劳务的许可证；
5. 向联邦移民局申请为每位外籍工作人员签发工作许可证。

通常情况下，签发工作许可证需要4个多月。给外籍工作人员签发的工作许可证为1年期限。根据工作许可证签发工作签证，工作签证的办理也需要若干阶段，其间需要向移民机构提交大量文件。

此外，为了获得普通工作许可证，单位每年5月1日之前都会递交外国工作人员人数信息，估算单位次年将要吸收和雇佣的工作人员人数。该过程实际上是对配额的请求。如果用人单位接到确认配额的通知但未遵守该要求，那么其有关签发工作许可证的申请将被拒绝。如果单位未提交配额申请，或者该申请被拒绝或者部分接收，那么机构可以使用职位列表，在申请签发工作许可证时这些职位不受配额限制，前提是申请符合该类职位的所有要求。

自2010年7月1日起，高素质专家工作许可证申请的简化程序生效。高素质专家被视为外国公民，其在特定活动领域具有工作经验、技能或者成就，一般情况下年工作报酬为200万卢布以上（约合67000美元）。还应指出，外国法人代表不能担任高素质专家工作。外籍公民作为高素质专家获得工作许可证后可享有以下特权：

1. 俄罗斯用人单位无须取得吸收和雇佣劳动力的许可证；
2. 对高素质专家不采取配额制度；
3. 工作许可证颁发期限为3年；
4. 高素质专家可获得3年期限的多次工作签证。

自提交所有文件之日起，高素质专家工作许可证的办理过程不超过14个工作日；高素质专家的工资根据相应劳务合同发放，个人所得税按13%征收，不取决于高素质专家是否具有俄罗斯联邦税务居民身份；同普通许可证相比，高素质专家持有工作许可证的一个地区/多个地区以外的差旅允许期限已被延长。

（三）迁移登记制度

迁移登记是告知移民机构关于外国公民所在地（出国、俄罗斯境内迁移）的手续。接受方承担外国公民的登记义务，酒店或者用人单位（在获取签证时予以支持），或者出租住房的所有人（外国公民未在酒店居住期间的所在地），为登记目的地接受方。当外国公民进入俄罗斯联邦领土或者去俄罗斯联邦的其他区域（改变所在地）的时间超过7个工作日，每次都必须自外国公民抵达之日起7个工作日之内履行本程序。

高素质专家及其家庭成员抵达俄罗斯联邦，或者在俄罗斯联邦领土停留时间不超过90天的情况下可免于迁移登记。当高素质专家自俄罗斯联邦一个主体进入另一个主体，期限为30天，也可以不用登记。如果在俄罗斯领土的停留时间或者自俄罗斯联邦一个主体进入另一个主体的时间分别超过90天和30天，那么高素质专家及其家庭成员有义务在7个工作日内到移民机构进行登记。

五　经营许可证签发制度

根据《俄罗斯联邦民法》第49条规定，犹太自治州境内从事某些特定类型商业活动必须持有许可证签发机关颁发的特别许可。在犹太自治州除兽医、责任房屋及建筑物设计与建造、教育活动、含酒精饮品批发采购及储存供销、含酒精饮品零售、汽车客运（超过8人）外，主要是以下活动类型应当申请签发许可证：

1. 大地测量作业和制图作业；
2. 制药活动和药剂及医疗设备生产；
3. 武器和军事技术设备的研发、生产、维修、有效利用和销售；
4. 国际和国内水路客运和水路货运；
5. 爆炸品和危险化学品的使用；
6. 工业用爆炸品的生产、保存、使用和销售；
7. 涉及麻醉药品和精神药物流通的活动。

许可证签发分为联邦层面和地区层面。为了获得许可证，应当向许可证签发机关提交申请。通常自提交许可证申请书及其附件之日起5日之内，有关部门作出颁发或者拒绝颁发许可证的决定。作出颁发或者拒绝颁发决定的最短期限，可视具体活动的许可证签发情况而定。许可证的有效期由被许可活动的类型决定，但通常颁发的许可证无固定期限，禁止将许可证转交给其他法人或自然人。在因机构清算或者机构改组（改革形式的改组除外）而停止运营的情况下，以及在个体经营者国家登记证明到期的情况下许可证效力终止。

申请单位只能在许可证签发机关颁发的专业许可证基础上开展规定类型的活动。如果经营者或法人在不持有许可证条件下从事相关经营时，或者许可证持有者违反了许可证的签发要求和规章，许可证签发机关有权依照《俄罗斯联邦行政违法法典》规定的程序终止许可证的效力。违规者将面临巨额罚款或者其他后果，罚款金额和后果的性质视具体情况而定。主管许可证制度的机关在作出有关临时停止许可证或彻底对其取消的决定时，应在三天期限内将本决定以书面形式通知经营者及相关联邦机构。经营者可以就主管许可证制度机关的所有决定和行为向法院起诉。

六 土地所有权

根据《俄罗斯联邦宪法》的规定，土地和其他自然资源可以属于私人所有制、国家所有制或者地方所有制以及其他所有制形式。土地买卖依据《俄罗斯联邦土地法典》进行调整，由俄罗斯联邦主体通过法律实行。实际上，目前在俄罗斯从国家或者地方获得土地所有权仍相当复杂，不仅涉及联邦法律调整，还涉及地方法律法规调整。建筑物所有者依照联邦法律享有购买这些建筑物所在租赁土地（包括邻近建筑物的土地）的特权。

通常，土地租赁（有时带有优先购买权）期限不超过49年。对于租赁或者购买的土地需要通过适当形式（除使用上述特权）在招标/拍卖中获得。如果地段通过租赁或者其他方式购得，那么交易可被视作无效。在颁发土地所有权时应当遵守一些其他约束。例如，位于边境区域的土地，外国公民或者外国法人不能租赁和买卖；农用土地交易和相关限制由专门的法律调整，根据这些法律，外国公民、外国法人、无国籍者以及法定资本中外国公民、外国法人和无国籍者的份额高于50％的俄罗斯法人仅有权租赁农用土地（没有土地所有权）。

附　　录

附录一　犹太自治州主要企业名单

序号	企业名称	联系方式
		轻工业
1	维多利亚针织股份公司	比罗比詹市先锋队大街62号 （42622）2-39-74，2-26-79
2	"罗斯托科"制鞋有限公司	比罗比詹市先锋队大街66号 （42622）4-12-06
3	"福马家具"有限公司	比罗比詹市苏维埃大街72E号 （42622）6-04-59
4	"比罗比詹家具"股份公司	比罗比詹市绍洛姆—阿列赫马大街40号 （42622）6-00-07
5	"远东工业联盟"股份公司	比罗比詹市工业大街4号 （42622）72-0-56
6	"斯韦托扎尔"有限责任公司	暖湖镇苏维埃60周年大街9号 89246427777
7	"森枫"有限责任公司	犹太自治州比罗比詹市工业大街4号 89246433663
8	"鑫春木业"有限责任公司	奥布卢奇耶区帕什科沃镇针叶林街8号 89246453225
9	"黑化"有限责任公司	奥布卢奇耶区帕什科沃镇阿穆尔路7号 （42622）2-27-56，
10	"耐力木业"有限责任公司	斯米多维奇区普里阿穆尔斯基镇工业路9号 89145432093

续表

序号	企业名称	联系方式
轻工业		
11	"斯马特森林"有限责任公司	犹太自治州斯米多维奇区 (42632) 2-85-21
12	"阿穆尔商行"有限责任公司	比罗比詹市苏维埃大街21号3办公室 89644772440 (924) 846-999-8
13	"俄罗斯森林"有限责任公司	奥布卢奇耶区比拉镇诺瓦亚路2A号 (42622) 2-34-78, 6-45-41
采矿工业		
14	"基姆砍—苏塔尔"采矿选矿联合有限责任公司	比罗比詹市苏维埃60周年大街22B号 (42622) 2-06-43 (42622) 2-01-77
15	"库里杜尔水镁矿"股份公司	奥布卢奇耶区伊斯维托娃亚铁路街11号 (42666) 36-5-99 89251179447
16	"暖湖水泥厂"股份公司	犹太自治州奥布卢奇耶区暖湖镇 (42666) 32-2-23 (42666) 32-2-62
17	"远东梦"有限责任公司	犹太自治州泼列沃耶镇库卢泼纳亚路33A 89648268480 89246463434
18	"远东石墨"有限责任公司	比罗比詹市绍洛姆-阿列赫姆大街44B号 (42622) 2-23-40 89241502406
机器制造,金属加工		
19	"比罗比詹变压器"股份公司	比罗比詹市变压器街1号 (42622) 2-37-22 89148101450
20	"试验专业制造"股份公司	比罗比詹市机车库10号 (42622) 6-33-50 9246488801

续表

序号	企业名称	联系方式
机器制造，金属加工		
21	"善斯"家具有限责任公司	比罗比詹市卡尔·马克思大街17A号 （42622）4-87-96 （42622）4-88-75
22	"比罗比詹金属"有限公司	比罗比詹市括斯尼克夫大街50号 896246440929 89648250987
23	"远东铸铁"有限责任公司	比罗比詹市括斯尼克夫大街2Г号 89246407577 （42622）4-81-55
其他工商企业		
24	"远东包装服务"有限公司	比罗比詹市柯斯尼克夫大街48Б号 89246430382
25	"金属板"有限责任公司	比罗比詹市工业街4号 （42622）333-99 （42622）333-11
26	"比拉塑料"有限责任公司	比罗比詹市布良斯卡亚街3号 89246471095
27	"珀利普拉斯特"有限公司	比罗比詹市括斯尼克夫大街48号 89246440929
28	"埃皮格拉夫"有限责任公司	比罗比詹市萨别尔纳亚23号 89148120682 89246415877
食品生产		
29	"比匹克奶酪"有限责任公司	比罗比詹市涅科拉索夫街17号 89148144890 89148163227
30	"马米得夫"私有企业	比罗比詹市比罗比詹公路10公里 （42622）4-08-77 （42622）4-91-92
31	"鱼类商品"有限责任公司	比罗比詹市斯佳日金大街26号 （42622）6-98-59 （42622）2-01-02

续表

序号	企业名称	联系方式
食品生产		
32	"兴特兹"有限责任公司	比罗比詹市第五个五年计划路3号 (42622) 4-83-62 (42622) 6-56-91
33	"尼耶欧"有限责任公司	斯米多维奇区尼古拉耶夫镇红军街1号 (42632) 21-1-05
34	"远东企业"有限责任公司	斯米多维奇区卡梅舍夫卡村中央街35号 89145448485 (4212) 77-84-85

资料来源：根据犹太自治州官方网站资料整理。

附录二 2016—2020年犹太自治州重点招商项目

项目名称及规划年限（潜在投资者）	实施目标	项目规划内容
"春天"综合农业项目（2016—2020年） 拟投资方： 春天有限责任公司 京华建筑有限公司 弘润食品有限公司 东展科技有限公司 达芬投资集团	－提供低价廉质优猪肉、牛肉及制品； －生猪屠宰服务； －出售幼猪； －农作物种植、加工	斯米多维奇区： －饲养2.7万头生猪的养猪场； －配合饲料厂（5000吨/年）； －180公顷温室蔬菜大棚。 比罗比詹区： －饲养3万头生猪的养猪场； －生猪屠宰库； －农机械及技术推广服务中心； －配合饲料厂（85000吨/年）； －面粉生产厂（30000吨/年）； －豆油厂（3500吨/年）； －蜂蜜加工厂（1000吨/年）； －种子及肥料销售中心。 列宁区： －奶牛养殖场（5000只）； －玉米、大豆种植（100公顷）； －农作物干燥保存厂（干燥2万吨/年，保存5万吨/年）；

续表

项目名称及规划年限（潜在投资者）	实施目标	项目规划内容
"春天"综合农业项目（2016—2020年）拟投资方："春天"有限责任公司"京华建筑"有限公司"弘润"食品有限公司"东展"科技有限公司"达芬"投资集团	-提供低价廉质优猪肉、牛肉及制品； -生猪屠宰服务； -出售幼猪； -农作物种植、加工	-农产品物流中心（交易馆，仓库，农产品检测实验室等）。 十月区： -玉米、大豆种植（2万公顷）； -运输物流中心（仓库）。 所需土地面积： -斯米多维奇区10000公顷； -列宁区35000公顷； -比罗比詹区60000公顷； -十月区20000公顷。 项目预期绩效： 各级税额-4亿卢布/年 提供2000个工作岗位
创新农商中心：牛奶生产和加工，饲料生产，大豆和其他谷物及油籽存储和加工项目（2016—2017年）拟投资方："农业投资保障"有限责任公司	建造可养殖1800头奶牛（包括幼畜量）的养牛场。畜牧饲料生产，大豆和其他谷物和油籽存储加工。	生产规模： -养殖1800头奶牛的奶牛场； -牛奶加工乳品厂； -粮仓（存储4万吨）； -混合饲料生产（6000吨/年）； -农作物培植15800吨/年。 所需土地面积：32800公顷。 项目预期绩效： 各级税额-8亿600万卢布/年 提供526个工作岗位
阿穆尔养猪场项目（2016—2018年）拟投资方："阿穆尔工业"有限责任公司	生产加工及销售牲畜和农作物产品	项目规模： -养殖1.2万头生猪的养猪场。 所需面积：30000公顷，其中建筑面积15000公顷，种植面积15000公顷。 项目预期绩效： 各级税额-297.59万卢布/年 提供1000个工作岗位

续表

项目名称及规划年限（潜在投资者）	实施目标	项目规划内容
比罗比詹养牛场项目（2016—2017年） 拟投资方："远东农业"有限公司	建造可养殖1200头奶牛（包括幼畜量）的养牛场。	项目规模： 牛奶8400吨/年，肉100吨/年； 养殖面积10公顷，供饲料地面积2000公顷。 项目预期绩效： 各级税额－9000万卢布/年 提供20个工作岗位
阿穆尔工业园项目（2016—2018年） 拟投资方：牡丹江市龙跃经贸有限公司	木地板生产，胶合板生产，出口家具配件生产，木制品生产，聚苯乙烯板生产，钢结构生产，夹层板生产，彩钢板生产等。	生产规模： －木地板－30万平方米/年； －胶合板－5万平方米/年； －家具配件－4万平方米/年； －聚苯乙烯板－2000吨/年； －钢结构－3000吨/年； －夹层板－80万平方米/年； －彩钢板－10万吨/年。
帕什科沃木材园项目（2016—2018年） 拟投资方："阿穆尔工业"有限责任公司	木材深加工	生产规模： －木材加工－2万平方米/年（单板生产，木料生产，家具板生产）。 项目预期绩效： 各级税额－1亿卢布/年 提供87个工作岗位
列宁斯科耶大豆深加工（阿穆尔－兴安超前发展区）（2016—2018年） 拟投资方："阿穆尔工业"有限责任公司	大豆油、卵磷脂、异黄酮和蛋白质复合物生产	生产规模： －豆油3.6万吨（加工30万吨/年）； －大豆油粕224400吨 －大豆壳31800吨； －大豆分离蛋白29160吨； －大豆蛋白72000吨； －大豆卵磷脂5592吨； －大豆糖蜜5640吨； －大豆配制饲料6万吨。 项目预期绩效： 各级税额－1亿3190万卢布/年 提供345个职位

续表

项目名称及规划年限（潜在投资者）	实施目标	项目规划内容
阿穆尔工业园区旅馆项目（阿穆尔－兴安超前发展区）（2016—2018年） 拟投资方："物流"有限责任公司	建成有206间房间的宾馆	生产规模： －建成拥有260间房间的旅馆。 项目预期绩效： 各级税额－5500万卢布/年 提供86个职位
阿穆尔工业园展览中心建筑项目（阿穆尔－兴安超前发展区）（2016—2018年） 拟投资方："物流"有限责任公司	展览中心及为机械设备销售举办展览销售和支持服务	项目规模： －建成面积35000平方米的多功能展览中心。 项目预期绩效： 各级税额－6850万卢布/年 提供24个职位
"库里杜尔"疗养院项目（奥布卢奇耶区） 发起单位：犹太自治州政府	在库里杜尔斯克矿泉地建立疗养院（奥布卢奇耶区库里杜尔镇）	项目规模： －接待游客288000人次/年。 项目计划： －"库里杜尔"疗养院改造； －疗养院区美化； －交通基础设施重建； －滑雪场建设； －医疗诊断和健康中心建设。

资料来源：根据犹太自治州官方网站资料整理。

附录三 犹太自治州主要社会经济指标（2011—2018）

	2011	2012	2013	2014	2015	2016	2017	2018
犹太自治州人口（千人）								
人口总数	174.4	172.7	170.4	168.4	166.1	164.2	162.0	159.9
自然增减百分比（%）	-0.2	-0.2	-0.2	-0.2	-0.2	-0.3	-0.3	-0.3
人口增减百分比（%）	-1.7	-1.5	-2.1	-1.8	-2.0	-1.6	-1.9	-1.8

续表

	2011	2012	2013	2014	2015	2016	2017	2018
犹太自治州人口（千人）								
就业率（%）	78.6	78.5	77.1	75.4	70.3	69.7	67.2	66.5
失业率（%）	7.6	7.4	7.3	7.5	6.7	6.9	6.9	5.6
养老金领取人数	46719	46778	47029	47167	47418	47417	47252	47028
犹太自治州居民收入（卢布）								
月人均现金收入	16525	18450	20417	21935	24427	23718	23386	23929
平均月名义工资	22928	25067	27358	29439	30896	32165	34409	39002
平均月退休金	7986	8860	9701	10561	11757	12109	12967	13729
犹太自治州GDP数据（十亿卢布）								
地区生产总值	39.5	42.7	38.4	42.0	44.5	46.0	52.6	…
经济中固定资产	1170	158.6	162.4	184.0	199.1	224.0	252.3	…
犹太自治州主要行业产值（百万卢布）								
采掘业	402	398	414	720	888	1374	7441	10154
制造业	3073	3648	3834	4597	4369	4668	5539	6195
电力、燃气、供水	2500	3015	3235	4135	4280	4326	4329	4468
农产品	5751	4558	3123	4780	5751	5486	5216	4530
零售业	15456	17049	18595	19863	22369	22159	22583	24076
固定投资	25430	24946	14327	10288	12013	12929	11042	16821
外贸（百万美元）	72.2	61.5	102.3	94.2	77.9	61.8	154.2	178.8

资料来源：根据犹太自治州官方网数据整理，2018年资料为官方初步统计数据。

参考文献

一 中文文献

宋永成：《苏联犹太人研究（1941—1953）》，商务印书馆2021年版。

程亦军：《俄罗斯人口安全与社会发展》，经济管理出版社2007年版。

佟冬主编：《沙俄与东北》，吉林文史出版社1985年版。

郭力：《俄罗斯东北亚战略》，社会科学文献出版社2006年版。

干志耿、孙秀仁：《黑龙江古代民族史纲》，黑龙江人民出版社1987年版。

君度、陆南泉：《俄罗斯的西伯利亚与远东》，世界知识出版社2002年版。

李英男、戴桂菊：《俄罗斯地理》，外语教学与研究出版社2005年版。

马友君：《俄罗斯远东地区开发研究》，黑龙江人民出版社2011年版。

王胜今、尹豪：《东北亚区域人口与发展》，吉林大学出版社2001年版。

于潇：《东北亚区域劳务合作研究》，吉林人民出版社2006年版。

张恒轩、王钢：《苏联远东经贸区》，哈尔滨工业大学出版社1989年版。

张寰海等：《西伯利亚开发战略》，黑龙江人民出版社1993年版。

赵立枝：《俄罗斯东部经济社会发展概要》，黑龙江教育出版社2001年版。

张彦龙：《俄罗斯远东地区药用植物》，黑龙江大学出版社2008年版。

［俄］В.В.库列绍夫：《21世纪初的西伯利亚》，马友君等译，黑龙江人民出版社2012年版。

［俄］П.А.米纳基尔：《俄罗斯远东经济概览》，对外贸易经济合作部东欧中亚经贸合作研究咨询组译，中国对外经济贸易出版社1995年版。

二 外文文献

А. Ю. Калинин, Т. А. Рубцова, *Особо охраняемые природные территории Еврейской автономной области: состояние и перспективы развития*, Владивосток: Дальнаука, 2011.

В. В. Романова, *Власть и евреи на Дальнем Востоке: история взаимоотношений (вторая половина XIX в. - 20 - е годы XX в.)*, Красноярск: Кларетианум, 2001.

В. А. Цап, В. С. Гуревич, *О Еврейской автономной области всерьез и с улыбкой*, Биробиджан, 2010.

В. С. Гуревич, *Все о Еврейской автономной области. Биробиджан*, 1997.

В. С. Гуревич, *Еврейская автономная область: из прошлого в настоящее*, иробиджан, 2000.

В. Н. Никитенко, *Воспитательный потенциал молодёжных полиэтнических сообществ*, Биробиджан: ИКАРП ДНО РАН, 2012.

Г. ВСоколова, Р. М. Коган, В. А. Глаголев, Пожарная опасность территории Среднего Приамурья: оценка, прогноз, параметры мониторинга, Хабаровск: ДВО РАН, 2009.

Е. И. Бугаенко, *На берегу Амура: К 50 - летию образования Еврейской автономной области*, М.: Изд - во АПН, 1984.

Е. И. Кудиш, *Литературное наследие Еврейской автономной области*, Биробиджан: БГПИ, 1999.

Е. Я. Фрисман, *География Еврейской автономной области: общий обзор*, Биробиджан, 2018.

Е. Я. Фрисмана, Под ред., *Современные проблемы регионального развития: материалы VII Всерос. науч. конф. Биробиджан*, Биробиджан: ИКАРП ДВО РАН, 2018.

И. А. Жирнова, Отв. ред., *Улицы города Биробиджана: по документам государственного архива Еврейской автономной области*, Биробиджан, 2012.

И. С. Бренер, А. В. Заремба, *Биробиджанский проект в научных исследованиях. Ценности и интересы в истории Еврейской автономной области*, Киев. : Золотые ворота, 2013.

Красная книга Еврейской автономной области : Редкие и находящиеся под угрозой исчезновения виды животных, Биробиджан: ИКАРП ДВО РАН, 2014.

Л. М. Гохберг, Под ред., *Под ред. Рейтинг инновационного развития субъектов Российской Федерации*, Москва, 2017.

О. П. Журавлева, *История книжного дела в Еврейской автономной области (конец 1920 - х - начало 1960 - х гг.)*, Хабаровск: Дальневосточная государственная научная библиотека, 2008.

П. В. Малков, Отв. ред., *Российский статистический ежегодник*, Мсква, 2020.

П. В. Примак, *Этнокультурная адаптация евреев Еврейской автономной области к общественным трансформациям на рубеже XX - XXI веков*, Владивосток: Дальнаука, 2011.

Путеводитель по фондам государственного архива Еврейской автономной Области, Биробиджан, 2013.

С. М. Окладников, Отв. ред., *Регионы россии основные характеристики субъектов российской федерации*, Мсква, 2020.

С. М. Окладников, Отв. ред., *Регионы россии социально - экономические показатели*, Мсква, 2020.

Т. А. Рубцова, *Флора Еврейской автономной области*, Хабаровск: Антар, 2017.